ALEJANDRA SURA

# NO DESPERDICIES TUS
# EMOCIONES

*Cómo lo que sientes te acerca
a Dios y le da gloria*

ALEJANDRA SURA

# NO DESPERDICIES TUS
# EMOCIONES

*Cómo lo que sientes te acerca
a Dios y le da gloria*

**B&H**
**ESPAÑOL**
BRENTWOOD, TN

No desperdicies tus emociones: Cómo lo que sientes te acerca a Dios y le da gloria

B&H Publishing Group
Brentwood, TN 37027

Diseño de portada: B&H Español

Director editorial: Giancarlo Montemayor
Editor de proyectos: Joel Rosario
Coordinadora de proyectos: Cristina O'Shee

Clasificación Decimal Dewey: 152.4

Clasifíquese: EMOCIONES / ALEGRÍA Y TRISTEZA / ACTITUD (PSICOLOGÍA)

ISBN: 978-1-0877-5475-8

Impreso en EE. UU.
3 4 5 6 7 8 9 * 27 26 25 24 23

# Índice

# Dedicatoria

Debo agradecer a muchas personas que me han escrito y animado en mis redes sociales. Cada mensaje que decía: «Ya quiero leer tu libro» me animaba mucho a seguir escribiéndolo con el mayor de mis esfuerzos. Este libro fue escrito con ustedes en mi mente y para ustedes. También quisiera agradecer a todo mi equipo de intercesores y colaboradores financieros del año 2021-2022. Su apoyo fiel fue lo que me permitió, en gran parte, tomar el tiempo necesario para escribir sin preocupaciones. Gracias al equipo de Lifeway en español por darme la oportunidad y la confianza de elaborar este proyecto. Gracias a Ana Ávila por sus observaciones y sugerencias, las cuales afinaron varios de mis puntos en la obra. Gracias a Pepe Mendoza por ser mi compañero y maestro en este proceso: tu trabajo editorial en verdad hizo de esta obra algo presentable al mundo. No solo eso, sino que tus palabras de aliento y voto de confianza fueron de gran bendición para mi corazón.

Gracias a mis amigos y hermanos en la fe, que me apoyaron en oración durante los meses de escritura. También agradezco a quienes, de formas muy prácticas, me ayudaron a continuar en mis redes sociales haciendo tareas de diseño y organización de los procesos de creación de contenido para mis cuentas y mucho más: Hauyi Chen, Maria José Rivera, Ayleen Jerez, Nazaret Pérez, Alejandra Barillas e Inger Paris.

Gracias a mi familia por las porras. Estoy especialmente agradecida a mi madre: me da tanta felicidad seguir tus pasos y entrar a tu gremio como «autora». Cuánto anhelo que hubieras podido leer estas páginas. Casi podría escuchar tus palabras orgullosas y admiradas (no porque yo sea admirable, sino porque tú siempre ves más en mí de lo que merezco).

Gracias a mi esposito Stefán por ser tan dulce, amoroso y compartir sin reservas su sabiduría: tus cualidades me benefician diariamente y sin ellas, este libro nunca hubiera llegado a realizarse. Describir el regalo que eres en mi vida requeriría su propio libro.

Finalmente, no puedo dejar de darle gracias a Jesús, mi Señor y Salvador, quien merece toda la gloria y toda la honra por siempre y para siempre.

Una nota importante:

En este libro, leerás alusiones a la obra que Jesús realizó por ti. Aunque este no es el tema del libro, quiero animarte a comprender lo que esto significa en tu vida con la mayor profundidad posible, por lo que quisiera proponerte que escuches tres episodios de nuestro podcast *La Biblia para Fulana y Zutano*. Los tres episodios se llaman: «El evangelio explicado», donde Stefán y yo te contamos con detalle la historia de salvación descrita en la Biblia. Los puedes encontrar en cualquier aplicación de podcast o en este link: anchor.fm/evangelioexplicado.

# Prefacio

«Gestión emocional», «controlar las emociones», «dominar tu mundo interior», «sanarte a ti mismo» o «cambiar lo que sí puedes cambiar» son expresiones útiles que encierran verdades importantes para una vida menos tumultuosa. Al mismo tiempo, si no ejercemos una actitud crítica, fácilmente estas expresiones crearán una cosmovisión muy equivocada de nuestra vida interior. La posmodernidad predica un mensaje poderoso que tiene tintes cristianos y que nos dice: «Si controlas tus emociones y tus pensamientos, lograrás la sanidad».

Sin duda, la Biblia nos habla de la necesidad de *pensar en lo que pensamos* y someter nuestros pensamientos al señorío de Jesucristo. Al mismo tiempo, las personas en ella con frecuencia ejemplifican lo que hoy el mundo llamaría «gestión emocional», animándonos así a considerar nuestras emociones en medio de toda circunstancia. Ese llamado a observar el mundo interior lleva a los que se consideran creyentes cristianos a necesitar ver más allá de las metas posmodernas de «sanidad» que el secularismo cultural busca con tanta intensidad. Los creyentes sabemos que la única cura para este mundo quebrado es Cristo, Su obra y el cumplimiento de Sus promesas eternas. Por eso Pedro dice que somos extranjeros y peregrinos en esta tierra[1] y evitaremos muchas frustraciones si vivimos con esto muy presente.

Entonces, si no es para «sanidad», ¿por qué escribir un libro cristiano sobre las emociones? Mi respuesta es bastante sencilla: Dios habla de las emociones de formas fascinantes y reveladoras que son clave para comprender nuestra existencia. Nuestros sentimientos y emociones son vehículos para relacionarnos con Él de forma íntima y profunda, y hemos sido creados para esa relación

---

1. 1 Ped. 2:11.

estrecha. Dios ha revelado de forma general muchísimas cosas importantes con respecto al corazón humano que son claramente observables. La revelación especial de la Biblia narra y revela emociones de múltiples maneras en la mayoría de sus páginas.

No puedes perder de vista que el Dios de la Biblia es infinitamente relacional. Su corazón por ti y por mí está decidido a buscar una relación que produce el gozo más indescriptible. Las emociones y los sentimientos humanos son clave para el desarrollo de esa relación, y el tema no merece uno sino muchos libros.

## ¿Cómo leer este libro?

He escrito este libro para todos los cristianos, tanto para líderes como para ovejas, hombres o mujeres. Todos tenemos que enfrentar nuestra vida emocional y lo que yace en nuestro corazón. Será difícil ver la hermosura de nuestro Señor Jesucristo si no comparamos nuestras propias deficiencias. Al final, ese es el mayor objetivo de este libro: que puedas crecer en el asombro de nuestro Salvador y de la relevancia de Su persona en tu vida emocional.

Cuando se trata de observar nuestro corazón, hay dos extremos que necesitamos evitar: una introspección extrema o un descuido en la necesidad de reflexionar. La introspección extrema se da cuando centramos nuestras energías en «sanar», «descubrir» o «sacar de raíz» lo que sea que hallemos en nuestro corazón. Es cuando nos dedicamos a pensar en nosotros mismos de forma casi exclusiva y olvidamos que el proceso de mirar hacia adentro siempre debe servir al propósito de ver a Cristo.

Por otra parte, podemos poner siempre nuestros ojos en la Biblia, mas nunca lograr conectarla con nuestra vida debido a la falta de reflexión. Cristo puede convertirse en un ideal imposible que nos lleva a la frustración, ya que nuestras acciones no cambian de manera que reflejen las suyas. Sin reflexión, desobedecemos a Dios, el cual a lo largo de la Biblia nos llama a considerar nuestros caminos de forma implícita y explícita. Esto porque Él sabe que podríamos caer en hacer cambios superficiales sin realmente ser transformados de corazón.

Ya que en este libro ponemos el énfasis en la importancia de reflexionar en tu corazón, mi temor es que podrías leerlo y terminar dedicando la mayoría de tu tiempo de reflexión a considerarte a ti mismo, en vez de invertir tu tiempo en considerar a Cristo. ¡Por favor, no cometas este craso error! Ver tu corazón debería destacar tu necesidad de Su rescate. Debería exaltar la perfección del corazón de Dios. Es ocasión para agradecer la esperanza de gloria que Él nos ha prometido. Jesús es la viva imagen de lo que nos espera, Dios promete que Su gloriosa obra en la cruz por nosotros transformará nuestro cuerpo y corazón a la perfección de Su imagen.[1]

En este libro verás algunas historias donde las personas aprenden a observar sus emociones y a reflexionar en ellas para «conectar» más con Dios. Todas las historias que verás en este libro son narradas con el permiso expreso de las personas que las vivieron o son reconstrucciones mezcladas de diferentes historias que cómo consejera bíblica he tenido el privilegio de acompañar. Será imposible representar todas las posibles situaciones, pero la meta es que puedas comprender de una manera práctica, la información que encontrarás en este libro.

Cada persona requerirá una adaptación a medida, y necesitamos ser extremadamente intencionales en reflexionar *con la meta* de ver a Cristo. Pero el corazón de este libro no es la gestión emocional, aunque sin duda dedicaremos una gran parte al tema. Mi mayor esperanza es que tanto lectoras como lectores puedan terminar este libro teniendo una idea robusta de la teología de las emociones. Al mismo tiempo, quisiera facilitar la oportunidad para que puedas conocer tu propio corazón mientras permaneces en la presencia de Dios. Pero más importante aún, mi deseo es que puedas conocer el corazón de Jesús, identificarte con Él y caminar tras Sus pasos con un sentido de cercanía cada vez mayor. Espero que tu vida se vea y se sienta diferente con esta base. Pero a través de estas páginas, considera con atención ese esfuerzo de llevarte a Cristo. Esa es la meta para que tus emociones puedan acercarte a Dios y darle la gloria.

---

1. Isa. 60:21; Rom. 8:30, 21; 1 Cor. 15:42-57; 2 Tes. 2:14.

# Introducción

## Nuestras emociones tienen propósito

La Biblia tiene muchísimo que decir sobre nuestro corazón: el intelecto, la voluntad y las emociones que lo componen. Los diferentes matices humanos ordinarios y complejos que incluye nuestra vida emocional se ilustran de forma exquisita entre sus páginas. Aunque las historias bíblicas están colocadas en un escenario extraño y remoto, ¡igual nos muestran a hombres y mujeres que experimentaron emociones que reconocemos con facilidad en nuestra cotidianidad!

Basta leer los Salmos para exponernos a toda la gama de sentimientos que un ser humano podría experimentar: ira, temor, envidia, compasión, esperanza, gozo, vergüenza, culpa, venganza y muchos más. Tenemos un tesoro en nuestras manos que primeramente nos muestra los deleites del Dios trino y luego, desde la perspectiva divina, nuestro propio corazón.

Los cristianos podemos tender a ver la Biblia como un manual o un libro de referencia teológico o eclesiástico. Podemos considerarlo solo un manual de urbanidad o moral. Es posible que nos encontremos con maestros que tienden a ofrecer enseñanzas que con demasiada frecuencia se centran solo en lo que deberíamos o no deberíamos hacer, convirtiendo a la Biblia en un libro al que acudimos para encontrar cierto versículo que nos dirá cómo portarnos como a Dios le agrada para evitar Su enfado o castigo.

Casi todos tenemos que admitir que hemos acudido a la Biblia con la intención de confirmar nuestra teología; es decir, para confirmar que lo que creemos de Dios es correcto. Vamos a sus páginas buscando demostrar nuestras interpretaciones sobre algún tema o para afirmar las creencias particulares de una iglesia o denominación. ¿Cómo opera el bautismo? ¿Se debería tener pluralidad de ancianos? ¿Perdemos o no la salvación? La preocupación es más que nada doctrinal. También están los que buscan versículos o secciones de la Biblia para encontrar consuelo emocional y palabras de ánimo que los ayuden a sentirse bien en medio de un torbellino personal.

Todas estas prácticas andan por buen camino. La Escritura está diseñada para moldear nuestra perspectiva de la realidad, ofrecernos un compás moral que nos da un sentido de lo que realmente es bueno y malo, y conectarnos con la Persona que transforma nuestras vidas. El problema es que esas prácticas pueden llegar a volverse frías y crear un sentido más fuerte de obligación que de deleite en Dios. Lo que fue entregado al pueblo de Dios para su gozo, a menudo se siente acartonado y desconectado de lo que realmente nos importa y de los sucesos que pueblan nuestras vidas. Con frecuencia terminamos desperdiciando nuestra vida emocional, una de las áreas más importantes para nuestro crecimiento como cristianos. Dios desea que cada vez tengamos más presente que Cristo está siempre cerca de nosotros y de nuestras preocupaciones. Él sabe lo que nos importa más en esta vida, incluso más que nosotros, y nos invita a ver lo que Él ve. ¿Cuál es una de las maneras más claras y rápidas de reconocer lo que realmente nos importa? Simplemente, prestar atención a lo que sentimos. Cuando algo nos importa con intensidad, lo sentimos también con intensidad.

Todo lo que hacemos debería tener como finalidad última y máxima glorificar a nuestro Creador. En el camino, también experimentaremos el más sublime e insondable sentimiento de gozo, producto de una comunión con Dios cada vez más íntima. Conocerlo más profundamente y vivir Su evangelio en la cotidianidad está en el centro de la Palabra de Dios y es la mayor razón de nuestra existencia.

Este gozo vinculado con Dios se diferencia de todos los demás gozos humanos porque se basa en un Ser asombroso. Un Dios infinito que también se deleita eternamente en estar en relación con nosotros... ¿puedes creerlo? ¡Dios quiere llenarte de una emoción que nunca se acaba! Como dice John Piper: «Dios es más glorificado en nosotros cuando nosotros encontramos nuestra mayor satisfacción en Él».[1]

El Catecismo Menor de Westminster nos expone esta realidad bíblica maravillosa en su primera pregunta:

«Pregunta: ¿Cuál es el fin principal del ser humano?
Respuesta: El fin principal del ser humano es *glorificar a Dios, y gozar de Él* para siempre».[2]

La vida de devoción a Dios que lo glorifica y se goza en Él implica muchos aspectos de nuestra vida. Yo propongo que prestar una cuidadosa atención a tus emociones y sentimientos es uno de esos componentes clave para vivir una vida cristiana fructífera. Muchos han cometido el error de construir su vida espiritual según una serie de reglas. Piensan que su relación con Dios es buena si cumplen con sus deberes cristianos, en vez de estar creciendo en una apasionada relación con Él. Por otra parte, muchos viven una vida cristiana exclusivamente basada en lo emocional, lo cual produce muchas dificultades cuando las pruebas de la fe tocan a su puerta.

Mientras lees este libro, quiero invitarte a considerar la importancia de crecer en esa relación apasionada con el Señor. También espero que puedas abrazar la idea de permitirte experimentar tus emociones sin temor. Espero que puedas aprovechar tanto las funciones prácticas como las espirituales de los sentimientos y las emociones.[3] Lo teológico y lo aplicado se entrelazan de una forma poderosa para nuestro bien si sabemos aprovechar la oportunidad.

Dentro de lo práctico, descubriremos que las emociones son de gran utilidad porque son señales de alerta, motivadoras para el cambio y puentes de conexión con los demás. También veremos las oportunidades que las emociones y los sentimientos nos ofrecen para crecer en el amor por el Señor. De ese amor por Dios y

---

1. https://www.desiringgod.org/messages/god-is-most-glorified-in-us-when-we-are-most-satisfied-in-him

2. Rom. 11:36; 1 Cor. 10:31; Sal. 73:25-26.

3. Diferencio entre los dos para considerar tanto nuestra experiencia en el mundo como nuestra experiencia personal en nuestro caminar con Jesús. Pero no quiero decir que lo «práctico» no sea «espiritual». La vida del creyente, cada aspecto de ella, es profundamente espiritual.

por el prójimo deberían brotar una vida de acciones con aroma grato para Él y un gozo profundo en la vida.

Nuestra vida emocional es compleja y tiene diferentes matices. Al abordar este tema, consideramos que la fuente de nuestro conocimiento viene de la *revelación general* porque es el resultado de observaciones terrenales de las realidades humanas. Nuestras experiencias son una fuente abundante que nos ayuda a contextualizar las verdades bíblicas. Por eso, entender nuestra vida emocional requiere de un vistazo y un entendimiento de las emociones y los sentimientos complejos, pero también de nuestros pensamientos, voluntad, y de nuestro cuerpo físico. Somos exquisitamente complejos y Cristo siempre está actuando en todas las áreas de nuestra experiencia humana.

Pero también consideraremos que la sabiduría para vivir la buena vida que Cristo ofrece, incluida el área emocional, depende y se somete a la *revelación especial* de las verdades bíblicas, que viene a ser la óptica a través de la cual tomamos lo bueno y desechamos lo malo. Nuestras experiencias no pueden revelar verdad sin que las filtremos y comprobemos con la revelación especial de la Palabra de Dios. Entonces, con sabiduría y con discernimiento dependiente del Espíritu de Dios, observamos tanto lo que dice la Biblia como lo que nos dice la experiencia terrenal.

## Lo que nos espera a lo largo del libro

Jesucristo, nuestro modelo perfecto, Su Palabra inspirada y la revelación general nos proponen un tratamiento sobre el tema de las emociones más completo, cabal y emocionante. Jesús es nuestro mejor y mayor ejemplo de cómo lidiar con nuestras emociones. Es tan importante considerar Su vida y Su manejo de los sentimientos y emociones que dedicaremos dos capítulos para reflexionar sobre Su vida e imaginar lo que se pudo haber sentido ser el Salvador del mundo hecho hombre en la tierra.

Prestaremos atención a algunas posturas que los creyentes cristianos adoptan sobre las emociones y por qué algunas veces desperdiciamos la maravillosa oportunidad de que nos acerquen a Dios y lo glorifiquen. Luego, pasaremos un tiempo comprendiendo la forma en que la Biblia enseña que el fruto resultante de crecer en madurez emocional es útil para todos los aspectos de la vida, desde nuestra toma de decisiones, la vida individual, la vida en comunidad y la vida devocional.

Dios nos hizo humanos y vio que toda nuestra constitución era buena. Todos los componentes de nuestro corazón (mente, afectos y voluntad) son indispensables para honrarlo, porque ese fue Su diseño. Al mismo tiempo, es cierto que la caída ha corrompido nuestro corazón por completo y eso ha generado que existan distorsiones en nuestra mente, afectos y voluntad. Pero Dios nos ha dado un corazón nuevo[1] para que, en dependencia de Su Santo Espíritu, podamos desarrollar las destrezas que nos ayuden a prestar atención a nuestras emociones, motivaciones y pensamientos. Dios nos ha libertado del yugo del pecado. Ahora no solo *podemos,* sino que *deseamos* preguntarnos: ¿estoy honrando a Cristo al sentir esto? ¿Qué está motivando mis acciones? ¿Qué pensamientos contribuyen a los sentimientos que estoy viviendo? ¿Cómo puedo responder con fidelidad a Dios en medio de las circunstancias y las emociones que estas provocan? La segunda parte de este libro tratará con temas más prácticos que te ayudarán a conocer tu corazón con más detalle y discernimiento. Todo con el fin de sacarles el mayor provecho a tus emociones y al acudir a tres vías de gracia que Dios ha provisto para tu gozo. En el último capítulo, te proveo un repaso de lo que hemos visto, con los cuadros y conceptos clave para tu futura referencia.

Abordar tus emociones requiere valentía. Exponer nuestros sentimientos, valores y pensamientos, tanto buenos como malos, requiere ser intencionalmente transparentes. La sinceridad con uno mismo es el primer paso para poder ser sinceros con Dios y con los demás. Esto no viene naturalmente, sino que se practica perseverando en el desarrollo de un estilo de vida. Como todas las buenas disciplinas, el fruto vale el esfuerzo.

Alejandra Sura
Filadelfia, 2021

---

1. Ezeq. 36:26-28, Rom. 6:6-7.

# CAPÍTULO 1

# El regalo divino de las emociones

—¡Adelante, golpea! — Dorothy golpea su pecho, lo que causa un eco.

—¡Hermoso! ¡Qué eco! —exclamó el Espantapájaros.

Con tristeza, el Hombre de Hojalata respondió: —Está vacío. El hojalatero se olvidó de darme un corazón.

El Espantapájaros y Dorothy preguntaron al unísono: —¿No tienes corazón?

—No tengo corazón —dijo el Hombre de Hojalata.

Siendo un tacho tan vacío, podría estar tranquilo, más siento angustia hoy.

Porque estoy sospechando que quizás sería humano, si tuviera corazón.

Tierno y suave yo sería, y honores crearía, al arte y al amor.

Y también muy amigo yo sería de Cupido, si tuviera corazón.

Un balcón y desde allí, tan dulce una voz: «¿Mi Romeo, eres tú?» ¡Lo pude oír latir!

Conocer los sentimientos, júbilos, tormentos, y que brote la emoción.

Podría estar muy alegre y guardarlo con un cierre, si tuviera corazón».[1]

---

1. Extracto del libreto de la película *El Mago de Oz*, Metro-Goldwyn-Mayer, 1939.

¿Has imaginado alguna vez cómo sería la vida si fuéramos como el Hombre de Hojalata? Él anhelaba tener un corazón, porque pensaba que esto lo haría humano, y ¡por supuesto que estaba en lo correcto! Escuchar su canción siempre me hace pensar cómo sería la vida si Dios no nos hubiera dado el regalo de las emociones. ¿Cómo sería mirar a tu bebé jugar con su juguete favorito sin sentir que te explota el corazón de ternura? Imagina lo que sería mirar un partido de fútbol sin celebrar con entusiasmo los goles de tu equipo; o ir a la iglesia y cantar las canciones de alabanza con mucha convicción pero sin ningún sentimiento.

## ¿Qué son las emociones?

Aunque las emociones son un aspecto tan común de la vida, muchas personas dedican muy poco o nada de tiempo a pensar en ellas. Es interesante saber que muchos teólogos, psicólogos, científicos y filósofos han batallado con encontrar una definición satisfactoria para la vida emocional. Las emociones son una respuesta humana a las circunstancias externas e internas que una persona está viviendo. Son un complejo fenómeno psicológico que experimentamos y que involucra procesos cognitivos, fisiológicos, históricos[1] y espirituales. Estas contienen una serie de variables, entre ellas: origen (reflejos fisiológicos, cognitivos, espirituales); intensidad (la misma emoción puede sentirse desde forma muy leve hasta muy intensamente); complejidad (no es lo

---

1. La historiadora Tiffany Watt Smith aporta observaciones fascinantes acerca de la incidencia de lo histórico sobre las emociones del individuo: «Los desarrollos más recientes en ciencia cognitiva indican que las emociones no son simples reflejos, sino sistemas inmensamente complejos y elásticos que responden a la biología que hemos heredado y a la cultura en que vivimos. Son fenómenos cognitivos, moldeados no sólo por nuestro cuerpo, sino también por nuestros pensamientos, nuestros conceptos, nuestro lenguaje. La neurocientífica Lisa Feldman Barrett se ha interesado profundamente por esta dinámica relación entre las palabras y las emociones. Ella dice que cuando aprendemos una nueva palabra para designar una emoción, se desencadenarán inevitablemente nuevos sentimientos [...]. Las emociones tienen una historicidad que recién ahora estamos empezando a entender. Estoy totalmente convencida de que es bueno aprender nuevas palabras para nombrar emociones, pero es necesario avanzar un poco más. Pienso que, para tener verdadera inteligencia emocional, es necesario comprender cómo se han originado esas palabras, y qué ideas encierran de manera velada sobre el modo en que debemos vivir y actuar». https://www.ted.com/talks/tiffany_watt_smith_the_history_of_human_emotions /transcript?referrer=playlist-what_are_emotions.

mismo una exaltación por un grito inesperado de tu hermana, que una exaltación producto de una vida de trauma por abuso). La interacción entre todos estos elementos es tan intrincada que las ciencias aún no tienen completamente claro cómo es que interactúan y en qué orden lo hacen. Pero hay aspectos que sí tenemos claros. Por ejemplo, las emociones no son solo algo mental. Piensa un momento: ¿cómo te das cuenta de que estás ansiosa? ¿De qué manera te enteras de que estás airado? Además de los pensamientos que corren por tu cabeza, también surgen una serie de sensaciones físicas que te dejan muy claro que algo fuera de lo común está pasando.

Una investigación[1] se dedicó a mapear esas sensaciones. Entre lo que observaron, los investigadores se dieron cuenta de que el sentimiento de ira se percibe físicamente en la zona superior del cuerpo, es decir, en el torso, los brazos, la cabeza y las manos. Detectaron la activación de la tristeza en los brazos, las piernas y los pies. El sentimiento de sorpresa reportó una sensación fuerte en el pecho y, más bien, una pérdida de sensación en las piernas. Los investigadores advirtieron que la alegría produce una sensación física desde los pies hasta la cabeza y, por el contrario, la depresión presenta una disminución de sensación en todo el cuerpo.

Es evidente que las emociones en sí se componen de pensamientos, sensaciones físicas y son influenciadas por la cantidad de sueño, la actividad hormonal, neuronal, circunstancial y muchos otros aspectos. La medicina psiquiátrica ha demostrado que los medicamentos tienen efectos reales en el estado anímico de muchas personas.

Es importante ser consciente de que muchas veces los mecanismos biológicos de nuestro cuerpo afectan lo que pensamos y la intensidad con la que sentimos. Aunque debemos evitar pensar que somos «víctimas» de nuestro cuerpo y que nuestra fisiología nos controla, de igual forma es importante reconocerla como una fuerte influencia.

---

1. *Bodily maps of emotions*, Lauri Nummenmaa, Enrico Glerean, Riitta Hari y Jari K. Hietanen, https://www.pnas.org/content/111/2/646.

Por otra parte, desde la óptica cognitiva, las emociones son la evaluación que la persona expresa sobre las circunstancias que está experimentado u observando. Muchas experiencias provocan pensamientos que a su vez provocan estados anímicos.[1] Esos pensamientos son una especie de juicio que determina si algo es bueno o malo, placentero o desagradable. Esa combinación de reacciones físicas con los pensamientos hace surgir las emociones.

Las emociones colindan con nuestra vida racional (nuestra mente e ideas). Por eso son vitales en el caminar cristiano. Nos muestran lo que valoramos más y también lo que menospreciamos. Delatan la ubicación de nuestro corazón y a lo que realmente le rendimos culto. Las emociones también son un motivador poderoso. De hecho, la palabra «emoción» surge del latín *emovere*, que significaba: «movimiento, agitación».[2]

Se ha observado que existen al menos seis emociones básicas: ira, miedo, sorpresa, felicidad, tristeza y aversión.[3] Estas surgen de forma inesperada y tienen corta duración. También han surgido observaciones que han mostrado que surge una gama enorme de emociones al combinar las diferentes emociones básicas, de manera muy similar a cómo un artista mezcla colores primarios para crear otros colores.

Con el tiempo, las personas procesamos mentalmente nuestras experiencias y elaboramos interpretaciones de nuestra realidad que moldean nuestra forma de ver la vida y también definen nuestras respuestas. Muchas veces, estas emociones básicas moldean e inhiben nuestro pensamiento. Ritchhart dice que nuestras emociones «actúan como filtros para formar nuestros deseos, proporcionar nuestras capacidades y, en gran medida, gobernar nuestros pensamientos inmediatos. A medida que nos

---

1. Digo «muchas» porque no es todas. En otras ocasiones, el cuerpo influencia lo que pensamos y sentimos. Por ejemplo, muchas mujeres suelen tener pensamientos depresivos y fatalistas durante ciertos momentos de su ciclo hormonal.

2. https://www.etymonline.com/word/emotion

3. Paul Ekman propuso estas emociones básicas en 1972. Desde entonces, otros psicólogos han propuesto otras emociones básicas como vergüenza, excitación, desprecio, orgullo, satisfacción, etc. Ekman P., *Basic Emotions. Handbook of Cognition and Emotion*. Nueva York: The Guilford Press, 2005.

encontramos con situaciones nuevas, nos enfrentamos a problemas novedosos o lidiamos con nuevas ideas, nuestra respuesta emocional pone en marcha la asignación inicial de nuestros recursos mentales. En esencia, nuestra primera "lectura" de una nueva situación siempre se centra en nuestras emociones, sentimientos y actitudes (Goleman, 1995). De esa manera, nuestras emociones están sentando las bases para el pensamiento que vendrá».[1]

Existe todo un debate con respecto a si vienen primero las emociones o los pensamientos. Sea cual sea el caso, la realidad es que, una vez que una emoción es puesta en marcha, las personas continuamos un proceso interpretativo de nuestra realidad que ejercerá un gran peso sobre nuestras actitudes y comportamiento.

A partir de aquí, surgen lo que yo prefiero llamar «sentimientos» o «emociones complejas».[2] Estos son matizados e intrincados, ya que son una combinación de las emociones básicas que están amalgamadas con una banda de creencias. Muchos de estos sentimientos son leves y pasan inadvertidos, mientras que otros son sumamente intensos y disruptivos. Hago esta aclaración porque quiero que sepas que hay una escala de complejidad entre lo que experimentamos en el gran abanico de nuestra vida emocional. Habiendo hecho esta aclaración, ten presente que en este libro hablaremos de «emociones» y de «sentimientos» (es decir, emociones complejas) en diferentes momentos y sin prestar demasiada atención a sus diferencias. Esto es porque creo que todos forman parte del mismo cosmos emocional, y me ayuda a simplificar la comunicación para aterrizar sobre llanos más prácticos.

Tanto los pensamientos como las emociones son elementos básicos que, al sumarles el elemento de la voluntad, componen lo que la Biblia llama el corazón. Este término se utiliza en múltiples lugares para referirse al «yo interior». El corazón engloba una mezcla compleja de tres componentes principales:

---

1. Ron Ritchhart. *Of dispositions, attitudes, and habits: exploring how emotions shape our thinking.* Cambridge, MA: Harvard Project Zero.

2. Esta es una nomenclatura personal. Otros profesionales y ramas psicológicas prefieren definir las emociones y los sentimientos de formas distintas.

> **LA MENTE:** Pensamientos, deseos y análisis de opciones. Conocimiento, creencias, memorias, actitudes, interpretaciones y razonamientos.
>
> **LOS DESEOS:** Nuestros anhelos, motivaciones, pasiones, emociones, sentimientos y valores.
>
> **LA VOLUNTAD:** Nuestras decisiones, compromisos y acciones.

Cada persona es un universo. Por eso vale la pena reflexionar en cada uno de estos componentes que nos conforman y hacer de esta práctica un hábito por el resto de nuestras vidas. Estos interactúan entre ellos a niveles imposibles de explicar con total precisión, pero en este libro consideraremos cómo las emociones abren ruta hacia el descubrimiento de muchas de las dinámicas del corazón y cómo estas son oportunidades para considerar nuestra vida delante de Dios.

## Las emociones en la vida real

Las emociones son el medio por el cual nos conectamos en un nivel más profundo con quienes nos rodean. Considera el cariño fraternal entre tu grupo de amigos, el deleite que sientes al compartir tiempo con tu pareja. Los lazos profundos que tienes con tus familiares y amigos más cercanos es posiblemente una de las cosas que más valoras en la vida. La mayoría de las obras de arte, películas, canciones y eventos que han dejado una huella profunda en ti probablemente hayan encontrado una sintonía particular con tus emociones.

Nuestros sentimientos son uno de los elementos que nos conforman y que dan sentido a la vida. Dios nos diseñó con emociones y por eso nuestra relación con Él está íntimamente basada en el sentimiento del amor, que implica un complejo conglomerado de emociones básicas: alegría, temor, maravilla y hasta ira. Además de la convicción racional, el amor que Dios desea de nosotros y que Él mismo provee y fomenta en nuestros corazones está lleno de expresiones emocionales como seguridad, confianza, propósito, inspiración, euforia, paz, vulnerabilidad, celo por Su nombre y un intenso deseo de que todos lo glorifiquen. El amor por Dios es la más perfecta, santa y compleja de las emociones que perdurará para toda la eternidad.

Todas estas expresiones surgen de un corazón que poco a poco llega al convencimiento de que Dios es bueno y es glorioso. La experiencia emocional del amor, con todas sus aristas, es combustible que motiva a celebrar al Dios de los cielos. Cuanto más amamos a Dios y observamos Su relación con Israel en el Antiguo Testamento, más entendemos como ellos reconocen el rol del gozo y la celebración propios de la cultura del pueblo de Dios. Esta experiencia emocional es un motor poderoso para continuar buscando y aprendiendo de Dios. De la misma forma, en momentos de duelo, decepción y arrepentimiento, un corazón que ama a Cristo con mente y emociones será poderosamente impulsado a dar pasos concretos de crecimiento.

Al mantener presente que las emociones son un regalo de Dios y un combustible poderoso, podremos aprender a vivirlas de forma equilibrada; es decir, no necesitaremos anularlas, pero tampoco controlarán nuestras acciones. El proceso a veces es lento y laborioso, pero muchas veces lo único que necesitamos es disposición y valentía. Tenemos buenas noticias: ambas actitudes podemos pedirlas al Espíritu de Dios y nos serán concedidas.[1]

## Creemos en un Dios emocional

Abres las primeras páginas de tu Biblia y te encuentras con el primer libro: Génesis. En la primera página, se presenta a Dios *sintiendo* complacencia de Su creación. Unos minutos más de lectura y se presenta la historia del primer hombre. Adán refleja a su Creador de muchas maneras, incluida la emocional. Esto se hace evidente cuando conoce a su esposa. Adán se *siente* tan complacido al conocerla, ¡que del gusto le dedica una serenata![2]

---

1. Jos. 1:9, Fil. 2:13.
2. Gén. 2:23.

Somos emocionales porque somos hechos a la imagen de un Dios emocional. Cuando observamos la forma en que Dios se describe a sí mismo en Su Palabra, descubrimos que conoce todas las emociones de forma perfecta y sin pecado.[1] En la Biblia, vemos a Dios sentir compasión (Mat. 20:34); cantar y alegrarse con Su pueblo (Sof. 3:17); tener ira santa (Ezeq. 5:13); expresar enojo (Isa. 63:10); tener celos santos (Ex. 20:5); amar con pasión (Jer. 31:3; Os. 11:1; Mar. 10:21); ¡Dios es amor! (1 Jn. 4:8).

Al leer esta lista, podríamos llegar a imaginar al Dios de la Biblia como a un ser humano. Esa era la forma en que la antigua Grecia imaginaba a sus dioses: seres poderosos pero caprichosos y volátiles. Nada podría estar más lejos de la realidad del verdadero Dios. Aunque nuestras emociones son un reflejo de las de Dios, no debemos cometer el error de pensar que Dios experimenta las emociones de igual manera que nosotros. Vemos pasajes que, por ejemplo, describen la aflicción de Dios; sin embargo, cuando leemos estos pasajes, debemos entenderlos como una expresión de un dolor perfecto y un descontento santo. Es decir, Dios nunca se encierra en su habitación a llorar por la maldad del mundo. Junto con su aflicción también hay omnisciencia, completa paz y completa estabilidad.

La teología sistemática nombra este atributo divino como «la impasibilidad de Dios». Esta señala que Dios no se deja llevar por pasiones ni puede sufrir de la manera en que nosotros sufrimos. Richard Lints detalla los malentendidos que pueden surgir con respecto a este atributo de Dios y Su capacidad de experimentar emociones:

... la impasibilidad de Dios (es decir, que Dios no sufre) ha sido objeto de una crítica considerable, en gran medida porque (se supone erróneamente) que la falta de sufrimiento conlleva la falta de emoción, ya sea de deleite o de tristeza. Sin embargo (así dice la crítica) Dios a menudo se deleita en el bien de su orden creado, y también se entristece por la corrupción de sus criaturas y por lo tanto (aquí va la crítica) Dios no puede ser impasible. En respuesta a este tipo de críticas, se debe decir que la impasibilidad de Dios

---

1. Ex. 34:6-7.

no ha sido entendida por la iglesia a través de los siglos como que implica que Dios no tiene emociones, sino simplemente que *Dios no sufre en su naturaleza divina.*[1]

Entendemos, por consiguiente, que Dios no depende de Su creación en cuanto a Sus emociones. Estas fluyen de Su naturaleza omnisciente y santa. Dios no es inestable, sino inmutable, incluidas Sus emociones. Comprender esto es importante porque nos revela una realidad fundamental para el desarrollo de nuestra relación personal con Él. Al mismo tiempo, siempre es imperativo proteger nuestro entendimiento de Sus atributos y no confundir Su naturaleza, la cual «no cambia como los astros ni se mueve como las sombras».[2]

Este atributo en particular nos provee la confianza que necesitamos para acudir con confianza a Él. Lejos de ser indiferente, Dios es profunda y perfectamente emotivo. Dios no tiene «cambios de humor». La misericordia y ternura que nos tiene son perfectas, Su amor es incesante. Es justamente por esta cualidad inigualable que solo podemos descansar en Él. Nadie nos ofrece la misma compasión, fidelidad y paciencia. Aunque nosotros seamos infieles, Dios nunca deja de ser fiel[3] en Su obra y amor por nosotros.

## A Dios le encanta hablar de emociones

El rey David, Ana, Jeremías, Elías, Job, María la madre de Jesús, el apóstol Juan y Pablo son parte de los muchos ejemplos bíblicos de hombres y mujeres que expresaron sus emociones y derramaron sus corazones ante el Señor sin preocuparse de ser «políticamente correctos». Las muchas ilustraciones de esta realidad nos sirven de ejemplo y de consuelo porque ¡podemos hacer lo mismo! Si tiendes a tener tu vida de fe en un compartimento y tus emociones en otro, ha llegado el momento de sacar ambas y colocarlas sobre la mesa. Tanto tu vida de fe como tus emociones son

---

1. Richard Lints, ensayo: *Los Atributos de Dios.* https://www.coalicionporelevangelio.org/ensayo/atributos-dios/. Publicado originalmente en *The Gospel Coalition.*

2. Sant. 1:17.

3. 2 Tim. 2:13.

piezas del mismo rompecabezas y forman una imagen hermosa que refleja al Creador de las emociones.

El Señor nos concedió las emociones para nuestro bien y para Su gloria. La Biblia nos demuestra esto en casi todos los libros que la componen. Tanto en el Antiguo como el Nuevo Testamento vemos personas que ilustran lo que es vivir en este mundo y cómo sería en la práctica lidiar bien o mal con nuestros sentimientos. Esto se evidencia en su actuar, sus discursos y en sus encuentros con Dios. Las Escrituras descubren la intimidad de su corazón en oraciones, poemas y canciones que evidencian emociones básicas como ira, alegría, sorpresa o temor. También toman en cuenta sentimientos y actitudes más complejos, como los celos, el resentimiento, la vergüenza, la decepción, el lamento, el amor, la gratitud y la amargura. Algunos ejemplos que resaltan a lo largo de la Biblia son:

- Moisés tenía temor de presentarse frente al faraón (Ex. 4:10-16).
- El pueblo cantó y se regocijó al ser liberado de la persecución del faraón (Ex. 15).
- Noemí expresó una profunda depresión y amargura por sus circunstancias (Rut 1:20).
- Sansón se sintió presionado y cansado frente Dalila, por eso le reveló el secreto de su extraordinaria fuerza (Jue. 14:17).
- Saúl sintió envidia de David (1 Sam. 18:9).
- La ira se encendió en el rey David cuando Natán le presentó la historia del rico injusto (2 Sam. 12:5).
- Tamar sintió impotencia, desesperación y vergüenza al sufrir abuso sexual por parte de su hermano (2 Sam. 13).
- La reina de Sabá expresó sus sentimientos de sorpresa y maravilla cuando reconoció la sabiduría de Salomón (1 Rey. 10:4-9).
- Esdras experimentó tal espanto que quedó atónito por varias horas después de escuchar las profecías acerca de la infidelidad de los desterrados (Esd. 9:3-4).
- Job sufría tanto dolor físico y emocional que le rogó a Dios que le quitara la vida (Job 6:8-9).

- Los salmistas en casi todos los salmos aluden a sus emociones, prestando atención a lo que sienten por Dios, el mundo y las circunstancias que están viviendo.

- Proverbios y Eclesiastés ofrecen un sinnúmero de consejos sobre el rol de las emociones en la vida, el manejo de estas y las peligrosas consecuencias de perder el control sobre ellas.

- Cantar de los cantares es una oda al amor y la pasión que existen entre un hombre y una mujer.

- Isaías, Jeremías y los otros profetas expresan con frecuencia sentimientos de asombro, gozo, duda, gratitud, abandono, depresión, desesperanza, temor, ira y muchos más.

- Jesús nos muestra compasión, gozo, tristeza, furor santo, ansiedad, abatimiento. Enseñaba considerando la vida emocional y decía cosas como: «Alégrense en la persecución» o «No se preocupen o se pongan ansiosos por su supervivencia» (ver Mat. 5:12; 6:31).

- Los Evangelios con frecuencia ponen en evidencia las emociones de las personas que rodeaban a Jesús. Tan solo en el Evangelio de Mateo notamos que:

  Los fariseos actuaban porque sentían envidia, (27:18) también se escandalizaban y al mismo tiempo se maravillaban por las palabras de Jesús (13:57; 22:22). Ellos se indignaron por las reacciones de las multitudes y temían a Sus seguidores (21:15; 21:46).

  Los discípulos y las personas que presenciaron los milagros de Jesús sintieron temor en varias oportunidades, se asustaban y se maravillaban al ver el poder de Jesús (8:34; 9:8; 17:6; 21:20; 27:54).

  La gente se desesperaba por recibir sanidad y también se entristecía al no escuchar lo que quería escuchar de parte de Jesús (15:22; 19:22).

  Las personas se alegraban al reconocerlo como su Salvador (21:9, 15).

  Pedro lloró amargamente al traicionar a Jesús (26:75).

NO DESPERDICIES TUS EMOCIONES

- El resto del Nuevo Testamento contiene una abundancia de ejemplos que reconocen la relevancia de las emociones y los sentimientos de los creyentes:
- Los apóstoles sufrieron por Cristo y al mismo tiempo se alegraron al ser considerados dignos de sufrir por Él (Hech. 5:41).
- Pedro se sintió confundido después de una visión (Hech. 10).
- Pablo lidió con «gran tristeza» y «continuo dolor» por Israel y le pesaba la «preocupación por todas las iglesias» (Rom. 9:2; 2 Cor. 11:28). Se sintió sorprendido e indignado por las doctrinas que los gálatas habían aceptado, pero también se sintió agradecido por la fidelidad de los efesios y los colosenses (Gál. 1:6; 3:1; Ef. 1:15; Col. 1:3). Pablo describió a ciertos predicadores que predicaban por envidia y rivalidad, queriendo herir al apóstol (Fil. 1:15, 17). En cuanto al ministerio hacia los creyentes de Tesalónica, Pablo describió la ternura que les había expresado: «Como una madre que amamanta y cuida a sus hijos» (1 Tes. 2:7). Recordaba a Timoteo con alegría y no olvidaba sus lágrimas con cariño (2 Tim. 1:4). Pablo le solicitó a Tito que enviara sus saludos a quienes lo «aman en la fe» (Tito 3:15). Pablo animó a Filemón al contarle cómo su ministerio había llenado al apóstol de gozo y consuelo (Filem. 1:7).
- Hebreos presenta muchas menciones implícitas y explícitas sobre las emociones, como, por ejemplo, que el pueblo de Dios espera el regreso de Cristo «ansiosamente» (Heb. 9:28, LBLA); nos advierte a tener sumo cuidado de la amargura y anima a los miembros de la comunidad a obedecer a los pastores para que «cumplan su tarea con alegría» (Heb. 12:15; 13:17).
- Santiago insta a los cristianos a considerarse «dichosos» (NVI) o a tener «sumo gozo» (RVR1960) cuando se hayan en diversas pruebas. Además, advierte de las «envidias amargas» y del enojo conflictivo entre hermanos (Sant. 3:14; 4:1). También expone la impresionante verdad de que algunas veces llorar es mejor que reír (Sant. 4:9).
- Algunas referencias de las emociones sobresalen en las cartas del apóstol Pedro cuando exhorta a alegrarse a pesar del sufrimiento, hace una diferenciación entre el sufrimiento como

consecuencia del comportamiento malo y el bueno y también nos explica cómo el temor puede afectar la relación matrimonial (1 Ped. 1:6; 2:19-20; 3:6).

En muchos de estos ejemplos, pero particularmente en los Salmos, descubrimos que las personas logran entender lo que está pasando en sus corazones cuando prestan atención a su vida emocional y a los pensamientos asociados. Los cristianos necesitamos abordar este tema más a menudo y con mayor profundidad. Por ejemplo, reflexionar sobre lo que estamos sintiendo y pensando en medio de un conflicto puede hacer toda la diferencia para resolverlo de una forma en que demos gloria a Dios y gocemos de un fruto de paz y justicia.

Las emociones no son la única llave para la madurez espiritual, pero al leer las Escrituras descubrimos constantes menciones de la vida emocional de las personas y la influencia que estas tienen en el crecimiento de su relación con Dios y con los demás. Cuando tomamos el área emocional con seriedad, aprenderemos a ser más como Jesús, quien se tomaba mucho tiempo para conversar con Su Padre. Era necesario para mantenerse anclado en la verdad objetiva revelada en las Escrituras y a través de la revelación del Espíritu Santo. Nosotros también estamos llamados a hacer lo mismo.

¡Consideremos detenidamente nuestro corazón!
Es indispensable hacerlo para crecer y parecernos más a Cristo.

## ¿CÓMO TE SIENTES?

1. Antes de leer este capítulo, ¿cuál era tu perspectiva sobre las emociones?

_____

_____

_____

_____

2. ¿Ha cambiado en algo tu perspectiva?

_____

_____

_____

_____

3. En este capítulo, he hablado de que creemos en un Dios impasible y emocional al mismo tiempo: ¿Qué piensas al respecto? ¿Qué sientes al respecto? (Te recomiendo darle un vistazo a la rueda de las emociones en la página XXX).

_____

_____

_____

_____

# CAPÍTULO 2

# Las emociones de Jesús. Parte I

## Gozo, asombro, incertidumbre, ira y lamento

La carta a los Hebreos nos muestra cómo Jesús vivió una vida plenamente humana.[1] Cristo mostró una comunión perfecta con el Padre en todo aspecto de Su vida, y la manifestación de Sus emociones no fue la excepción. Aunque los Evangelios solo muestran algunas emociones en Jesús, podemos estar seguros de que experimentó muchas más emociones de las que describe la Biblia de forma explícita.

La gran diferencia entre las emociones que experimentamos y las que experimentó Jesús es que Él las vivió de una forma perfecta y sin pecado (reflejando perfectamente al Padre). En Su vida, vemos muchos ejemplos que nos ayudan a entender lo que Jesús atesoraba en Su corazón, cómo adoraba al verdadero Dios y cómo lo demostraba con todas Sus emociones. Esto es de gran valor para nosotros y el entendimiento de nuestras propias emociones.

En primer lugar, la forma en que Jesús experimentaba Sus emociones nos sirve de ejemplo. Jesús es el modelo de un ser humano sin quebrantos emocionales. De Él aprendemos a reconocer los medios de gracia y las motivaciones a las que debemos aspirar para honrar a Dios en nuestros propios sentimientos. Él supo ser un experto navegante de Sus emociones y supo darle la gloria a Dios en toda Su vida emocional. Observar las circunstancias en las que se encontró y cómo las enfrentó nos ayudará más adelante

---

1. Heb. 4:15.

a deducir las estrategias que usó para dar espacio al Espíritu Santo para que lo entrenara en obediencia aun en Sus emociones.

En segundo lugar, conocer las emociones de Jesús nos ayuda a identificarnos con Él porque nos acerca y nos une más al Señor. Una «relación personal» nunca ocurrirá si no buscamos una intimidad que solo se produce si compartimos lo que sentimos con los demás y buscamos de forma intencional conocernos en profundidad.

Cuando alguien que amas llora contigo, podrás recordar que tú también lloras. Compartir el dolor produce un sentimiento de empatía porque has vivido el dolor hasta el punto de identificarte y derramar lágrimas. Bueno, Jesús también lloró. ¿Alguna vez te has imaginado a Su lado ofreciéndole un abrazo en medio de Su dolor? ¿Alguna vez lo has visto como ese ser humano que hubiera querido ese consuelo?

Dios inspiró a los evangelistas para ayudarnos a conocer las emociones de Jesús. Lo hizo con el propósito de que supiéramos que Él vivió lo que hemos vivido y que comprende nuestra experiencia humana por completo. Al mismo tiempo, y argumentaría que de manera todavía más importante, tenemos el privilegio de comprender a Jesús un poco más. Esto facilita una auténtica intimidad con nuestro más fiel amigo. Estar cerca de Él de esta manera resultará en una mejor sintonía con Dios en todo tipo de formas, incluida la gestión de nuestra propia vida emocional. Gestionar nuestras propias emociones fluirá de una relación profunda con Él, no solo porque queremos imitarlo, sino porque al estar cerca de Él nos pareceremos más a Él por el poder transformador del Espíritu Santo.

## Alegría y asombro

Aunque la Biblia habla poco de momentos específicos en donde Jesús expresó alegría, hay mucho que pensar y aprender con respecto a esa emoción en Su vida. Es fundamental que comprendas de dónde venía Su gozo, ya que el gozo impulsó todo Su ministerio de manera indirecta. Cuando se trata del gozo y la alegría de Jesús, David Mathis escribe:

El sorprendente testimonio de los Evangelios es que Jesús era un hombre de alegría incomparable e inquebrantable. «Una vida sin alegría habría sido una vida pecaminosa», escribe Donald Macleod, «Jesús experimentó alegría profunda, habitual» [...].

El Hijo de Dios no solo fue infinitamente feliz con Su Padre antes y durante la fundación del mundo (Prov. 8:30-31), y los ángeles anunciaron Su llegada humana como «buenas noticias que serán motivo de mucha alegría» (Luc. 2:10). Él vino, escribe Warfield, «como conquistador con la alegría de la inminente victoria en su corazón». El autor de Hebreos elimina las conjeturas sobre si el salmo de las bodas del Rey trata sobre Jesús: «¡tu Dios te ungió con perfume de alegría!» (Sal. 45:7; Heb. 1:9). El rey David había escrito sobre la alegría que su gran descendiente experimentaría de Dios: «Has hecho de él manantial de bendiciones; tu presencia lo ha llenado de alegría» (Sal. 21:6). Jesús se comparó con un novio (Mar. 2:18-20), y Sus severos oponentes lo acusaron de tener demasiada alegría (Luc. 7:34). Incluso enseñó que la alegría era esencial para recibir Su reino (Mat. 13:44).[1]

Los Evangelios narran varias ocasiones en las cuales Jesús expresa alegría y un asombro positivo. Su alegría se manifestaba en ocasiones al presenciar la obra de Dios. Otras veces se maravillaba al ver la fe de las personas. Esto último lo vemos en Su interacción con el soldado romano. Este confiaba tanto en el poder de Jesús que le pidió que solo diera la palabra para sanar a su siervo.[2] Me es difícil imaginar al Señor expresar admiración por la fe del soldado sin mostrar entusiasmo y esbozar una sonrisa.

Otro caso más explícito es cuando Lucas describe a Jesús lleno de alegría cuando recibe de vuelta a los 72 discípulos enviados para ministrar las buenas nuevas. Cuando regresaron, le dijeron maravillados que hasta los demonios se sometían cuando mencionaban Su nombre. Jesús los invita a alegrarse aún más porque sus nombres «están escritos en el cielo».[3] Su reacción se describe así: «En aquel momento *Jesús*, lleno de alegría por el *Espíritu*

---

1. David Mathis, *Oh the Deep, Deep Joy of Jesus*, https://www.desiringgod.org/articles/oh-the-deep-deep-joy-of-jesus.
2. Luc. 7:1-10.
3. Luc. 10:20.

*Santo*, dijo: "Te alabo, Padre, Señor del cielo y de la tierra, porque habiendo escondido estas cosas de los sabios e instruidos, se las has revelado a los que son como niños. Sí, *Padre*, porque esa fue tu buena voluntad"» (Luc. 10:21, énfasis mío).

Este es uno de los pocos lugares en los Evangelios donde se dice, de forma explícita, que Jesús se alegró.[1] No estaba solo en Su alegría porque ¡toda la Trinidad se encuentra presente en este gozo! ¿Qué motivaba esta alegría? No podía ser solo porque los discípulos lograron echar demonios. En realidad, el evento tenía un maravilloso significado: Dios estaba demostrando que Su promesa estaba por cumplirse. No solo los grandes profetas como Abraham o Moisés entenderían la voluntad de Dios, sino que ahora todo el pueblo de Dios tendría acceso a Su poder y sabiduría. El Señor Jesús sabía que todos serían ungidos con el Espíritu Santo[2] y entenderían la revelación divina. Pronto estarían habilitados para ir a todos los pueblos y declararían con poder las buenas nuevas. Jesús se gozó impulsado por el Espíritu Santo y *motivado por ver el avance del reino de Dios*. Al fin el plan de salvación de Dios estaba convirtiéndose en una realidad visible.

El evento que acabamos de describir era monumental y justifica la enorme alegría del Señor, pero, sin duda, podemos estar seguros de que Jesús experimentó una gran cantidad de alegrías cotidianas como disfrutar de una cena deliciosa, reír con amigos, viajar y disfrutar del paisaje, conocer lugares y personas nuevas. Menospreciar esas «pequeñas alegrías» sería un gran error porque «toda buena dádiva y todo don perfecto descienden de lo alto».[3]

No obstante, es de mucha utilidad para nuestra propia vida que, aunque Jesús vivió muchas alegrías y momentos de celebración, lo que se destaca en los Evangelios son aquellas alegrías motivadas por Su perspectiva eterna. El avance del reino siempre se encuentra en el fundamento de estos eventos, algo que nos revela

---

1. Otro se encuentra en Juan 11:15, sin embargo, más que un regocijo, esta es una alegría que expresa satisfacción.
2. Hech. 2:16-18.
3. Sant. 1:17.

la santidad del Señor y nos anima mucho a concentrar nuestra atención «en las cosas de arriba, no en las de la tierra».[1]

Habrá mucho más que decir sobre el gozo de Jesús, pero por el momento, seguiremos pensando en otros aspectos para tener una imagen más completa de Su vida emocional.

## Incertidumbre

Creo que las Escrituras demuestran que Jesús habría podido seguir disfrutando de la eternidad celestial como Dios sin tener que venir y encarnarse. Sin embargo, sabemos que «no consideró el ser igual a Dios como algo a qué aferrarse».[2] Por el contrario, escogió de forma voluntaria hacerse semejante a los seres humanos. Podríamos inferir entonces que era capaz de hacer lo que hubiera querido. Sin embargo, para poder representarnos perfectamente en Su sacrificio por nosotros, debía ser igual a nosotros en nuestra humanidad. ¿Imaginas lo que es ser Dios y escoger no saberlo todo? ¿O que no se haga Su voluntad en todo momento? ¡Jesús, el primer misionero que existió, vivió el choque cultural[3] más grande de la historia!

Lo anterior explicaría por qué Jesús no sabía cuándo sería el final de los tiempos.[4] Podemos entender por qué no supo quién lo había tocado en medio de una multitud para recibir sanidad.[5] También clarifica por qué recibió sorpresivamente las noticias de la muerte de Su primo Juan el Bautista. Es evidente que estamos frente a uno de los grandes misterios de la encarnación del Dios hecho hombre, pero lo cierto es que Jesucristo decidió vivir de manera perfecta como ser humano.

La incertidumbre es una compañera permanente para nosotros, humanos comunes y corrientes. Basta hacerte un par de

---

1. Col. 3:2.
2. Fil. 2:6.
3. El **choque cultural** es la experiencia que se puede tener cuando una persona se traslada a un contexto cultural diferente del propio. Implica sentir desorientación al experimentar una forma de vida desconocida y suele darse al inmigrar a otro país y acomodar otro tipo de vida.
4. Mat. 24:36.
5. Luc. 8:45.

preguntas sobre algo tan cotidiano como tu economía. ¿Cómo están tus finanzas? ¿Alguna vez te ha preocupado no tener dinero en tu cuenta bancaria? Hay un aspecto de la vida de Jesús que quizás no hayamos analizado con cuidado a la luz de esta «incertidumbre voluntaria», y es el tema de Su vida financiera y qué pudo haber sentido al no tener dónde vivir de forma fija o cuándo vendría la provisión económica. Sabemos que la vida de Jesús no era cómoda ni abundante en bienes materiales.

> Se le acercó un maestro de la ley y le dijo:
> —Maestro, te seguiré a dondequiera que vayas.
> —Las zorras tienen madrigueras y las aves tienen nidos —le respondió Jesús—, pero el Hijo del hombre no tiene dónde recostar la cabeza. (Mat. 8:19-20)

Aunque era capaz de hacer aparecer comida a Su conveniencia, solo vemos algunas ocasiones especiales donde este tipo de provisión milagrosa tenía lugar (y con el propósito de demostrar la abundante generosidad del Padre). Jesús sabía que estaba llamado a vivir una vida humana como la de cualquier otro que confía en la provisión del Padre. Podríamos argumentar: «Bueno, es que Jesús era perfecto, seguro que la incertidumbre de cuándo vendría Su próxima comida no le molestó para nada». Sin embargo, una de las tentaciones en el desierto después de Su bautismo fue precisamente convertir las piedras en pan[1] y proveer para sí mismo la satisfacción que Su cuerpo requería en ese momento.

Esta tentación es muy sutil porque no solo tiene que ver con satisfacer el hambre, sino que su intención era que Jesús fallara en Su decisión de vivir vaciado de Su deidad y así no podría ofrecerse como un representante perfecto por nosotros. Jesús sabía que Dios proveería, pero Satanás apeló a Su necesidad de suplir alimentos para Su hambre y así saltarse las reglas. Pero Jesús escogió mantener Su humanidad en obediencia perfecta al Padre y vivir esperando en Dios y sin saber cuándo ni cómo vendría Su próxima comida.

---

1. Mat. 4:3-4.

Ciertamente esa situación no le causó una ansiedad como la conocemos nosotros. La mayor parte del tiempo, nuestra ansiedad carece de fe y hasta conlleva resentimiento hacia Dios cuando no nos provee lo que (creemos) que necesitamos o merecemos. Pero es posible imaginar que posiblemente sí se preguntó (mientras le sonaba el estómago) cuándo sería Su próxima cena. En medio de los viajes y las caminatas prolongadas por Palestina, es posible que Jesús y Sus discípulos pasaran momentos difíciles donde tuvieran hambre más de una vez. Quizás en varias oportunidades los discípulos quisieron decirle al Maestro: «Oye Jesús, ¿qué tal si nos multiplicas los panes como aquel otro día?».

No conocemos los nombres de todos los que conformaron el equipo de apoyo financiero de Jesús, pero la Biblia menciona a algunas mujeres pudientes entre sus miembros, las cuales habían sido sanadas por Su ministerio.[1] En medio de esa incertidumbre, Jesús se permitió vivir la pena que hoy los misioneros vivimos con frecuencia al depender de otras personas para Su provisión. Un misionero conoce bien la incertidumbre que se vive mes a mes al no saber si quienes se han comprometido a apoyar tu ministerio mantendrán su promesa. Jesús sabía que Dios mueve el corazón de la gente, sin embargo, eso no lo liberó de vivir con la incertidumbre que la vida misionera implica.

Es cierto que nadie murió de hambre. Dios siempre fue fiel. Pero, con seguridad, la vida ministerial no era color de rosa. Él escogió vivir como nosotros y sufrir la incertidumbre de la provisión para nuestro beneficio. Sus seguidores darían testimonio de ello porque tampoco tendrían claridad de dónde pasarían su próxima noche. Seguirlo implicaba abrazar el incómodo sentimiento de la incertidumbre con Él, pero con Él también aprendieron que, sin importar el tamaño de nuestra incertidumbre, el Padre celestial «sabe lo que ustedes necesitan antes de que se lo pidan».[2] Esta verdad seguramente estuvo a menudo en la mente de Jesús. Como Él, cuando nos predicamos a nosotros mismos las verdades de la fidelidad de Dios, se vuelve más fácil lidiar con nuestras luchas emocionales.

---

1. Luc. 8:1-3.
2. Mat. 6:8.

# Ira y lamento

En los Evangelios, podemos conocer varios ejemplos del enojo de Jesús y sus diferentes matices. Vemos ira explosiva, momentos de irritación, indignación y turbación. Quizás el caso más «ligero» del enojo del Señor sucedió cuando las personas estaban tratando de traer a sus hijos a Su presencia y los discípulos no permitían que los niños se le acercaran. Jesús se indignó y les llamó la atención, diciendo: «Dejen que los niños vengan a mí, y no se lo impidan, porque el reino de Dios es de quienes son como ellos».[1] El Señor vino para que todos pudieran conocerlo, ese era *Su mayor deseo* e incluía también a los niños. No solo eso, el amor de Jesús por ellos fue lo que impulsó Su disgusto.

Quizás Jesús amaba el corazón de los niños porque aprenden y confían plenamente en sus padres que los cuidan. Si el papá le dice a su hijo que la luna es de queso, ¡el niño lo creerá! Jesús señaló el desacierto de los discípulos al menospreciar esa actitud de mansedumbre y credulidad. La actitud de Jesús está enmarcada dentro de un contexto más amplio. Es posible que Jesús también se indignara de esa forma porque vemos que, tan solo en un capítulo anterior, ya les había enseñado la necesidad de la mansedumbre en la vida del creyente usando a los niños como ejemplo:

Llegaron a Capernaúm. Cuando ya estaba en casa, Jesús les preguntó:
—¿Qué venían discutiendo por el camino?
Pero ellos se quedaron callados, porque en el camino habían discutido entre sí quién era el más importante.
Entonces Jesús se sentó, llamó a los doce y les dijo:
—Si alguno quiere ser el primero, que sea el último de todos y el servidor de todos.
Luego tomó a un niño y lo puso en medio de ellos. Abrazándolo, les dijo:
—El que recibe en mi nombre a uno de estos niños me recibe a mí; y el que me recibe a mí no me recibe a mí, sino al que me envió. (Mar. 9:33-37)

---

1. Mar. 10:14.

Este pasaje evoca un sentimiento de ternura especial por los niños y por lo que ellos representaban en Su enseñanza. Por cierto que también es evidente que nos demuestra cómo Jesús no era ajeno ni menospreciaba las expresiones de afecto en forma física. Jesús era accesible, ofrecía cariño físico y también lo recibía. Vemos este tipo de confianza y afecto cuando Juan se reclina en el pecho de Jesús mientras le habla.[1] Cuando la mujer pecadora vierte el perfume a los pies de Jesús, somos testigos de una escena conmovedora donde Jesús le permite a esa mujer bañar Sus pies con sus lágrimas y secarlo con los cabellos.[2]

Lo que podemos enfatizar es que Jesús ya había hablado con los discípulos sobre la importancia de apreciar la humildad y la mansedumbre que ahora está representada por ese niño que Jesús abrazó. Si los discípulos hubieran prestado atención, en el segundo encuentro con los niños habrían puesto en práctica esas verdades. Mas no fue así. Siguieron despreciando a «estos pequeños».[3]

Siempre sorprende que los discípulos sean retratados en un par de ocasiones como deseosos de figurar y tener los primeros lugares.[4] Esto no solo era normal en la cultura de su tiempo, sino esperable. En nuestro tiempo no es diferente porque dar a conocer nuestros logros cada vez se ve menos como arrogancia y más como una demostración positiva de ambición personal. Como en nuestro tiempo, en los tiempos de Jesús ser humilde no era algo a lo que las personas aspiraban, todo lo contrario. Es por eso, por ejemplo, que hay escritos oficiales de emperadores romanos llenos de relatos autobiográficos «jactanciosos».

La verdad es que podríamos ser severos en culpar a los discípulos. El cambio de cosmovisión que demanda seguir a Jesús es considerable. Pero Jesús los estaba invitando a transformar su forma de pensar y dejar de adaptarse a la cultura del momento.[5]

---

1. Juan 13:25.
2. Luc. 7:36-50.
3. Mar. 9:42.
4. Mat. 20:20-28; Mar. 10:37.
5. Rom. 12:2.

Los discípulos no solo estaban alejando a los niños, sino que estaban demostrando su falta de entendimiento y atención a la enseñanza primaria de Jesús: la humildad y la mansedumbre son los mayores valores a los que podían aspirar Sus discípulos. Esto requirió una repetición de Su enseñanza: «Dejen que los niños vengan a mí, y no se lo impidan, porque el reino de Dios es de quienes son como ellos. Les aseguro que el que no reciba el reino de Dios como un niño de ninguna manera entrará en él».[1]

Entender el contexto de estos eventos nos ayuda a comprender la indignación de Jesús. La humildad y la mansedumbre representan perfectamente el corazón de Jesús. Imitar Su corazón es una enseñanza clave en Su ministerio. Es por eso que entendemos Su indignación: Sus discípulos primero alejaron a los niños y, al mismo tiempo, demostraron la terquedad y orgullo de sus corazones. Pero no imaginemos que Jesús los reprendió con un juicio caprichoso. Después de todo, Él conocía muy bien sus corazones y seguramente no estaba sorprendido.

Jesús posiblemente deseaba que ellos asimilaran las verdades del reino y que pudieran ver el contraste tan grande que hay entre ellas y las «verdades» del mundo. A pesar de que Su frustración era justa, Jesús repitió con paciencia Su enseñanza y continuó con Sus expresiones de cariño hacia los niños.

## Un juicio más severo

Los discípulos estaban lejos de demostrar la terquedad de los líderes religiosos de la época. Sin duda, esa terquedad e indolencia provocó que el Señor experimentara una ira que incluía un juicio severo y con toda razón. Uno de los ejemplos que sobresalen es el día en que sanó a un hombre y los fariseos lo acusaron por hacerlo el día sábado, es decir, el día de reposo religioso que era guardado celosamente por los judíos:

Jesús se les quedó mirando, *enojado y entristecido* por la dureza de su corazón, y le dijo al hombre:

---

1. Mar. 10:14b-15.

—Extiende la mano.

La extendió, y la mano le quedó restablecida. (Mar. 3:5, énfasis mío)

Ese enfrentamiento con los fariseos nos permite ver la mezcla de emociones que Jesús vivió en aquel momento: el enojo y la tristeza. El texto nos explica que la razón de Su tristeza era «la dureza de su corazón». Los fariseos estaban poniendo las obras religiosas del ser humano como superiores a la obra de Dios.

Este es uno de los momentos en que somos testigos de la irritación del Señor. En otra ocasión, Marcos se asegura de que notemos que Jesús suspiró de molestia al ver la obsesión de los fariseos con pedir señales con la intención de ponerlo a prueba.[1]

Los fariseos y sus seguidores todavía no habían muerto físicamente, pero se aferraban con fuerza a su muerte espiritual al negar la obra de Cristo y del Espíritu Santo. Ellos endurecieron su corazón y escogieron la muerte espiritual al rechazar al Dios trino. ¡Su rebeldía era tal que blasfemaron al atribuirle a Satanás las obras del Espíritu Santo![2] No sorprende que Jesús haya dicho que tal afirmación «no tendrá perdón jamás».[3] Nadie llegará jamás a encontrar la salvación si rechaza que Jesús es el Hijo de Dios y que Sus obras son hechas con el poder del Espíritu Santo.

Tampoco es de extrañar que la tristeza de Jesús estuviera también acompañada por el enojo. La dureza de los fariseos entristeció a Jesús, pero las consecuencias no solo recaerían sobre ellos, sino que eran ciegos guiando a otros ciegos.[4] Eran maestros responsables por la perdición de toda una generación, lo cual Jesús lamentó profundamente:[5]

Cuando se acercaba a Jerusalén, Jesús vio la ciudad y lloró por ella. Dijo: —¡Cómo quisiera que hoy supieras lo que te puede *traer paz*! Pero eso ahora está oculto a tus ojos. (Luc. 19:41-42, énfasis mío)

---

1. Mar. 8:11-13, Luc. 12:54-56.
2. Mat. 12:22-32; Mar. 3:22-30.
3. Mar. 3:29.
4. Mat. 15:14.
5. Luc. 19:41.

## Lo que motivaba Su ira

A través de la ira de Jesús podemos observar motivos que revelan **Sus deseos o valores**. Meditar en esto es sumamente importante porque Jesús es nuestro modelo a seguir. Cuando más adelante pensemos en las motivaciones y deseos que yacen bajo nuestras propias emociones, podremos tener un punto de referencia para juzgar y determinar el camino a seguir.

En primer lugar, Jesús valora *hacer la voluntad de Su Padre.* Él vio a muchas personas pecar y Sus reacciones siempre fueron moderadas y en amor, pero en el caso de los fariseos, Su molestia iba más allá. El enojo de Jesús refleja el corazón del Padre, quien tanto en el Antiguo como en el Nuevo Testamento, expresa Su ira en contra de los maestros que no tenían como prioridad hacer la voluntad de Dios. Su corazón estaba endurecido y valoraban hacer solo lo que les convenía.

El episodio de ira de Jesús en el templo, con látigo en mano, es el más impactante que encontramos en los Evangelios.[1] Jesús respondió con verdadera ira justiciera al ver cómo los judíos, en vez de ofrecer la reverencia y honor que Dios se merece, hicieron de la casa del Padre un burdo mercado. Es irónico pensar que los fariseos no tuvieran problema alguno al observar cómo ese templo se había convertido en una «cueva de ladrones».

Los fariseos sí reaccionaron con ira, pero no contra la adulteración del templo sagrado, sino contra Jesús. Enceguecidos por su orgullo y sus deseos pecaminosos, no reconocieron al Mesías y, más bien, lo menospreciaron y lo llamaron blasfemo. Esa ira solo reveló el deseo de mantener sus beneficios religiosos sin someterse al Señor y Su autoridad sobre ellos.

Por el contrario, la ira de Jesús fue motivada por algo muy diferente. No se basaba en un deseo de *la propia honra*[2] (cómo los fariseos), sino en Su celo *por la honra de Su Padre* manifestada en

---

1. Luc. 19:41-48.
2. Aunque Jesús merecía toda la honra, en Su ministerio terrenal se despojó de ese derecho. Incluso vemos que una de las tentaciones de Satanás es precisamente recibir esa honra «terrenal» que los fariseos amaban y deseaban mantener.

la honra que debería recibir en Su templo.[1] La majadería del pueblo escogido y sus líderes religiosos era evidente. Aunque habían visto, vivido y aprendido la gloriosa enseñanza de su Dios, prefirieron centrarse en sí mismos y en sus vanas empresas egoístas. El *deseo* que el sentimiento de la ira de los fariseos reveló era *el de poseer poder e influencia*. No anhelaban que el pueblo encontrara la paz y la comunión con Dios. No solo el sentimiento de ira desbordaba: los evangelistas destacaron en varias oportunidades que el sentimiento de la envidia motivó que persiguieran, cuestionaran, acusaran y finalmente colgaran a Jesús en la cruz. Sus acciones delataban las intenciones de sus corazones obstinados. Por el contrario, Jesús *deseaba que el reino de Dios avanzara* y que Su pueblo se volviera a Él para bendecirlo.

Aunque Jesús fue tentado varias veces por Satanás (probablemente más veces de las que nos cuentan los Evangelios), no buscó nunca engrandecerse y ser aclamado en la tierra. El Señor buscó dar a conocer la verdad y ver cumplidas las promesas de Dios sin importar el costo. El bien del pueblo escogido de Dios ocupó el primer lugar en Su vida. Por eso enalteció y honró al Padre, incluso por encima de Sus emociones y necesidades humanas.

# El duelo: Jesús enfrenta Su más grande oposición

El duelo no era un sentimiento extraño para Jesús. Es posible que Su padrastro José ya hubiera fallecido cuando Jesús comenzó Su ministerio. Por otra parte, Jesús se vio tan afectado con la muerte de Juan el Bautista que «se retiró él solo en una barca a un lugar solitario».[2]

En aquella ocasión, no tuvo mucho tiempo para procesar ese duelo, ya que las multitudes lo siguieron desde la orilla. Jesús sintió compasión por ellas y puso a un lado Su dolor para servirles.[3] Esto nos enseña que hay momentos en la vida donde nuestras

---

1. Juan 2:16-17.
2. Mat. 14:12-13.
3. Mat. 14:13-14.

emociones, aunque son importantes y válidas, necesitan ponerse a un lado para el servicio a Dios y los demás. En un mundo donde se supone que «deberías amarte para poder amar a otros» y el «cuidado personal» tiene la prioridad, nos podría sorprender ver que algunas veces está bien dejar nuestras «necesidades» a un lado para amar de forma sacrificial.

Otro momento donde Jesús expresó tristeza e ira y que no podemos olvidar fue cuando resucitó a Lázaro.[1] Jesús, quién es «la vida»,[2] fue espectador de los efectos tan profundamente dolorosos de la muerte física y espiritual. Jesús era muy cercano a la familia de Lázaro y por eso debe de haber compartido el duelo con Marta y María, las hermanas del difunto. Muchos autores han enfatizado la empatía mostrada por Jesús al llorar con los que lloran. En definitiva, Jesús es la mayor expresión de amor empático. Además, es magnífico notar que Jesús responde a ambas hermanas de distintas formas a pesar de que ambas lo reciben con la misma frase: «Señor, si hubieras estado aquí, mi hermano no habría muerto».[3]

Jesús se encuentra con nosotros en el lugar donde estamos y entiende perfectamente lo que está sintiendo nuestro corazón y la forma particular en que expresamos nuestras emociones. Es verdaderamente personal: nos ve y nos escucha como si fuéramos la única persona que tiene al frente. A Marta le habló con verdad, proveyéndole esperanza y seguridad:

—Tu hermano resucitará —le dijo Jesús.

—Yo sé que resucitará en la resurrección, en el día final —respondió Marta.

Entonces Jesús le dijo:

—Yo soy la resurrección y la vida. El que cree en mí vivirá, aunque muera; y todo el que vive y cree en mí no morirá jamás. ¿Crees esto?

—Sí, Señor; yo creo que tú eres el Cristo, el Hijo de Dios, el que había de venir al mundo. (Juan 11:23-27)

Con María y los amigos de Lázaro, Jesús simplemente *sintió* junto con ellos.

---

1. Juan 11:35.
2. Juan 14:6.
3. Juan 11:21, 32.

Al ver llorar a María y a los judíos que la habían acompañado, Jesús se turbó y se conmovió profundamente.

—¿Dónde lo han puesto? —preguntó.

—Ven a verlo, Señor —le respondieron.

Jesús lloró.

—¡Miren cuánto lo quería! —dijeron los judíos. (Juan 11:33-36)

Es evidente la compasión y el amor de Jesús por estas personas. Pero este pasaje también nos revela el entendimiento de Jesús de lo que pasa cada vez que alguien muere en este mundo. Jesús lamentó y odió el quebranto producido por el pecado sobre Su creación como nadie pudo haberlo hecho sobre la faz de la tierra.

Es posible que al leer esta historia no entendamos a cabalidad lo que el autor quiere decir al describir la emoción de Jesús. Esto es porque muchas de nuestras traducciones al español de Juan 11:33 lo traducen como «conmovido profundamente en [su] espíritu»[1] o «se estremeció en espíritu y se conmovió».[2] Pero, en realidad, la palabra griega original tiene una connotación de enojo. Es la misma palabra que describe la reprensión airada de los discípulos a la mujer que unge a Jesús en la casa de Simón el leproso.[3]

Si somos consistentes con las enseñanzas de las Escrituras respecto al lamento y la tristeza, no tendría ningún sentido decir que Jesús se enfadaba con la gente que se lamentaba. Jesús estaba profundamente turbado porque estaba frente a frente con Su rival número uno.

Cuando te hablo de Su archienemigo puede que tengas en mente un nombre. A menudo se piensa que Su mayor oponente es Satanás. Es cierto que fue uno de Sus grandes atacantes, y los momentos de tentación que narran los Evangelios lo demuestran. Pero lo cierto es que ¡Satanás es insignificante y no es un rival de cuidado para el cumplimiento de la gran misión de Jesús! Esto lo demostró muchas veces, pues tan solo el consentimiento de Jesús era suficiente para echar fuera una legión de demonios.[4]

---

1. NVI, NBLA, DHH
2. RVR1960
3. Mar. 14:5
4. Mar. 5:1-20.

La misión de Jesús era mucho más que simplemente vencer a un ángel caído. En realidad se trató de destruir a la muerte.

La muerte no formaba parte del diseño de Dios para la humanidad. Los seres humanos rechazan a Dios, es decir, rechazan la vida sometidos en obediencia al Señor y escogen la condenación que trae consigo la muerte física. Lo que es peor, también supone la muerte espiritual. Esto explica por qué la muerte de quienes amamos es tan difícil de manejar y tan dolorosa. ¡No fuimos creados para el duelo!

Si para nosotros es difícil enfrentarla a pesar de que somos culpables por nuestro pecado y recibimos el justo castigo de la muerte, es imposible imaginar lo que el Señor sintió al encontrarse cara a cara con los estragos que la muerte produce en las personas. El haber perdido a un querido amigo y ver a sus hermanas destrozadas por la pérdida tuvo que haber afectado a Jesús en niveles que para nosotros son inimaginables. Su perspectiva del evento era mucho más amplia de lo que podríamos siquiera dimensionar y la emoción descrita por Juan nos *revela Su pasión y deseo de restauración*.

El día que Jesús resucitó a Lázaro todos presenciaron un anticipo de lo que pasaría en la cruz y en la resurrección. La hora estaba cerca cuando Jesús derrotaría a Su mayor enemigo, la muerte, de una vez y para siempre.[1] La victoria de Jesús sobre la muerte es la garantía del cumplimiento de todas Sus promesas. Una de ellas es que tendremos un corazón nuevo. Un corazón que progresivamente es transformado para *desear* lo que Él desea y que podrá experimentar las santas motivaciones que Él experimentaba. ¡Gracias a Dios por Su infinita misericordia y gracia!

## Fuiste creado para disfrutar el mismo gozo

Jesús comenzó Su famoso Sermón del Monte con las Bienaventuranzas, y una en particular es relevante para el tema de las emociones: «Dichosos los que lloran, porque serán consolados».[2]

---

1. 1 Cor. 15:26.
2. Mat. 5:4.

Jesús reconoce el dolor de este mundo caído al hablar de «los que lloran». El llanto es el producto de los dolores de toda índole que se derivan de la muerte que provocó nuestro pecado. Su misión estaba siendo anunciada con esta declaración: Él traería un consuelo pleno y eterno. Traería y nos compartiría de *Su gozo*.

Cuando somos salvados por Dios a través de la fe en la obra victoriosa de Jesucristo, en primer lugar, somos salvados de las terribles consecuencias de nuestro pecado. Fuimos rescatados de las llamas del infierno. ¡Esto es absolutamente extraordinario! Por si fuera poco, esta obra salvífica tiene una implicación maravillosa para nuestra vida emocional porque todas nuestras dificultades, duelos, lágrimas, angustias, temores y ansiedades tienen un final garantizado. Algunas de estas dificultades verán su fin aquí en la tierra, mas todas desaparecerán por completo en la eternidad.

En una de las pocas ocasiones donde los evangelistas hablan del gozo de Jesús, se aseguran de que no perdamos de vista que el motivador era el Espíritu Santo. Esto nos anima y nos alienta porque de seguro alguna vez has sido tentado a dudar y preguntarte: ¿Cómo podría alegrarme por lo mismo que Jesús se alegró? Debemos ser sinceros y reconocer que la mayoría del tiempo nos alegramos por cosas que no tienen mucho que ver con Dios.

Pablo nos enseñó que parte del fruto del Espíritu Santo es el gozo.[1] El apóstol nos invita tantas veces a regocijarnos en el Señor, que estoy segura de que más de una vez te has preguntado: ¿Por qué no siento ese gozo? La razón para tal insatisfacción puede ser muy sencilla. Muchos olvidan que ese gozo descrito en Gálatas está completamente ligado al gozo de Jesús. Recuerda que el gozo de Jesús es uno que tiene como raíz el avance del reino y que Dios sea adorado por todas Sus criaturas con la gloria que se merece.

Amar el avance del reino de Dios más que el avance de tu propio mini-reino es la verdadera fuente para obtener el gozo del Señor, pero ¿cómo hacerlo una realidad? La respuesta es simple: el mismo Espíritu Santo que habitó en Jesús mora en nosotros y

---

1. Gál. 5:22.

producirá el gozo en ti. Nunca podríamos gozarnos en el avance del reino por encima de nuestras prioridades rotas y egoístas si no fuera por Su maravillosa obra en nuestra vida.

Quizás todo esto te suena abstracto ahora, pero te aseguro que en cada momento emocional de tu vida siempre tendrás la oportunidad de escoger el gozo de Cristo. Por eso David podía cantar: «Me agrada, Dios mío, hacer tu voluntad; tu ley la llevo dentro de mí».[1] En la segunda parte de esta sección, trataremos de ver ejemplos específicos para aclarar cómo luce esto en nuestras vidas. Por el momento, una buena pregunta que puedes hacer en cualquier situación en la que te encuentres es:

> ¿De qué formas específicas estoy viendo a Dios moverse en mi vida y en la de los demás?

Para gozarte en el avance del reino, necesitas saber detectarlo. El reino avanza poco a poco, en lo cotidiano. Presta atención y verás que toda ocasión se presta para encontrar gozo en la fidelidad de Dios y en Su avance en tu vida y en la de quienes amas. Esto puede ser difícil de hacer, incluso frustrante. No te preocupes, recuerda que la santificación es «progresiva» (hablaremos de esto más adelante) y Dios es quien produce en ti «tanto el querer como el hacer para que se cumpla su buena voluntad».[2]

Ciertamente todo cristiano hace todo lo posible por cultivar este fruto en su vida al permanecer en la Palabra, orar, congregarse, ayunar, rendir cuentas y muchas otras disciplinas espirituales. De esa forma, poco a poco lograremos poner nuestras prioridades y nuestro corazón en orden y encaminado al reino de Dios. Sin embargo, por encima de todo, clamamos a nuestro Señor y Salvador para que destruya nuestros ídolos y transforme nuestros corazones para ofrecer una adoración total al único Dios. De esta manera, nuestras emociones también serán poco a poco transformadas. Cuando tus emociones delaten, una vez más, un corazón idólatra, aprovechemos la alerta y volvamos a clamar al Señor por

---

1. Sal. 40:8.
2. Fil. 2:12-13.

Su ayuda. Vivamos en «dependencia» o mantengámonos «unidos a la vid», tal como lo dijo Jesús:

> Permanezcan en mí, y yo permaneceré en ustedes. Así como ninguna rama puede dar fruto por sí misma, sino que tiene que permanecer en la vid, así tampoco ustedes pueden dar fruto si no permanecen en mí. (Juan 15:4)

La ira de Cristo ya no se sentirá tan ajena cuando permaneces en Él. ¡Ahora cuánto poder tendrá tu ira! Esa ira ya no será en contra de las personas o en contra de tu definición caprichosa de injusticia. Más bien imitarás más y más a Jesús, quien se airó contra las injusticias que desprecian a Dios y les causan sufrimiento a Sus criaturas. Entonces, lucharás por los débiles y los vulnerables; de forma objetiva reconocerás cuando te hacen algo que no está bien. Tu ira transformará la forma en que peleas con la muerte que trae el ceder a la tentación. Te esforzarás por seguir Su ejemplo de justicia y esa ira gobernada por el Señor te impulsará a hacer morir tu pecado contra viento y marea.[1]

Cuando vivas tristeza, angustia o temor, las palabras de Nehemías resonarán en tu corazón: «No estén tristes, pues el gozo del SEÑOR es nuestra fortaleza».[2] En el próximo capítulo, veremos cómo el gozo futuro fue lo que ayudó al Señor a perseverar en un mundo donde todo estaba en Su contra.

## ¿CÓMO TE SIENTES?

1. ¿Cómo se puede diferenciar entre un gozo saludable y un gozo no saludable?

_____

_____

---

1. Mat. 11:11-12.
2. Neh. 8:10.

2. ¿Cómo cambia tu experiencia de ira al darte cuenta de que a veces es necesaria?

3. Por lo general, cuándo sientes ira, gozo, asombro o lamento, ¿cómo se comparan tus motivaciones con las de Jesús?

4. Desde que empezaste tu vida con Jesús, ¿puedes detectar cómo han cambiado tus motivaciones en algún área de tu vida?

# CAPÍTULO 3

# Las emociones de Jesús. Parte II

## Angustia, ansiedad, soledad

En el capítulo anterior, tocamos aspectos de la vida emocional de Jesús que se demostraron de una forma evidente en Su vida. En este capítulo, también veremos algunos ejemplos que claramente demuestran que experimentó emociones como la angustia y la ansiedad. Pero también hablaremos de otros aspectos emocionales que, aunque no están descritos de forma explícita en el texto bíblico, sí es posible deducirlos. De ninguna manera podemos asegurar categóricamente que Jesús sintió o pensó tal emoción o tal pensamiento sin que esté claramente registrado en los Evangelios. Sin embargo, hasta cierto punto, es apropiado utilizar la imaginación (don dado por Dios), que nos ayuda a ponernos en Su lugar. Es valioso tratar de ilustrar en nuestra mente las escenas mientras leemos Su historia registrada en los Evangelios.

Si las emociones de una persona común son complejas y están llenas de matices, imaginemos la complejidad de las emociones en la persona de Jesús. No propongo hacer doctrina de este ejercicio, simplemente propongo fortalecer nuestra relación con la persona de Jesús. Creo que es beneficioso intentar adentrarnos no solo en las palabras, sino también en las actitudes y emociones que nuestro Señor manifestó en Su vida. Esto nos acerca a Él, nos deleita de asombro, lo hace nuestro amigo y nos lleva a un aprecio más profundo de Su obra por nosotros.

## Angustia y ansiedad

Es imposible hablar de la vida emocional de Jesús sin pensar en la angustia y ansiedad que manifestó de forma evidente cuando se acercaba Su hora. En pocas horas, experimentó la decepción de la traición, la humillación y el abandono. Es asombroso observar la forma en que Jesús manejó las emociones en esos últimos días.

Nosotros sabemos que Judas era un traidor y un ladrón, pero pocas veces nos detenemos a pensar que Judas permaneció tres años en el círculo íntimo de Jesús. Es muy posible que haya reído, llorado y también fue testigo cercano de los momentos más vulnerables de Jesús al final de tantas jornadas agotadoras. Judas tuvo que haber experimentado momentos extraordinarios con el amigo más fiel que jamás pudo haber tenido.

Jesús fue traicionado por Su amigo Judas cuando este estuvo dispuesto a señalar quién era Él con un beso. Jesús le respondió de inmediato: «¿Con un beso me traicionas?».[1] La relación entre Jesús y Judas debió ser bastante estrecha y por eso pienso que las palabras de Jesús no fueron un reclamo de mala gana o con cinismo, sino que salieron de un corazón roto. No puedo imaginar la mirada de Jesús a Judas mientras se acercaba para besarlo. Probablemente esa expresión quedó tatuada en la memoria de Judas hasta el momento en que se quitó la vida.

La realidad de la tortura que se avecinaba en unas pocas horas producto de la traición se estaba haciendo más real para Jesús minuto a minuto. Marcos nos cuenta que Jesús se sentía profundamente angustiado.[2] En Su corazón, estaba dispuesto, pero en Su humanidad, estaba enfrentando una gran tentación.[3]

*El deseo de evitar un dolor inimaginable y multifacético* (podríamos decir que se trataba de un deseo natural de seguridad) era muy real. De hecho, uno de los roles primarios de las emociones es advertirnos cuando estamos en peligro. No solo eso, sino que, en vez de ser honrado por Su creación, Jesús sabía que sufriría la vergüenza de la humillación pública y el abuso por parte de Sus enemigos. Él sabía exactamente para qué había venido a este mundo, pero eso no impedía que Su humanidad sintiera la realidad del sufrimiento por venir.

---

1. Paráfrasis de Lucas 22:48.
2. Mar. 14:34.
3. Mar. 14:38.

La angustia fue tan intensa que Jesús llegó a sudar gotas de sangre mientras le rogaba dos veces al Padre que lo absolviera del horror que estaba por venir. Él sabía que era contrario a Su voluntad y aun así rogó: «si es posible, no me hagas beber este trago amargo».[1] El autor de Hebreos lo describe de esta forma:

En los días de su vida mortal, Jesús ofreció oraciones y súplicas con fuerte clamor y lágrimas al que podía salvarlo de la muerte... (Heb. 5:7)

Quizás esta fue la mayor tentación que nuestro Señor venció con la ayuda del Espíritu Santo. ¿Por qué? ¿Qué motivó a Jesús a obedecer hasta la muerte? Encontramos la respuesta nuevamente en la carta a los Hebreos:

Fijemos la mirada en Jesús, el iniciador y perfeccionador de nuestra fe, quien, *por el gozo que le esperaba*, soportó la cruz, menospreciando la vergüenza que ella significaba, y ahora está sentado a la derecha del trono de Dios. (Heb. 12:2, énfasis añadido)

El *deseo de Jesús* era un gozo mayor que el que vivió en la tierra, porque se trataba de encontrar el gozo fortalecedor de Su Señor.[2] El gozo que solo obtendría al poner en primer lugar las prioridades del Padre. El gozo que surge de haber obedecido y haberle dado gloria. Estamos hablando del gozo de consumar Su plan con la seguridad de que Su plan es «bueno, agradable y perfecto».[3]

Las emociones de temor,[4] angustia y ansiedad del momento lo instaban a buscar alivio y una felicidad pasajera. Pero el padre fortaleció esa noche a Jesús para que pudiera poner Sus ojos en un gozo eterno y superior. Creyó y se sujetó a Su Padre celestial en vez de creerles y sujetarse a Sus emociones. Esto no quiere

---

1. Mat. 26:39; Mar. 14:36; Luc. 22:42.

2. Neh. 8:10.

3. Rom. 12:2.

4. Tomemos en cuenta que no todo temor es malo o pecaminoso. Hay un temor que es necesario porque nos ayuda a sobrevivir, a reaccionar en autodefensa o a prevenir tragedias. En este caso, tiene todo el sentido que Jesús tuviera temor. El dolor y la separación que le esperaban iban completamente en contra del instinto de supervivencia del ser humano.

decir que las ignoró, suprimió o que se hizo el fuerte frente a los discípulos. Todo lo contrario. El Señor les compartió Sus sentimientos e invitó a Sus amigos más íntimos a que lo acompañaran durante esa lucha espiritual. Él necesitaba que hicieran vigilia para interceder por Él. Jesús sabía que las emociones que se viven en silencio nos debilitan, pero cuando escogemos ser vulnerables, entonces vivimos la verdadera comunidad que nos fortalece para seguir adelante.

Ese deseo de un gozo futuro superior fue lo que guió Su decisión. A pesar de que sabemos que este deseo estaba en oposición con el deseo de estar a salvo, Jesús nos muestra cómo luce una vida guiada por deseos que agradan a Dios a pesar de lo que nuestras emociones puedan demandar.

Quienes resisten su pecado saben que no es fácil ni placentero (aunque el resultado final sí lo sea). Resistir el pecado es una especie de sufrimiento porque implica morir a deseos de la carne muy persistentes. Vencer el pecado conlleva sufrimiento porque implica morir a los deseos de nuestra naturaleza pecaminosa (o la carne) para vivir la vida que Dios ha diseñado para nosotros. En última instancia, vivir de esta forma es la fuente del verdadero gozo, pero en el momento de la prueba nada se siente agradable.

Jesús soportó tentaciones diariamente y nunca experimentó el «alivio» engañoso al hacer lo que Su carne pedía. Pensar en esto nos puede dar mucha esperanza. Aunque sabemos que Jesús era un ser humano y la Palabra nos asegura que Él se identifica con nuestras debilidades, nos puede ser difícil creerlo ya que también entendemos que Él no tenía una naturaleza pecaminosa. Mas es todo lo contrario. Justamente debido a que Jesús nunca pecó, eso lo convierte en el ser humano que más ha sufrido en la historia de la humanidad. Él es el «experto» en el sufrimiento de resistir a la perfección las tentaciones a pecar y, como tal, el único que puede socorrernos para que también alcancemos el gozo supremo de la obediencia.[1]

---

1. Heb. 2:18.

# La soledad de Jesús

Sin duda, hubo personas cercanas que tuvieron más o menos claro quién era Jesús y cuál era Su misión. Sin embargo, la realidad es que es imposible que cualquier persona, por más cercana que fuera al Señor, pudiera comprender quién era realmente en la tierra. De seguro puedes imaginarte lo que eso significa porque muchos hemos experimentado algo similar al no ser entendidos ni considerados, pero nunca al nivel de Jesús.

¿Cómo se habrá podido sentir Jesús al verse rodeado de amigos y multitudes, pero sin que haya nadie que realmente pudiera identificarse con lo que estaba experimentando? Como hemos visto, Él comprende nuestras vivencias, pero ¿quién podía comprenderlo a Él? Damos por sentado que los líderes religiosos fallaron estrepitosamente en su comprensión de Jesús y Su enseñanza. Sin embargo, pocas veces caemos en la cuenta de que, si había alguien que debía comprenderlo, eran ellos. Estos eran los expertos en las Escrituras, las cuales hablan de Jesús. Los maestros de la ley eran los que debieron haberse alegrado en gran manera al ver las profecías hacerse una realidad en Jesús. En vez de reaccionar en contra de Él, los líderes religiosos debían haber estado celebrando la más grande fiesta: ¡el Mesías prometido que tanto anhelaban por fin había llegado! Quienes debieron haber comprendido y abrazado al Mesías, más bien lo abandonaron y atacaron con desenfreno.

Sus amigos más cercanos no veían a Jesús como la persona que era en realidad. Con frecuencia leemos acerca de Su confusión al escuchar Sus enseñanzas o quién era en realidad. Las reacciones de Simón Pedro ejemplifican esto a la perfección. Por ejemplo, Jesús explicó con claridad lo que pasaría con Su vida (Su sufrimiento a manos de los líderes y Su muerte) y este discípulo tan cercano al Maestro no solo no comprendía a Jesús, ¡sino que se atrevió a reprenderlo por hablar de esa manera![1]

Ni siquiera Su familia comprendía a Jesús. Juan nos cuenta que unos días antes de la fiesta de los tabernáculos, Sus hermanos le

---

1. Mat. 16:21-22.

dijeron cómo llevar a cabo Su ministerio: «Deberías salir de aquí e ir a Judea, para que tus discípulos vean las obras que realizas, porque nadie que quiera darse a conocer actúa en secreto. Ya que haces estas cosas, deja que el mundo te conozca».

El apóstol nos aclara lo que Su familia realmente pensaba de Él: «Lo cierto es que ni siquiera sus hermanos creían en él».[1]

Considera un momento: ¿cómo es que los seres humanos nos sentimos apoyados y acompañados? Podemos reconocer que esto solo sucede cuando somos realmente conocidos. La intimidad y la cercanía dependen completamente del regalo de conocer y de ser conocido por otros. Cristo nos conoce totalmente, no solo ve nuestro corazón más allá de lo que nosotros lo vemos, sino que se puede identificar plenamente con nosotros porque también ha vivido las mismas tentaciones y dolores que nosotros.

Pero ¿quién ha conocido la mente y el corazón de Jesús? ¿Quién pudo haberle dicho: «entiendo lo que estás pasando, yo también lo he vivido»? Podemos imaginar la tremenda soledad que este hombre pudo haber experimentado porque como dijo Juan, uno de Sus discípulos más cercanos: «el mundo fue creado por medio de él, pero el mundo no lo reconoció. Vino a lo que era suyo, pero los suyos no lo recibieron».[2] ¿Qué pudo haber sentido el Señor, siendo el creador de todo lo visible y lo invisible, al ser hecho hombre? ¿Cuánta soledad enfrentó Jesús? Nadie en esta tierra ha experimentado o podría imaginar una soledad de ese tipo. No es de extrañar que veamos en la Escritura a un Jesús que busca constantemente al Padre por noches enteras. El sentimiento de soledad humana solo era aplacado por el deleite de la presencia del Padre, donde obtenía comunión y conocimiento relacional perfecto. En verdad el Padre estaba con Su Hijo... excepto cuando ya no lo estuvo...

## Abandonado por todos

La experiencia de la soledad que experimentó en la cruz es una que nadie ha vivido o vivirá jamás. Ni la presencia de Su discípulo

---

1. Juan 7:1-5.
2. Juan 1:10-11.

Juan, de Su madre María ni de ningún otro seguidor que estuvo al pie de la cruz era suficiente. Ninguno de ellos podía cubrir lo que solo el Padre cubría por medio de una profunda intimidad basada en el amor y el conocimiento mutuo.

Cuando leemos el relato de la Pasión de Jesús, podemos ver cómo se desenvuelve el cumplimiento del glorioso plan de salvación. También vemos a un Dios que apela a nuestro corazón porque podríamos decir que una de Sus intenciones es ayudarnos a sentir Su dolor. Hemos escuchado el evangelio tantas veces que es muy posible que leamos esa historia tan conocida con un corazón entumecido. Pero imagina llegar al texto con ojos nuevos, como si nunca hubieras escuchado la historia. Es imposible no experimentar un impacto emocional.

Quizás la cúspide de este relato tan profundamente emotivo sea el lenguaje desesperado de Jesús en Sus últimos momentos en la cruz: «Dios mío, Dios mío, ¿por qué me has abandonado?».[1] El acto de morir por la humanidad era profundamente teológico, mas Sus palabras eran muy humanas y profundamente emocionales. Jesús se sentía y estaba... ¡completa y absolutamente solo!

La compañía del único que lo conocía plenamente y con quien tenía intimidad perfecta se alejó de Él. ¿Alguna vez te has sentido completamente solo? ¿Has pensado: «no le importo a nadie»? Imagina ahora este sentimiento potenciado mil veces y aun así será imposible comprender plenamente la abrumadora soledad que Jesús experimentó en esos momentos.

## «Varón de dolores»

Todo lo que Jesús sufrió fue como consecuencia de las acciones de otros. Nunca habría sido tentado si no fuera por Su humanidad heredada de Adán. Nunca habría llorado si no fuera por la muerte que el pecado trajo al mundo. No habría sufrido si no fuera por un pueblo que le daba la espalda a Dios, por un amigo que lo traicionó, por el odio de los líderes religiosos. Nunca

---

1. Mat. 27:46, NBLA.

habría experimentado la soledad si no fuera porque cargó con los pecados para cumplir la misión de rescate por nosotros.

Nosotros somos responsables de nuestra muerte física y espiritual. Somos responsables de nuestras acciones pecaminosas. Pero Jesús era completamente inocente. No solo hizo esta extraordinaria labor por nosotros, sino que lo hizo cuando éramos Sus enemigos y le dábamos la espalda. Piensa por un momento en todo esto y dime si esta no es la mayor obra de amor que alguien pudo haber hecho en la historia de la creación. Muchos hemos leído este famoso pasaje sobre el Mesías:

> Despreciado y rechazado por los hombres,
> varón de dolores, hecho para el sufrimiento... (Isa. 53:3)

Esa expresión, «varón de dolores», evoca de inmediato la Pasión, cuando el Salvador cargó con todos nuestros pecados.[1] Sin embargo, después de todo lo que hemos visto, ese último día de vida como hombre en esta tierra fue la culminación de una vida entera de sufrimiento y de soportar voluntariamente emociones que –hoy diríamos– son traumáticas. A veces, leemos estas historias y no utilizamos nuestra imaginación para tratar de comprender realmente lo que se sentía estar en los zapatos de Jesús. Pensamos que, como Él era perfecto, posiblemente vivió todo esto con una especie de anestesia emocional. Pero los relatos demuestran que Jesús sentía, y sentía profundamente. Él vivió una persecución incesante, violenta y constante. También soportó el abandono total por parte de quienes lo debieron haber amado y apoyado. Sus oponentes una y otra vez le demandaban que hiciera milagros para que probara quién era,[2] aunque en realidad no le creían ni estaban interesados en creerle.

¿Alguna vez te ha pasado que te buscan solo por interés y no por tu persona? ¿Cómo se habrá sentido Jesús? Muchas personas se le acercaban solo por interés. Querían obtener bendiciones y sanidades, pero no lo deseaban a Él. No estaban interesados en

---

1. Isa. 53:4.
2. Mat. 12:9-14; 12:38-42; 16:1-4; 22:16-18; Mar. 8:11-13; Luc. 11:29-32.

conocerlo ni adorarlo. Una vez, una multitud airada de la ciudad en donde creció lo persiguió hasta el borde de una colina donde casi lo avientan al precipicio.[1] ¡Piensa en el trauma y la humillación que esto pudo haber causado a cualquier persona!

Imagina por un momento que estás en tu estudio bíblico enseñando y que de pronto otros maestros respetados de la Biblia se levantan para acusarte de blasfemo. Los fariseos hicieron esto de forma pública e insistente en varias oportunidades. ¿Qué tentaciones enfrentamos cuando algo así sucede? ¿Sentirnos humillados, inferiores, inseguros, ansiosos, irrespetados? Aunque Jesús tenía claro quién era, sin duda fue tentado en Su humanidad a creer lo que el mundo decía de Él y no lo que Dios decía. Esto lo vemos muy claramente cuando Satanás intentó hacerle pensar que Su misión era venir a reinar de forma terrenal.[2]

Los religiosos cuestionaron Sus palabras, Sus intenciones y Su ministerio con desprecio.[3] Se atrevieron a decirle qué hacer, ordenándole que diera instrucciones según sus estándares a Sus discípulos.[4] Lo acusaban de libertino.[5] Le hacían preguntas solo con la intención de hacerlo tropezar.[6] Enviaron espías que se hacían pasar por seguidores para atraparlo en alguna declaración que mereciera llevarlo preso.[7]

Si alguien alguna vez ha querido hacerte daño de forma intencional podrías conocer apenas un poco de lo que Jesús experimentaba... todo el tiempo. Los fariseos murmuraban contra él en Sus narices.[8] Junto con los escribas, lo trataban con hostilidad[9] y tramaban diferentes maneras de destruirlo. Varias veces llegaron a amenazarlo tomando piedras para matarlo a pedradas.[10]

---

1. Luc. 4:29.
2. Mat. 4:8-10.
3. Mar. 8:11.
4. Luc. 19:39.
5. Mar. 2:16.
6. Mat. 19:3-9; 22:15-22; Mar. 12:13-14.
7. Luc. 20:20-26.
8. Juan 6:41-43.
9. Luc. 11:53-54.
10. Juan 8:59; 10:31.

Sus oponentes discutían con Él todo el tiempo de una forma muy áspera y violenta. Lo perseguían adondequiera que fuera y no le daban descanso. ¿Alguna vez alguien ofendió a tu madre o a uno de tus más cercanos? Jesús vivió las burlas y palabras ofensivas que hacían en Su contra y contra Su madre, a la cual prácticamente llamaron fornicaria.[1] Considera la humillación y el desdén que enfrentó al mirar esos rostros llenos de odio y menosprecio al hacer dicha acusación.

Imagina los pensamientos de juicio que la gente pudo tener hacia Jesús. ¿Qué hubieras sentido al verte rodeado de personas dudosas y sumamente críticas de tu mensaje? Eran dudas provocadas por la cizaña de los líderes. ¿Qué hubieras hecho con las emociones que esas actitudes te provocan?

No podemos establecer un paralelo entre el corazón del Señor y el nuestro. Es imposible comparar nuestro corazón pecaminoso con el precioso corazón del Señor. Él nunca sintió o pensó de forma pecaminosa como nosotros solemos hacer, no porque no pudiera, sino porque «mediante el sufrimiento aprendió a obedecer» (¡y vaya sufrimiento!).[2] Tenemos que tomar conciencia de que en medio de todo lo que le tocó vivir, Jesús siempre fue un ser humano que sintió y que sufrió como nosotros. Pero, al mismo tiempo, Él sufrió mucho más de lo que podemos imaginar.

## «Yo he vencido al mundo»

En verdad es imposible entender cuánto sufrimiento experimentó nuestro Salvador a lo largo de Su vida. Recibió ataques desde todos los ángulos: desde la pobreza, Sus enemigos, Sus cercanos, Sus familiares, las huestes demoníacas y las tentaciones de Satanás hasta el sufrimiento de morir a Su naturaleza humana que lo llevó a obedecer de forma perfecta. ¿Te das cuenta? Todo el mundo y las circunstancias, sin excepción, estaban en contra de Jesús y de Su misión. Jesús comenzó a sufrir mucho antes de ser arrestado para morir en la cruz.

---

1. Juan 8:41.
2. Heb. 5:8.

Toma un minuto para considerar esto. Si leíste todo lo anterior de forma acelerada, quisiera invitarte a que lo vuelvas a leer más despacio y poniéndote en los zapatos de tu Salvador. Imagina estar ahí presente, atrévete a encarnar Su vida aquí en la tierra como lo tendría que hacer un actor de teatro que trata de comprender a Su personaje. Incrústate en Su historia e imagina lo que pudo haber sido presenciar con tus propios ojos estas calamidades. Dime entonces si no es extraordinario que Jesús, al final de Su ministerio terrenal, haya dicho estas palabras:

> Yo les he dicho estas cosas para que en mí hallen paz. En este mundo afrontarán aflicciones, pero ¡anímense! Yo he vencido al mundo.[1]

Ya que este es un libro de emociones, ¡insertemos aquí un grito de júbilo!:

[                                                              ]

(Esto merece que lo escribas tú mismo).

¡Aunque el mundo entero estaba en Su contra, Jesús venció al mundo! ¡Aleluya! Además de celebrar con gozo, esta obra incomparable de Jesús debería traer profunda sobriedad a nuestro corazón. Debería cimentar una verdad inconmovible: el sufrimiento inefable que Jesús vivió fue motivado porque te amó con un amor inmensurable. Jesús ama de esta forma a cada uno de los que ha venido a salvar de su pecado.[2] El desasosiego que todos sentimos en esta vida será erradicado por completo por Su obra. Todo sentimiento de insatisfacción algún día se acabará.

Vivimos con un sentimiento constante de que todo lo que vivimos y esperamos no puede ser lo único que existe. Siempre decimos para nuestros adentros que las realidades del mundo en algún momento tienen que mejorar. Buscamos con desesperación soluciones para lograr ese cambio anhelado: soluciones sociales, psicológicas, culturales, económicas, místicas... la verdad es que es imposible para nosotros aceptar nuestra realidad

---

1. Juan 16:33.
2. Rom. 5:8.

imperfecta. Nunca es suficiente, nada dura para siempre, vivimos en una constante búsqueda del sentimiento de paz duradera que nunca llega.

El mayor motivador de Jesús para venir a la tierra y entregar Su vida por nosotros en la cruz fue la más perfecta expresión de una emoción: ¡gozo! Su deseo es compartir ese gozo contigo. Él vivió la vida de amor que no podías vivir y murió la muerte que merecías para que pudieras participar en ese perfecto y eterno gozo. Fuimos creados para un gozo eterno proveniente de una paz con Dios, una paz que solo ese sacrificio podía restaurar.[1] Jesús nos ha dicho que en Él hallaremos esa paz anhelada llena de dicha. No como la propone esta vida, porque aquí absolutamente todo es limitado, insuficiente y temporal.

Aunque hemos sido justificados por la obra de Cristo y gozamos de paz con Dios, nuestro pecado sigue siendo una barrera para disfrutar de una completa y duradera paz con Dios y con los demás mientras estamos en la tierra. Pero cuando lleguemos a Su presencia, nos alegraremos infinitamente porque seremos como Jesús: limpios y sin mancha,[2] perfectamente reconciliados para siempre con el Padre.[3]

Jesús mismo nos advirtió que en este mundo seguiremos encontrando situaciones dolorosas que nos harán creer lo contrario a lo que Jesús ha dicho. Nos querrán robar la esperanza. Nuestras emociones muchas veces se inclinarán a ver solo lo que este mundo ofrece como respuestas a sus dilemas. Buscarán el alivio del aquí y el ahora, pero Cristo nos recuerda con Su ejemplo y Sus palabras que debemos seleccionar con cuidado aquellas emociones que nos llevan a Él y que desechemos las que nos llevan a la desobediencia.

Cuando enfrentes tus propias emociones retadoras y dolorosas, cuando vivas algún tipo de aflicción, cuando pases por circunstancias desgarradoras, cuando sientas soledad o depresión, si te sientes abandonado o atascado, cuando seas victimizado

---

1. Rom. 5:1.
2. Ef. 5:27.
3. Rom. 5:10-11.

o avergonzado, cuando te sientes aislado o herido, Jesús te recuerda:

«Yo he vencido al mundo».

Él peleó contra todo para llevarte de vuelta al Padre. Puedes poner tus ojos en las «cosas de arriba y no en las de la tierra»[1] porque eso te ofrece una esperanza que no te defraudará. Entonces luchamos por seguir Sus pasos, ya sea que nuestro gozo venga en esta vida o en la sigue.

## Libres para adorar al Dios verdadero

El llamado para todos los creyentes es a adorar y atesorar a Jesucristo, y desear lo que Él desea. Es nuestro privilegio y regalo el poder observar diariamente lo que nuestro corazón en verdad idolatra. Las buenas noticias son que ahora que estamos en Él tenemos la capacidad de ser transformados a Su imagen para amar y glorificar al único y verdadero Dios.[2] Esta esperanza máxima de un gozo eterno debe informar nuestras decisiones. El gozo eterno de nuestro Señor, y no el gozo momentáneo y etéreo de este mundo, debe ser el filtro cuando decidimos dejarnos llevar o no por nuestras emociones. De la misma manera, pues, lo hizo Jesús.[3] Esto no significa que Dios no nos ofrezca gozo en esta tierra, pero sí quiere decir que puedes expandir tu definición del gozo: el gozo ya no solo se haya en lo «bueno» y agradable, también se encuentra en lo dificultoso y doloroso. Es un gozo independiente de tus circunstancias y de tus pruebas.

---

1. Col. 3:2.
2. Pero recuerda, esto no pasa de la noche a la mañana. Nuestro corazón moralista puede leer esto y pensar: «¡Pero no he cambiado!». Recuerda que la mayoría del tiempo la santidad es un proceso casi invisible. No obstante, mira tu vida de tiempo para acá: ¿puedes ver cambios? ¿Aunque sea pequeños? Lo ideal es ver grandes cambios por supuesto, pero incluso los pequeños cambios son motivo de gratitud. Dios está haciendo Su obra en ti. Eso sí, si a lo largo del tiempo no vez <u>ningún</u> progreso, examínate y considera: ¿De verdad estás tomando en serio tu fe en Jesús?
3. «Entrar en el gozo de su señor» también se encuentra en Mateo 25:23. Jesús usó esa misma expresión en la parábola de los talentos. La recompensa más grande de la fidelidad no es tener más dinero. Lo que se le da a administrar a los siervos (en este caso es dinero, pero creo que para nosotros aplica para todo lo que Dios nos da a administrar) no es la finalidad última. La finalidad es usarlos como un medio para servir a Dios, ser fieles y entrar al gozo de su señor (el cual para nosotros representa a Dios).

Si Jesús hubiera modelado una vida «sin sentimientos» que despreciaba, escondía o evitaba las emociones, los cristianos tendríamos que considerar muy seriamente cómo imitarlo. Tendríamos que buscar maneras de suprimir los momentos que produzcan suma emoción y gozo, así como también superar rápidamente los momentos de angustia o desesperación. ¡Pero no fue así! Somos invitados por Él (y toda la enseñanza bíblica lo acredita) a abrazar nuestras emociones santificadas por el Señor y utilizarlas para crecer en santidad.

Nuestra ambición espiritual debería ser progresar en amor por Dios y por los demás. El Espíritu Santo obra en nosotros para este fin y así, poco a poco, perseveramos en imitar a Cristo. Vamos creciendo en pasión por lo que a Él le apasiona. Esta santidad progresiva se concretiza cada día más cuando conocemos a Jesús con mayor intimidad. Esto solo se logra a través de la oración, la comunión con otros creyentes, la meditación en la Palabra y el reflejo del evangelio y su relevancia en nuestras vidas. El famoso dicho: «Dime con quién andas y te diré quién eres» no podría ser más apropiado para entender esto. Así como los amigos o los esposos adoptan una forma de hablar y de ver el mundo en común, así nuestra amistad con Cristo hará que Sus emociones, Sus tesoros, Sus pensamientos y Su voluntad crezcan en nosotros. «Consumir Su contenido» constantemente mantendrá nuestro corazón cercano a Él y nos ayudará a navegar nuestras emociones cada vez más de la forma en que Él lo hizo. Esto es lo que significa la famosa frase a veces tan poco entendida: «Vive tu identidad en Cristo».

Jesús te amó de forma sacrificial y ofreció el modelo perfecto del manejo de las emociones. Su sufrimiento incluyó lo mismo que experimentas algunos días: ira, frustración, decepción, abandono, soledad, ansiedad y mucho más. Cada emoción expuesta fue una ocasión para ejemplificar de forma perfecta lo que es aprender mediante los sufrimientos, con todos sus matices, para perseverar y mantener entereza de carácter. El apóstol Pablo nos anima a hacer lo mismo:

También por medio de él, y mediante la fe, tenemos acceso a esta gracia en la cual nos mantenemos firmes. Así que nos regocijamos en la esperanza de alcanzar la gloria de Dios. Y no solo en esto, sino también en nuestros sufrimientos, porque sabemos que el sufrimiento produce perseverancia; la perseverancia, entereza de carácter; la entereza de carácter, esperanza. Y esta esperanza no nos defrauda, porque Dios ha derramado su amor en nuestro corazón por el Espíritu Santo que nos ha dado. (Rom. 5:2-5)

# La invaluable oportunidad de identificarnos con Cristo

Se habla mucho de cómo Jesús nos comprende y se identifica con nuestra experiencia. Con frecuencia citamos el famoso pasaje de Hebreos:

> Porque no tenemos un sumo sacerdote incapaz de compadecerse de nuestras debilidades, sino uno que ha sido tentado en todo de la misma manera que nosotros, aunque sin pecado. (Heb. 4:15)

Es verdad que Jesús se identifica con nuestras debilidades y sufrimientos. Qué maravilloso es saber que nuestro Señor y Salvador sabe exactamente de lo que hablamos cuando acudimos a Él para descargar nuestras miserias. Qué hermoso es saber que Jesús se identifica *conmigo*, *me* cuida, *me* comprende, *me* consuela.

No fue hasta hace unos pocos años que, al vivir momentos de mucha tristeza y desesperación, el Espíritu Santo puso una pregunta en mi corazón: ¿Alguna vez has pensado que tus experiencias también te ayudan a identificarte con Jesús? Jesús les dijo a Sus discípulos: «ustedes son los que han estado siempre a mi lado en mis pruebas»...[1] ¡que glorioso sería escucharlo decirme lo mismo!

Hace un tiempo, tuve el privilegio de conversar con una buena amiga, a quien llamaré «Diana», acerca de un momento de crisis que estaba pasando. Diana es una maravillosa mujer de Dios, madura y entregada a la obra del ministerio. Ella estaba impactada de darse cuenta de que al leer acerca de temas de violencia doméstica, se veía detonada por su experiencia personal y la de su madre, quien hasta el día de hoy sigue bajo la opresión de su esposo.

---

1. Luc. 22:28.

Al escuchar la versión en audio de un libro sobre el tema, Diana empezó a sentirse agobiada por sus emociones de devastación, desesperación, temor por su madre y frustración al saber que le es imposible intervenir en lo que su madre experimenta a diario, pues su madre no está lista para aceptar el abuso que está viviendo. Diana pronto reconoció esas emociones, porque como suele suceder, su cuerpo las manifestó con claridad: una pesadez en todo el cuerpo, un sentimiento de vacío, un nudo en la garganta, llanto y desasosiego en el pecho.

Ella me pidió hablar para procesar juntas el evento. En nuestro tiempo juntas, me dijo: «Llevo años trabajando esto con el Señor, buscando Su ayuda y orando cada vez que me siento así». Después de unos 45 minutos de contar una serie de eventos y situaciones que el libro refrescó en Su mente, mi amiga describió las manifestaciones físicas: «Si me siento así, ¿será porque no he resuelto algo? Creí que ya lo había superado, no me gusta sentirme así de descompensada».

Después de compartir con ella mi gran pesar al verla sufrir de esta forma, le formulé la pregunta que había tornado mi perspectiva hace varios años (en versión personalizada): «¿Has pensado en la posibilidad de que esas manifestaciones en tu corazón y en tu cuerpo puedan ser las de Cristo?». Es decir, ¿era acaso posible que en vez de ver esas emociones como algo malo y orar para que Dios las quite, sean más bien una expresión de la ira y el dolor santo de un Dios santo? Esto nos llevó a considerar la reacción de Jesús en la tumba de Lázaro, Su amor por la justicia, Su odio implacable por la maldad y la opresión. Mi pregunta llevó a mi querida amiga a resignificar su experiencia. De inmediato, la incomodidad que vivió se convirtió en un instrumento para conocer una capa más de la belleza y el carácter de su Señor. Sus emociones, aunque incómodas, se convirtieron en un nuevo medio para crecer en cercanía e intimidad con Jesús.

Quizás es el momento de que tus sufrimientos lo revelen a *Él*. Ver lo que *Él* ha sufrido. Vivir lo que *Él* ha experimentado. Es tiempo de deleitarte en lo que a *Él* lo deleitaría. Es momento de ser quebrantado por lo que *Él* sería quebrantado.

Esta ha sido una invitación divina de contemplar a Jesús. Cuando enfrento algo difícil y doloroso, pienso: ¿Qué me quebranta a mí, comparado con lo que quebrantaría a Jesús? ¿Cómo puedo adoptar lo que a Él le importa, en sustitución de lo que a mí me importa? Cuanto más entiendo que ha sido el pecado del mundo, mi pecado, lo que quebrantó a mi Salvador, vuelvo a caer en la cuenta: ¿cómo podría aferrarme a ese pecado una vez más? Somos transformados al poner nuestros ojos en Él en medio de toda circunstancia y emoción, como dicen las Escrituras:

> ... contemplando como en un espejo la gloria del Señor, estamos siendo transformados en la misma imagen de gloria en gloria. (2 Cor. 3:18, NBLA)

Sin casi darnos cuenta, esto nos llena de la belleza de Su corazón. Pablo lo expresa de esta manera:

> Ahora me alegro de mis sufrimientos por ustedes, y en mi carne, completando lo que falta de las aflicciones de Cristo... (Col. 1:24, NBLA)

Es evidente que no podríamos comparar nuestra vida y nuestras luchas con las suyas. Hemos visto que Su vida fue infinitamente más dura que la nuestra. No obstante, sí tenemos mucho más en común con Él de lo que pensamos. Quizás te sentiste traicionado por parte de un amigo cercano y ahora puedes decir: «Jesús, ahora entiendo un poco mejor lo que pudiste haber sentido al recibir el beso de Judas». Tal vez te humillaron murmurando y burlándose de ti en tu cara y ahora dices: «Jesús, ahora entiendo un poco mejor lo que pudiste haber sentido al ver a tus oponentes actuar de una manera tan ruin». Puede ser que presenciaras un hecho de injusticia tremendo, pero al meditar en la vida de nuestro Señor, tal vez pienses: «Jesús, entiendo un poco más lo que pudiste haber sentido aquel día que te cargaste de ira en el templo».

Todos los ejemplos anteriores tienen como propósito ¡que no desperdicies tus emociones! Son oportunidades de recostarse en el pecho de Jesús, escuchar el latido de Su corazón y comprender un poco más cuánto quebranto hay en Él por el pecado que ha roto este mundo suyo. También son una oportunidad de compartir Su gozo, Sus motivaciones y Su perspectiva. Pocas cosas crean tanta intimidad como el compartir las mismas pasiones, quebrantos y alegrías. ¿Y no es esa la meta de nuestra vida cristiana? Queremos conocerlo, ese es nuestro mayor deseo y deleite. Aprovecha tus emociones, todas y cada una de ellas para identificarte con tu Salvador y desarrollar una amistad cada vez más cercana y profunda con Él.

## ¿Cómo te sientes?

1.  ¿De qué forma ha cambiado tu perspectiva con respecto a la vida de Jesús en la tierra y Sus emociones?

2.  ¿Cómo te hace sentir que Jesús haya vivido lo que vivió por amor a ti?

3. Después de lo leído, ¿de qué manera puedes sentirte apoyado por Jesús al experimentar tus emociones?

_____

_____

_____

_____

4. ¿En cuáles experiencias actuales de tu vida podrías decir: «Jesús, creo que entiendo un poco lo que sentiste cuando viviste...»?

_____

_____

_____

_____

# CAPÍTULO 4

# ¿Por qué prestar atención a las emociones?

## Cerquita de Dios

Las buenas nuevas del evangelio nos enseñan que, por medio de la obra Jesús, cualquiera que cree en Él puede despreocuparse de todo lo que pensaba que tenía que hacer para ganarse el favor de Dios. La justicia y la perfección de Jesús se conceden al creyente por fe. Cristo pagó por nuestra deuda (nuestro pecado) para que no tuviéramos que experimentar la muerte espiritual.

En esto consiste el gran intercambio: Jesús llevó nuestro pecado y los que han creído son dotados de la justicia de Jesús; a esto le llamamos «justificación». Cómo hijos adoptados por Dios, ahora tenemos la capacidad y el llamado de vivir de forma congruente a nuestra fe.

Antes era imposible vivir una vida que agrade a Dios porque nuestra naturaleza pecaminosa nos tenía aprisionados. Incluso cuando hacíamos cosas «buenas» no las hacíamos para la gloria de Dios, sino para nosotros mismos. Pero ahora a través del Espíritu Santo somos transformados para Su gloria. Jesucristo ahora nos ofrece libertad para vivir como Él vivió, agradando a Dios y recogiendo los frutos de la buena vida que Él quiere que disfrutemos.

Una vez que comprendemos esta libertad y día a día vamos avanzando en conocer más a Dios, disfrutamos del bienestar verdadero y creciente de nuestras vidas. La vida no cambia de la noche a la mañana, pero conforme pasan los años, sí va mejorando poco a poco y empiezas a ver la obra de Cristo en tu vida emocional, tus pensamientos, reacciones y relaciones. Es decir, experimentas lo que en teología se conoce como la santificación progresiva.

La santificación progresiva es ese caminar cristiano en el que poco a poco (aumentando gradualmente) vamos creciendo en obediencia.[1] Cristo pagó el precio por nosotros en la cruz y por esa razón nuestros pecados ya no nos condenan. Gozamos de una santificación posicional en Cristo debido a que ahora somos vistos a través de la obra a nuestro favor realizada por el Señor. Pero eso no significa que no luchamos con nuestra naturaleza pecaminosa, y por eso somos renovados a la imagen de Cristo de forma progresiva y vamos siendo transformados de gloria en gloria.[2]

En una de mis clases del seminario, el autor y consejero bíblico Ed Welch ofreció una descripción que cambió mi perspectiva con respecto a la santificación progresiva: «La santidad es una relación con Dios cada vez más cercana». Es importante aclarar que al referirnos a la «cercanía» con Dios, no estamos hablando de ser más aceptos delante de Dios que otros. No significa que Dios nos escucha más o menos que al pastor, el dirigente de estudio bíblico o cualquier otra persona con dones «impresionantes». Estamos hablando de una cercanía semejante a la de un mejor amigo. Es decir, más allá de buenas obras, de una lista de deberes cristianos o de ministerios fructíferos (todos buenos y necesarios), la santidad es principalmente provocada por un *componente relacional*. Entre más cerca estamos de Dios, más crecen nuestras acciones y comportamientos en bondad. El Señor enseña esto en numerosos pasajes bíblicos, pero uno que he encontrado especialmente retador se encuentra en Deuteronomio:

> Y vendrán sobre ti todas estas maldiciones, y te perseguirán, y te alcanzarán hasta que perezcas; por cuanto no habrás atendido a la voz de Jehová tu Dios, para guardar sus mandamientos y sus estatutos, que él te mandó; y serán en ti por señal y por maravilla, y en tu descendencia para siempre.
>
> *Por cuanto no serviste a Jehová tu Dios con alegría y con gozo de corazón*, por la abundancia de todas las cosas, servirás, por tanto,

---

1. Cuando hablo de santidad en esta sección, me refiero a la santificación progresiva, la cual se refiere a la que se va desarrollando poco a poco en la vida del cristiano, a diferencia de la santidad posicional, la que se adquiere en el momento que se cree y se obedece el evangelio de Cristo.

2. 2 Cor. 3:18.

a tus enemigos que enviare Jehová contra ti, con hambre y con sed
y con desnudez, y con falta de todas las cosas; y él pondrá yugo de
hierro sobre tu cuello, hasta destruirte. (Deut, 28:45-48, RVR1960,
énfasis mío)

Nota en el primer párrafo que Dios demarca un requisito para
bendecir abundantemente a Su pueblo escogido: oír atentamente
Su voz y guardar y poner por obra todos Sus mandamientos. La
oferta es irresistible (al menos, eso parece), las promesas son
espectaculares y muestran la grandiosa generosidad del Señor.
Esto también es aplicable a los creyentes de hoy en día, porque
Dios quiere que vivamos en congruencia con lo que decimos que
creemos al guardar celosamente Sus mandamientos.[1]

En la siguiente sección, nos aclara la razón por la que las obras
de servicio que este pueblo ha ofrecido son inútiles y merecedoras
de castigo: carecen de emoción. Dios quiere hombres y mujeres
que lo sirvan con *alegría* y con *gozo de corazón*. Lo que sentimos
en relación con Dios es central para vivir como Dios manda. Si
las emociones que nos vinculan con Dios no van hilvanadas con
nuestra obediencia, hacer «lo correcto» sin amor al Señor es solo
ruido o poca cosa ante Sus ojos.

Este y otros pasajes más evidencian la importancia de un corazón alegre al servir a Dios. Por ejemplo, Samuel exhorta al pueblo
diciendo que sirvan al Señor «fielmente y de todo corazón».[2] Pablo
dice en varias cartas que la actitud correcta de los cristianos es
que «trabajen de buena gana, como para el Señor»,[3] inclusive al
ofrecer nuestras ofrendas nos anima a recordar que «Dios ama
al que da con alegría».[4]

La alegría y el gozo no solo son características de la obediencia,
son también elementos motivadores. Uno de los mandamientos
para el pueblo de Israel era celebrar una serie de festivales para

---

1. Con respecto a las promesas por obedecer, los cristianos sí contamos con una gran diferencia. Sea
que seamos fieles o no, Dios sigue siendo fiel porque ya nos ha concedido la mayor y más grandiosa
de las promesas: la vida eterna (1 Jn. 5:12-13).

2. 1 Sam. 12:24.

3. Col. 3:23.

4. 2 Cor. 9:7b.

recordar con gozo y gratitud las obras maravillosas de Dios. Al igual que la alegría, todas las emociones, sentimientos (y los pensamientos y actitudes detrás de los mismos), son oportunidades de aprendizaje para crecer en santidad.

## De enemigos a hijos

En Cristo, hemos dejado de ser enemigos de Dios, todos quienes creemos y le recibimos somos hechos hijos de Dios.[1] ¡Cuánta distancia hay entre estos dos tipos de relación! Ahora somos llamados hijos primordialmente porque Cristo nos justificó por medio de la obra en la cruz.[2] Estamos unidos con Él, Su victoria es ahora nuestra victoria. Esto tiene implicaciones colosales desde muchas perspectivas, más en función del material relevante al tema de este capítulo: la naturaleza de la relación con Dios ha cambiado para siempre. El mero servilismo no sostiene una relación. Aunque el servicio y las buenas obras son necesarios, no son el meollo del asunto, sino que a Dios le interesa principalmente lo que está de fondo.

Cuando describen al Dios del Antiguo Testamento, algunos lo señalan como un Dios muy diferente al «Dios de amor» del Nuevo Testamento. Pero quienes leen detenidamente las Escrituras se darán cuenta de que estas son ideas equivocadas. El Antiguo Testamento presenta al mismo Dios relacional que deseaba el corazón de Su pueblo:

> Dice, pues, el Señor: Porque este pueblo se acerca a mí con su boca, y con sus labios me honra, *pero su corazón está lejos de mí*, y su temor de mí no es más que un mandamiento de hombres que les ha sido enseñado. (Isa. 29:13, RVR1960, énfasis mío)

Este pasaje sigue siendo relevante para ti y para mí. Los deseos de Dios no han cambiado. Él sigue desando primeramente tu corazón (todo tu ser; es decir, tus emociones, mente y voluntad) y, por consiguiente, que reflejes Su amor a través de tus

---

1. Pasamos de enemigos a hijos.
2. Juan 1:12; Rom. 5:10-12.

relaciones terrenales. El primer mandamiento en las palabras de Jesús dice así:

> «Ama al Señor tu Dios con todo tu corazón, con todo tu ser y con toda tu mente» —le respondió Jesús—. Este es el primero y el más importante de los mandamientos. (Mat. 22:37-38)

Nota que el primer mandamiento no dice: «*Obedecerás* al Señor tu Dios con todo tu corazón, y con toda tu alma y con toda tu mente. Este es el grande y primer mandamiento». Por supuesto que la obediencia es indispensable, pero el motivador de la obediencia es el profundo sentimiento de amor que sale de un corazón apasionado por Dios. ¿Cómo te sentirías si tu esposo te trae unas hermosas flores el día de su aniversario y te dice: «Querida, te traigo estas hermosas flores porque eres mi esposa y es mi *deber*»... ¡La gran decepción (y la rabia)! El amor de tu esposo es algo que va mucho más allá de las respuestas o acciones correctas. Las respuestas correctas sin emociones terminan siendo vacías. Incluso nuestros actos de obediencia más difíciles y dolorosos deberían ser motivados por un profundo sentimiento de amor por Dios.

Ana, la propietaria de un salón de belleza, se encuentra en medio de la difícil situación económica de su país. Su salón está al filo de la bancarrota. En medio de las dificultades para sobrevivir y mantener el negocio que brinda ingresos para su propio sostén económico y empleo a varias otras personas, el gobierno añade cargas tributarias injustas y pesadas. Ana ama su empresa, la cual ha llegado a desarrollarse producto de años de inversión de tiempo, dinero y esfuerzo.

Ella aprecia mucho a sus empleados y siente una gran responsabilidad y cuidado por su bienestar. Tener que pagar esos impuestos es algo que la enfurece y la frustra. Pero la Biblia dice que Jesús ha dicho que debemos dar «al césar lo que es del césar».[1] No existe razón alguna por la cual Ana sienta el deseo de hacer ese pago impositivo. Con excepción de una razón que sobrepasa a todas: el Señor su Dios, al cual ella ama.

---

1. Luc. 20:25.

En sus mañanas, Ana conversa con el Señor de lo que siente y lo que piensa. Ella tiene claro que Jesús es su fiel amigo quien la escucha, pero que también habla. Le dice que se *siente ultrajada* por el gobierno y sus exigencias desmedidas. Tiene un gran *temor* por el futuro de sus empleados, quienes más que empleados, son amigos. La *avergüenza* la posibilidad del fracaso de su negocio. También le da *pena* admitir que se siente tentada a evadir esos impuestos. Sin embargo, su amor por Dios es lo que se antepone a cualquier otro sentimiento.

Ana estaba luchando con vivir según su llamado como hija de Dios y, en este caso, sus emociones son potentes motivadores para ir en la dirección opuesta. Pero al meditar y conversar sobre el tema en la presencia de Dios y al reconocer cómo sus emociones la empujaban a la desobediencia, Dios le permitió reconocer el engaño. Finalmente, Ana decidió dar al gobierno lo que le correspondía con buena disposición, porque sabía que lo hacía para su Señor. Ella escogió amar a Dios más de lo que amaba su negocio, a sus empleados, la aprobación de los demás, e incluso a sí misma. Decidió amar a Dios con obras y no solo con palabras. Al mismo tiempo, el Espíritu Santo le suplió confianza y fe en la soberanía de Dios: ella podía confiar en que Él supliría todas sus necesidades. El afecto y cercanía de Ana con Dios son los que la dirigen a las mejores decisiones, y ella muestra la mayor disposición para obedecer al Señor y darle la gloria con todas sus acciones.

Vivimos como hijos y no como meros siervos cuando tenemos una relación de confianza con Dios. Hebreos asocia el tener «fe» con acercarse a Dios creyendo que «él existe y que recompensa a quienes lo buscan».[1] Es imposible hacer lo que a Dios le place y poner en acción nuestra unión con Cristo sin confiar en Dios mientras lo buscamos. Tenemos fe y confiamos en Dios de muchas formas en nuestras vidas. Confiamos en Él cuando le hablamos de lo que sentimos creyendo que nos está escuchando.

Cuando Él nos dice que conoce nuestras palabras incluso antes de que hayan llegado a nuestra boca, confiamos en Él. Le creemos y recordamos que nada le sorprende. Él conoce nuestra envidia,

1. Heb. 11:6.

orgullo e irritabilidad. También conoce lo que nos duele y nos desanima. Confiamos en Él y le confiamos nuestras emociones, trayéndolas a la mesa, conversándolas en detalle y escuchando con atención Su consejo.

## Vulnerable frente a Dios

Tu tiempo a solas con Dios es el mejor lugar para reflexionar sobre la realidad de tu corazón. Es el mejor lugar porque no te encuentras solo; te encuentras con tu admirable consejero, quien siempre valida lo que sientes, también lo afirma o lo corrige. Esto le da gloria a Su nombre.

Validar un sentimiento es responder con compasión y comprensión. No es lo mismo que afirmarlo, es decir, no es aprobarlo y llamarlo bueno. Todos los sentimientos merecen validación, pero no todos merecen afirmación (o aprobación). De hecho, el primer paso de la validación abre las puertas para la corrección cuando es necesaria. Dios nos dice: «Eres humano y es comprensible que te sientas así. Al mismo tiempo te llamo a lo contrario para tu propio bien». Un buen ejemplo es el de Elías deprimido en el desierto, en 1 Reyes 19.

Cuando escoges confiarle tus emociones al Señor y tomar el tiempo para examinar y vigilar tu corazón en Su presencia, estás creyendo que Él es fiel. Estás creyendo que Él es fiel porque estás buscando tu refugio en Él, confiando en que responderá. Estás creyendo que puede sostenerte, corregirte, traer luz y guiarte. Confiar en la fidelidad de Cristo es indispensable para accionar nuestra fe. Jesús está cerca, y nos invita a entrar con frecuencia a Su presencia en términos íntimos y transparentes. Él promete estar contigo siempre:

Nunca te dejaré; jamás te abandonaré. (Heb. 13:5b)
... ¡recuerden! Yo estoy con ustedes todos los días, hasta el fin del mundo. (Mat. 28:20b, NBLA)

Imagina pasar tiempo junto con el Señor y conversar sobre lo que te importa, te duele o te da temor. ¿No es acaso la forma natural en que se desarrollan las más profundas amistades? Los mejores amigos se ven a menudo. Pasar tiempo juntos es una prioridad. Se conocen bien, hablan de lo que están experimentando y de forma explícita o tácita hablan de sus emociones frente a las circunstancias que están viviendo. Algunos cristianos decimos: «No me siento cerca de Dios, sé que es bueno y sé que existe, pero mi relación con Él es lejana y vacía».

Hay muchas razones que pueden estar interponiéndose en nuestra relación con Dios. Una de las más importantes es la práctica persistente de algún pecado. Pero si no estamos viviendo en un pecado que está produciendo esa distancia, quizás la razón sea que nuestras conversaciones con Él se parecen a las cartas para Santa Claus: solo nos comunicamos para pedir superficialmente ayuda para las luchas de siempre, ayuda para dejar de pecar y bendición para que nos vaya bien a nosotros y los que amamos (¿te suena familiar?). Tal vez tus pláticas con Dios son tan correctas o formales, que sales de la habitación sintiendo que acabas de terminar una entrevista de trabajo: cuidaste cada palabra, puliste las áreas que en el fondo te producen vergüenza, evitaste tocar temas peliagudos y lo que querías era que terminara lo más pronto posible.

No quisiera que me malinterpretes. Pedir a Dios y orar por otros está muy bien, porque la intercesión es un mandato bíblico. No obstante, es un problema cuando se convierte en la temática única y central que conforma nuestros tiempos a solas con Dios. Ser transparentes y mostrarnos vulnerables no significa que estamos siendo irrespetuosos con Dios. Por supuesto que es necesario honrar a Dios y hablarle con reverencia. Sin embargo, no podemos dejar de lado que Él lo sabe todo y nada podemos esconderle. Por lo tanto, no se trata de meramente informarle a Dios nuestras necesidades. Mira conmigo las palabras de David en el Salmo 139:

Señor, tú me examinas, tú me conoces.

El Señor observa tu corazón y ¡hasta lo conoce mejor que tú! Así como el hombre conforme al corazón de Dios,[1] nosotros tam-

---

1. 1 Sam. 13:14 (NBLA).

bién tenemos la libertad de acercarnos a nuestro Dios bondadoso todos los días e invitarlo a que nos examine.

Sabes cuándo me siento y cuándo me levanto;
aun a la distancia me lees el pensamiento.
Mis trajines y descansos los conoces;
todos mis caminos te son familiares.

El Señor conoce cada una de tus acciones, deseos y pensamientos, buenos y malos. No solo los conoce, sino que igualmente se mantiene a tu lado por Su paciencia, compasión, amor y gracia.

No me llega aún la palabra a la lengua
cuando tú, Señor, ya la sabes toda.

Dios no se sorprende con tus palabras, al contrario, es Él quien te sorprende al revelarte lo que yace detrás de tus palabras. Cuando te acercas a Dios y en Su presencia meditas en lo que dices con tu boca, Dios gentilmente te va revelando lo que está en tu corazón. De forma gradual, cada día que conversas con Él, Dios te ofrece la misericordia de mostrarte que estás amando algo que no es el Señor. Te muestra que temes que Él no sea fiel para cuidar de tu vida. Él expone tus deseos de «controlar» las circunstancias para evitar el posible sufrimiento que crees que se avecina. Tal vez te muestra que aunque «no deberías», sientes que Dios te ha abandonado. O a lo mejor, en Su presencia, corres con la suerte de descubrir el gozo de reconocer que has crecido mucho más de lo que te imaginabas.

Tu protección me envuelve por completo;
me cubres con la palma de tu mano.
Conocimiento tan maravilloso rebasa mi comprensión;
tan sublime es que no puedo entenderlo.

La sublime protección de Dios tuvo su mayor manifestación en la obra redentora de Cristo por tus pecados. Ese sacrificio fue hecho efectivo en tu vida el día que creíste y obedeciste el evangelio.

La justicia de Cristo es tuya por decreto soberano de Dios y nada pueda cambiarlo. Cristo te ha hecho suyo para siempre y se encargará de que perseveres hasta el fin. Tu pecado, o lo que sea que haya en tu corazón, no le asusta ni lo aleja porque te conoce perfectamente. El Espíritu Santo que mora en ti vivifica tu corazón, te rodea, te bendice y te transforma. Por eso ahora puedes acercarte sin tener miedo de ser vulnerable, tal como eres, sin tapujos y sin esa vergüenza que paraliza. Ciertamente hacemos cosas vergonzosas, pero nuestra vergüenza ya no puede separarnos de Dios porque Cristo ha clavado todo lo que nos avergonzaba en la cruz del Calvario.

> ¿A dónde podría alejarme de tu Espíritu?
> ¿A dónde podría huir de tu presencia?
> Si subiera al cielo,
> allí estás tú;
> si tendiera mi lecho en el fondo del abismo,
> también estás allí.

Qué absurdo pensar que podemos escondernos de la omnisciencia y omnipresencia del Dios trino. Los sentimientos de culpa que acarrean el pecado y la vergüenza nos tratan de convencer de que no somos dignos o de que Dios se ha enfadado con nosotros. La fe te invita a creer que la cruz es más grande y es suficiente. El Señor anhela que, como David, te acerques «confiadamente al trono de la gracia»[1] en todo momento y también sin dudarlo aun en los momentos de tristeza, desesperación, confusión, enojo o ansiedad.

> Si me elevara sobre las alas del alba,
> o me estableciera en los extremos del mar,
> aun allí tu mano me guiaría,
> ¡me sostendría tu mano derecha!

¿Qué harás? ¿Huirás de lo que está en tu corazón y de Dios o acudirás a Él? Su fidelidad es grande. A veces creemos que dejarnos

---

1. Heb. 4:16.

sentir el dolor sería como aventarnos a un vacío interminable. Pensamos: «Si empiezo a llorar, ¡nunca voy a parar!». Otras veces, la culpa es tan grande que, aunque sabes que Dios te ha perdonado, no logras dejar atrás la vergüenza que sientes. Prefieres dejar el tema archivado y sellado.

¿Cuántas veces te has perdido del gozo de gloriarte en el Señor? ¿De celebrar las victorias que Él ha llevado a cabo en tu carácter? Este salmo nos recuerda que le importamos a Dios, y mucho. Su guía y ayuda están cerca. Aprovecha la oportunidad de sentarte en Su regazo con todas las emociones y pensamientos que cargan tu corazón. Puedes confiar en el Dios que te sostiene con Su mano derecha.

# Un ingrediente fundamental

El famoso teólogo puritano Jonathan Edwards nos presenta algunas meditaciones reveladoras acerca de las emociones y la vida cristiana:

> ¿Quién puede negar que la verdadera religión tenga como ingrediente fundamental las emociones, esas acciones vigorosas y enérgicas de la voluntad? La religión que Dios requiere no consiste de emociones debiluchas, pálidas, y sin vida que escasamente logran desalojarnos de la apatía. En su palabra Dios insiste en que seamos serios, espiritualmente enérgicos, teniendo nuestros corazones vigorosamente comprometidos con el cristianismo. Tenemos que ser «fervientes en espíritu, sirviendo al Señor» (Romanos 12:11).[1]

Más adelante, asegura:

> Atrevidamente afirmo que jamás verdad espiritual alguna cambió la conducta o la actitud de una persona sin haber despertado sus emociones. Nunca un pecador deseó la salvación, ni un cristiano despertó de frialdad espiritual, sin que la verdad hubiera afectado su corazón. ¡Así de importantes son las emociones![2]

---

1. Edwards, Jonathan. *Los afectos religiosos: La válida experiencia espiritual* (abreviado). Publicaciones Faro de Gracia. Edición para Kindle.

2. *Ibid.*

Es evidente que Edwards tenía razón, la Biblia evidencia que las emociones son un factor determinante en nuestro caminar con Dios. Muchas veces, pueden formar nuestra manera de ver los problemas, los desafíos y las expectativas de la vida. Pero las personas con frecuencia navegamos nuestras emociones en piloto automático, muchas veces sin darnos cuenta cuando nos están desviando de Dios. Una gran labor para el cristiano es conocerse a sí mismo y vigilar lo que está en su corazón.

Las emociones son tan poderosas que nos estimulan a vivir de forma radical para Cristo. Al mismo tiempo, pueden secuestrar nuestro corazón y tergiversar nuestra perspectiva de la vida hasta llevarnos a desenlaces lamentables. El creyente maduro logrará utilizar sus emociones a su favor y para la gloria de Dios, viéndolas como importantes, pero no siempre como mensajeras de la verdad. Sabrá estar abierto al vigor espiritual que las emociones pueden ofrecerle en el gozo, amor y compasión por otros, la esperanza o el contentamiento.

Los cristianos reconocemos que la vivencia emocional trae consigo un elemento espiritual indispensable. Para bien o mal, las emociones y los sentimientos asumen un carácter moral que muchas veces no se toma en cuenta en el mundo secular. En el próximo capítulo, hablaremos de las ideas que los cristianos somos propensos a adoptar cuando se trata de las emociones.

## ———— ¿CÓMO TE SIENTES? ————

1. Al considerar que la santificación progresiva puede definirse como «una relación con Dios cada vez más cercana», ¿cómo cambia la forma en que ves tu caminar con Dios?

2. Dios conoce tu corazón mejor que tú. ¿Cómo te hace sentir esa verdad y por qué debe impactarte?

_____

_____

_____

_____

3. ¿Recuerdas alguna ocasión donde tus emociones trabajaron para ventaja de tu ministerio, servicio o testimonio? ¿Cuándo fueron para desventaja y por qué?

_____

_____

_____

_____

# CAPÍTULO 5

# ¿Qué piensas de lo que sientes?

¿Qué piensas acerca de las cosas que sientes? ¿Cómo conectas tu vida espiritual con tus emociones? A pesar de que son una pieza tan indispensable para nuestra vida cristiana, es sorprendente descubrir que la literatura cristiana habla poco sobre las emociones.

De seguro has escuchado a teólogos o pastores que parece que se ven en la necesidad de aclarar que «el amor es más que una emoción». Es verdad, lo es, pero esa expresión tan popular podría ser interpretada como si la emoción en sí misma no fuera tan útil y hasta careciera de mérito. Pensar de esa manera podría llevarnos a ver las emociones como algo que debe evitarse o solo como la manifestación de un pecado que hay que erradicar. Groves y Smith denuncian esta perspectiva que se observa en muchos creyentes:

> La ansiedad es prueba de que no confías en Dios. Si estamos tristes es porque fallamos en descansar en los planes de Dios para nuestra vida. El enojo es simplemente egoísmo. Los sentimientos negativos deben ser aplastados y requieren arrepentimiento... De hecho, los cristianos también nos sentimos algo incómodos con los sentimientos positivos. Escrutamos la felicidad, no sea que «amemos más el regalo que al dador», refiriéndose a Dios. Un sentido de logro y satisfacción por un trabajo bien realizado bien podría estar encubriendo orgullo.[1]

Es común la creencia de que las emociones (especialmente las difíciles o negativas) son algo malo y, de alguna manera, le roban

---

1. J. Alasdair Groves & Winston T. Smith. *Untangling Emotions*. Wheaton, IL: Crossway, 2019, pág. 1.

legitimidad a nuestra relación con Dios. El cristiano aprobado, aunque luche con emociones difíciles, las debería tener siempre bajo control. Si tienes la desdicha de experimentar una profunda «melancolía» (como llamaba Charles Spurgeon a su propia depresión),[1] otros cristianos podrían decirte que hay algo mal contigo y con tu caminar cristiano.

## El moralismo cristiano y las emociones

Muchos cristianos viven bajo una doctrina práctica que parece más secular que bíblica. En el mundo secular, las personas «buenas» viven de acuerdo con una moral consensuada y aprobada por la cultura del momento. Se busca que sean «buenas» de acuerdo con el concepto popular de «bondad» y se espera que simplemente contribuyan positivamente y sin estorbar a los demás. Los individuos adhieren a un código moral humano y temporal que carece de autoridad divina, en el que no existe un propósito trascendente. A esto le podemos llamar «moralismo ateísta».

En la esfera secular, el ideal de vivir de forma correcta y gestionar las emociones tiene como meta máxima el bienestar personal que busca sentirse bien con uno mismo —sentirse buena persona y realizado— y ser un ciudadano que aporta y participa positivamente a la sociedad. Aunque esa no es la meta que vemos en la Biblia, muchos cristianos viven con el mismo objetivo secular: su comportamiento y fructificación (incluido lo emocional) es el propósito último de su caminar con Dios. Son cristianos moralistas.

No es que la santidad no sea importante, es fundamental. Pero los cristianos moralistas no crecen en santidad por su progresiva cercanía con Dios. Más bien, tratan de estar cerca de Dios por medio de su desempeño. Tal como lo hacían los religiosos judíos en el tiempo de Jesús.

El moralismo cristiano se percibe de muchas maneras en el área de las emociones. Mi ministerio me ha dado la oportunidad de conversar con decenas de personas de casi todos los países

---

1. Spurgeon utiliza esta expresión en decenas de ejemplos. Un ejemplo se encuentra en este sermón: *Refusing to be Comforted,* Charles Haddon Spurgeon, https://www.spurgeon.org/resource-library /sermons/refusing-to-be-comforted/#flipbook/.

en América Latina. Me he dado cuenta de que existen diversas posturas sobre el tema.

Podría destacar tres posturas entre los cristianos latinoamericanos con respecto a las emociones. En primer lugar, me dio mucha alegría saber que muchos cristianos tienen un entendimiento equilibrado de las emociones y, al menos en teoría, tienen claro que las emociones son buenas y creadas por Dios. En segundo lugar, hay muchos que se encuentran en un desequilibrio que busca de forma continua una euforia emocional. En tercer lugar, en el otro extremo, se encuentran aquellos que invalidan las apreciaciones sentimentales y disminuyen muchísimo su valor.

El moralismo cristiano existe en todo el espectro cristiano. Cada denominación simplemente tendrá descripciones y recomendaciones diferentes sobre cómo se vive una vida emocional que agrade a Dios. Podemos encontrar cristianos que tienden a despreciar la experiencia emocional tanto dentro como fuera de la iglesia. Hace un tiempo, alguien me contaba que sus líderes hacen lo posible para no crear un ambiente «emocionalista» en su iglesia. Consideran que si los miembros de la congregación lloran durante el tiempo de los cantos, posiblemente no han aprendido a descansar en Dios. Ambos extremos caen igual en el moralismo: debes seguir las reglas de una subcultura cristiana de cómo lidiar con tus emociones porque si no lo haces, algo está mal con tu caminar espiritual.

Otros, más bien, mantienen una cultura de excesos emocionales que son tomados como señal de compromiso con Dios. Por ejemplo, hace un tiempo asistí a una conferencia donde el grupo de alabanza estaba conformado por maravillosos músicos carismáticos. La conferencia se realizó en una iglesia presbiteriana. Sobra decir que una gran parte de las asistentes era bastante conservadora. Durante los tiempos de adoración, la líder de alabanza expresó claros indicios de desagrado y frustración al ver que su audiencia no respondía de forma megaexpresiva a las canciones del grupo de alabanza. El no responder con lágrimas, gritos, aplausos y más parecía significar que la audiencia carecía de fe y de entrega a Dios.

# Cuando «las emociones no son importantes»

En el área emocional (y en muchas otras), muchos viven como si todo se tratara de ser obedientes a lo que Dios demanda. La buena vida cristiana es la que enfatiza el ser razonables y comportarse correctamente, más que en la pasión por Dios. Posiblemente nunca afirmarían tal cosa abiertamente. Es más, estoy convencida de que la mayoría de los creyentes que viven así leería esta descripción y pensaría: «¡Claro que la pasión por Dios es indispensable!». Pero si escrutamos su vida, la pasión brillaría por su ausencia.

Cuando se trata de su vida emocional, valoran la impasibilidad y se mantienen reservados sin permitirse sentir o compartir lo que sienten con los demás y con Dios. Su pensamiento podría resumirse de la siguiente manera: «El Señor espera obediencia a Sus mandamientos. Las personas se dejan llevar demasiado por sus emociones, no consideran la importancia de la doctrina, la verdad y lo que realmente dice la Biblia».

Para los cristianos «razonables», es decir, aquellos que son incapaces de percibir las emociones como importantes o necesarias, las emociones son un apéndice indeseado. Con frecuencia consideran las emociones como mentiras o engaños, lo que los obliga a controlarlas y evitar dejarse llevar por ellas. En realidad, esta perspectiva no es completamente mala, pero el extremo es perjudicial.

La persona se pone en peligro porque está saltándose el tratamiento de sus emociones con Dios. En la práctica, solo se enfoca en el resultado: si hemos de sentir algo, que sea solo «lo correcto» y punto. Están en lo correcto al reconocer que las emociones tienen un extraordinario poder para distorsionar lo que percibimos como realidad, pero la forma de evitar esa distorsión es, según ellos, simplemente censurar los sentimientos y apelar a deberes morales e ideales tomados de la Biblia.

Cuando una persona está pasando por momentos de confusión, dolor y desesperación, en vez de escuchar con paciencia, validar y buscar entender lo que el otro siente (aunque no lo apoye) y acompañar con gentileza, el «cristiano razonable» desestima las emociones de la persona. Su postura hacia sus hermanos en Cristo a menudo establece como factor primordial la obediencia a las reglas cristianas del comportamiento o los acusa de no tener suficiente fe de que Dios sanará o resolverá. Dios te guarde de insistir en tu dolor o en tu lucha, pronto serás acusado de inmaduro, rebelde o necio. El concepto de santificación progresiva se tira por la borda, ya que el cambio debería darse con prontitud.

Pongamos esto en perspectiva. La persona ya se siente mal y triste, y lo que recibe es un discurso moralista de lo malo que es sentirse mal. Por otra parte, se le predica que Dios la ama pero, al parecer, Dios no tiene tiempo ni paciencia para escuchar sus dificultades y percibir las emociones por las que está atravesando. Lo que se promueve es un recetar apresurado de pasajes bíblicos para que sienta y crea «lo correcto», en vez de consolar. Esto puede contribuir a traer más culpabilidad y confusión en vez de proveer sanidad para el alma herida.

De igual forma, podría añadir que muchas veces se ignoran los factores fisiológicos que afectan el estado anímico de las personas. Por ejemplo, la falta de sueño o ejercicio, someterse a un tratamiento hormonal, el ciclo menstrual, un proceso de desintoxicación del alcoholismo, una enfermedad crónica y hasta un tumor cerebral que afecta la conducta. Existen muchos factores que afectan el estado anímico de las personas.

No debemos olvidar que somos almas que viven en un cuerpo. Es sabio reconocer que el cuerpo también afecta las experiencias de los individuos. No quiero decir que los aspectos fisiológicos excusen o nieguen la responsabilidad de las acciones, pero sí que el pastoreo que nos ofrecemos unos a otros requiere siempre un abordaje integral.

Quisiera recalcar que la amonestación es necesaria y una bendición. La Palabra nos manda a cuidar a nuestros hermanos a través de ella. Sin embargo, de igual manera, Dios quiere que animemos a quienes se encuentran desanimados, deprimidos o arrepentidos. Nuestros hermanos débiles también necesitan ánimo y consuelo tal como nos dice la Escritura:

Hermanos, también les rogamos que amonesten a los holgazanes, *estimulen a los desanimados, ayuden a los débiles y sean pacientes con todos.* (1 Tes. 5:14, énfasis mío)

## Cuando las respuestas son versículos tipo «píldora»

¿Alguna vez te has sentido ansioso y la única respuesta que has recibido es: «No te angusties, no pasa nada»? Peor aún, te lanzan el famoso: «Hermano, no te inquietes por nada, lee Filipenses 4:6». Cuando interactuamos con cristianos que están enfrentando emociones tumultuosas (y el pecado que a veces las produce), la forma simplista y bastante popular de responder es limitarse a buscar pasajes imperativos (es decir, mandamientos) que parecieran responder lo más cerca posible al problema. Se tiende a pensar que la píldora bíblica solucionará el dolor o las luchas contra el pecado.

Aunque podrían tratarse de pasajes bastante apropiados, no deben ofrecerse solos. Si pudiéramos cambiar a partir de saber lo correcto, ¡todos los domingos saldríamos de la iglesia santificados! ¿Tienes temor? «No se inquieten por nada» (Fil. 4:6); ¿Te es imposible dejar atrás el rencor? «No permitan que el enojo les dure hasta la puesta del sol» (Ef. 4:26). ¿Te desesperas si no tomas alcohol? «No se emborrachen con vino, que lleva al desenfreno» (Ef. 5:18). La lista continúa y puede ser interminable al abordar una infinidad de temas.

En vez de suponer que este tipo de pasajes cambiará de forma automática a las personas, es mejor reconocer que proyecta una visión ideal. Es decir, la principal utilidad de esos versículos es que nos hablan de las metas cristianas y de una ética que refleja el corazón de Dios. Sin duda, todos los cristianos debemos darlo todo al buscar al Señor para que, poco a poco, estemos más cerca de esas metas. Esto no solo nos trae gozo y una vida abundante, sino que glorifica a Dios.

Pero no podemos negar que todos hemos experimentado la frustración de saber lo que tenemos que hacer y, aun así, no poder hacerlo. Una ilustración útil podría ser la de un maratón.

Imagina que esos mandamientos —no se inquieten, no pequen al enojarse, no se emborrachen— son esa cinta que el corredor rasga al llegar a la meta. Ahora imagina que en el kilómetro 30, el entrenador se enfada con el corredor y le dice: «chico, ya cruza la meta... te falta compromiso... no lo quieres lo suficiente... estás muy distraído».

¿Qué hay con todos los pasos que quedan entre el kilómetro 30 y la meta en el kilómetro 42? La demanda del entrenador es absurda porque no reconoce que el corredor tiene que completar toda la travesía antes de cruzar la meta. Ese recorrido es el proceso de santificación que no se logra de un día para otro, sino que llega en incrementos.

Además, es importante aclarar que estos pasajes no se encuentran aislados. Están edificados sobre un fundamento que consiste en verdades (indicativos) espirituales que Dios ha provisto a nuestro favor. Estos imperativos (direcciones sobre cómo actuar) no tienen poder en sí mismos, sino que son posibles por esas verdades del obrar de Dios que poco a poco los creyentes van asimilando mientras van creciendo en su fe. Como veremos más adelante, las emociones del creyente son parte fundamental de ese proceso de asimilación y crecimiento. Más que «superarlas y seguir adelante», debemos aprovecharlas. Más que evitarlas, debemos enfrentarlas para ver qué revelan de nuestro corazón. Así podremos volvernos a Dios con una verdadera convicción.

## Cuando «las emociones son todo»

Es espléndido ver cristianos apasionados que buscan a Dios en sus iglesias con pasión y emoción. Ellos se esmeran en hacer que su servicio dominical sea un día de verdadera celebración. Las panderetas y la danza a menudo toman lugar invocando escenas como la del rey David, quien luego de recuperar el arca del pacto,[1] bailó de gozo (gracias a Dios, nuestros hermanos contemporáneos no danzan en paños menores como lo hizo el rey).

---

1. 2 Sam. 6.

Estos hermanos son muy conscientes de que las emociones gratas y positivas son una poderosa influencia que motiva a correr la carrera de la fe. Sin embargo, de vez en cuando, esa preponderancia mayúscula de las emociones hace que muchos evalúen su relación con Dios a partir de si «sienten o no sienten» a Dios. A veces sospechan que los hermanos más recatados en sus expresiones religiosas no experimentan al Espíritu Santo en Su plenitud.

Así como podemos despreciar nuestras emociones, también podemos tener una perspectiva de la vida cristiana que se ha vuelto muy dependiente de ellas. Cuando el volante de nuestra vida queda a merced de las emociones es porque quizás hemos olvidado que «nada hay tan engañoso como el corazón».[1] Lo que se siente como una verdad absoluta puede llegar a ser nuestra ruina si es que no lo ponemos en tela de juicio con discernimiento. Esta tendencia no se escapa del moralismo cristiano, porque se enfoca en sentir lo «correcto». Bajo los términos del «cristiano emocionalista», vivir la fe «genuina» es experimentar emociones intensas que demuestran una auténtica devoción y respaldo de Dios.

He escuchado historias de personas que se han sentido atacadas y juzgadas porque no lloraron durante un servicio dominical. Sus líderes se acercan y preguntan si algo anda mal porque no hubo una respuesta emotiva en un momento determinado del servicio. También existen numerosos eventos religiosos que son diseñados para promover y destacar experiencias emocionales. Se supone que si la persona manifiesta emociones intensas es porque está teniendo una experiencia legítima y poderosa con Dios.

Todos los cristianos manifestamos muchos otros tipos de «emocionalismos» que surgen en lo cotidiano y que son independientes del contexto eclesial en que nos desenvolvemos. Pensamos o decimos cosas como: «Yo lo único que quiero es tener paz»; «Necesito expresar todo lo que siento»; «Tengo que encontrar la raíz de mi dolor para sanar y estar satisfecho»; «Debo expresarme al mundo de la manera más auténtica»; «Entiendo que la Biblia dice esto,

---

1. Jer. 17:9.

pero yo siento que…»; «Mi enojo está justificado porque tú me provocaste». Puede que asistas a la iglesia más estoica y recatada y, al mismo tiempo, que seas un cristiano que viva dejándose seducir por la voz de sus emociones.

En el mundo secular, podemos observar los efectos de esta cosmovisión que percibe las emociones sin reservas. Por ejemplo, las preferencias sexuales se basan en la lógica de que «el amor es el amor». La identidad de género se determina por lo que sientes y, por lo tanto, por la forma en que expresas ese sentimiento en tu apariencia y forma de actuar. Las convicciones personales se teclean con fuerza en las redes sociales sin que se tenga la menor consideración a los efectos que estas puedan producir en la vida de otros o la propia (aquí se suman muchos cristianos).

Por otro lado, las influencias externas con respecto al manejo de las emociones han sido adoptadas por la iglesia y eso ha traído como consecuencia el surgimiento de una especie de *nueva teología terapéutica de la prosperidad emocional*. Los numerosos abordajes terapéuticos acarrean la centralidad del bienestar del yo. Muchas veces han sido un caballo de Troya para introducir en los creyentes toda una nueva perspectiva de quién es Dios y cuál es Su obra en el mundo. Dios es retratado con frecuencia como el «terapeuta celestial» cuyo fin último es sanarnos emocionalmente y llevarnos al máximo bienestar personal aquí en la tierra.

Cuando te identificas con esta teología terapéutica, te sentirás, por ejemplo, muy cómodo con las comunidades en donde muchas personas buscan *sentir* que Dios les habla principalmente a través de supuestos medios sobrenaturales. Buscan respuestas *primordialmente* en palabras proféticas o incluso el consejo ungido de otros hermanos. Las experiencias emocionales dentro o fuera de la iglesia, en comunidad o en soledad con Dios, son la meta primordial, y cuando no suceden, te sientes frustrado y «lejos de Dios».

Este predominio de las emociones hace que, por ejemplo, salgas desmotivado porque el sermón «no te llegó». Los sermones suelen estar centrados en la motivación en vez de la exposición profunda de la Palabra de Dios. El ministro de alabanza define el éxito de su ministerio cuando logra hacer que las personas lloren o entren en un éxtasis de júbilo. Los miembros no vuelven a la célula o estudio bíblico porque no logran *sentirse* incluidos por ser muy jóvenes, muy viejos, muy solteros o muy casados.

Las enseñanzas también se centran en la necesidad de que «te veas como Dios te ve», para que logres «sentirte bien» contigo mismo y crecer en tu autoestima. El título de un libro de un famoso predicador, *Su mejor vida ahora*, es el lema implícito (y a veces, explícito) de muchas iglesias. La meta más sublime es sentirte realizado en «lo que Dios te ha llamado a hacer», en estar en paz con los demás, en el gozo de una vida bendecida y en la sanidad emocional.

Como dije, esto es independiente de la iglesia o la denominación a la que pertenezcas. Se trata de un tema del corazón humano: queremos que todo tenga que ver con nosotros y trate de nosotros. Esto no es ajeno a nuestra naturaleza porque nuestros deseos usurpan el trono de Dios. Por eso es de suma importancia que reconozcamos cuando Dios se está convirtiendo en un accesorio en función de nuestra sanidad emocional y felicidad. Es una verdadera calamidad cuando nuestro lema de la vida cristiana pasa de ser «sírvele a Dios» a «sírveme, Dios».

## Cuando a veces sentirse mal es lo mejor

No quisiera que me malentiendas. No es malo desear y adoptar prácticas que contribuyan a nuestro bienestar emocional. Por el contrario, considero que es bueno y necesario. La tragedia radica en concentrar el propósito de nuestro cristianismo, de la enseñanza bíblica y de nuestra vida en un proyecto centrado en la realización personal. El énfasis bíblico es Cristo, Su obra en la cruz y la transformación más importante que surge a partir del arrepentimiento y la devoción consagrada por completo a Él.

Muchas veces, vivir la vida cristiana con el énfasis en Cristo trae consigo bienestar, pero muchas otras veces trae luchas internas. Puede ir acompañado de sentimientos muy incómodos y dolorosos como el arrepentimiento y el lamento por nuestro pecado. El costo de ser un discípulo de Cristo tarde o temprano implica morir a sueños y deseos que no se alineaban con Dios y nos llama a una vida sacrificial que sigue el ejemplo del Señor Jesucristo y una nube de testigos que lo hicieron antes que nosotros. En muchos momentos, el gozo espiritual más profundo se encuentra en la lucha interna de confiar en Dios a pesar de las circunstancias dolorosas que están fuera de nuestro control. En síntesis, no siempre vas a sentirte de maravilla y eso es necesario, es bueno y ¡está bien!

El apóstol Pablo escribió varias veces sobre sus emociones. En una de esas ocasiones compartió el dolor y las angustia que sufría por las circunstancias espirituales de sus compatriotas israelitas.[1] Dijo que sentía «una gran tristeza» y que lo invadía un «continuo dolor». Para que pudiéramos comprender lo mal que la estaba pasando, ilustra sus emociones diciendo que él mismo preferiría perderse con tal de que los que son de su «propia raza» llegaran a Cristo.

Sin embargo, ni en esta ni en ninguna otra ocasión, Pablo pone su énfasis en la búsqueda de «sanidad emocional». Su dolor era una manifestación de compasión hacia los perdidos. Pablo se permitió transformar por Dios para poder imitar el corazón de Cristo, quien se dolía por quienes desconocían a Dios. Las emociones negativas e incómodas eran necesarias y buenas porque expresaban el amor del apóstol por el pueblo judío. Dios fue el que puso esa pasión por el evangelio y ese dolor angustiante por ellos. Un dolor que lo llevó a sufrir persecución, azotes y hasta el ridículo con tal de predicar a Cristo.

Pablo no era un cristiano con una «súper fe». Pablo era el más vil de los pecadores, un asesino de cristianos, lleno de orgullo y de religiosidad vacía. Él mismo nos cuenta esto para que sepamos que si él pudo, también nosotros podemos, porque no está en nosotros ser trasformados a ese nivel, es la obra de Dios en nosotros.[2] Si ponemos el énfasis de nuestras vidas en nuestra «sanidad emocional», nuestra vida no se verá como la de Pablo; peor aún, no se verá como la vida de Jesús. Estaremos tan ocupados en nosotros mismos y en la búsqueda de la felicidad terrenal

---

1. Rom. 9:1-4.
2. 1 Tim. 1:15.

que nos olvidaremos de lo que Dios está haciendo para afilarnos y capacitarnos para predicar las buenas nuevas de Cristo como lo hizo el apóstol.

No solo eso, sino que nuestras expectativas equivocadas con respecto a la vida cristiana nos provocarán una tremenda confusión. Será inevitable que terminemos preguntándonos: «Si no estoy feliz o si me siento ansioso, ¿será que estoy mal con Dios?»; «Si ya perdoné, ¿por qué sigo tan dolido?»; «¿No debería sentir paz absoluta en Dios?»; o «¿Por qué no puedo superar este pecado de envidia?».

Entonces... ¿qué hacemos?

Quizás te estés preguntando en este momento: ¿cuál de todas esas perspectivas me identifica? ¿Seré un cristiano «razonable» o un cristiano «emocionalista»? Es posible que ya te hayas dado cuenta: ¡ambas cosas son verdad! Como las personas somos tan complejas y contradictorias, no es de extrañar que un solo individuo tienda a ignorar las emociones en ciertos momentos y en otro se llegue a comprometer con todo su ser a sus emociones en vez de al Señor.

Por supuesto que todos tenemos nuestra propia tendencia. Es bueno que identifiques la tuya. Pero cuando hablo de estas perspectivas, mi intención no es enfrentar un bando contra el otro, sino que me refiero a ti y a mí, dependiendo de las circunstancias que estemos viviendo. Por ejemplo, César, un muchacho de 28 años, tiene una gran *vergüenza* por tener sobrepeso. *Se siente triste y temeroso* pues piensa que nadie lo va a querer por su apariencia. Está convencido de que ha perdido la oportunidad de tener una esposa y una familia.

Cuando el tema le viene a la mente, evita quedarse en ese espacio mental y procura distraerse. *Se siente culpable* porque piensa que es un malagradecido con Dios. ¿Puedes notar la tendencia a ignorar o evitar las emociones y tratar de simplemente cambiar la conducta? Por otra parte, es también importante mencionar que la relación de César con su papá es casi siempre una ocasión para *explotar en ira,* porque su papá está siempre criticando su trabajo, sus amigos y su vida en general. César siempre se ha sentido *controlado, irrespetado y poco apreciado*.[1]

Cuando esto ocurre con su papá, con frecuencia la ira toma el control y sus palabras y actitud se tornan groseras y en varias ocasiones, violentas. La ira demanda justicia y César termina cediendo a esa demanda. Deja de servir a Dios para servir a su ira y deseo de justicia. César, entonces, suprime sus emociones y también se deja llevar por ellas. Aunque algunos tiendan a un moralismo de autodominio y otros tiendan a la prosperidad emocional, es una realidad que todos vivimos en un péndulo emocional y no siempre respondemos a nuestras emociones de la misma manera.

## Abrazar las emociones bíblicamente

Es urgente que los cristianos desarrollemos la destreza de conectar nuestro conocimiento de Dios con las emociones y los sentimientos que vivimos. La Biblia nos ofrece respuestas sin necesidad de caer en el razonamiento insensible ni en el emocionalismo. El problema radica en que, cuando carecemos de esa destreza, el evangelio se puede volver rígido y asfixiante. Podemos llegar a sentir que la Biblia tiene respuestas deficientes, ignorantes y hasta desconectadas de la vida real. Terminamos poniendo cargas injustas sobre los demás y nosotros mismos.

Por otra parte, también está el peligro de terminar acudiendo a fuentes terapéuticas externas a las cuales, de forma inconsciente, les terminamos otorgando autoridad canónica, porque sus metas de bienestar se convierten en nuestro «evangelio». Puede que hallemos excelentes ayudas y consejos para tener mejores relaciones y sentirnos mejor, pero careceremos de una perspectiva eterna que nos ayude a no vivir para nosotros mismos, sino que nos mantenga orientados a vivir esas y cualquier otra circunstancia en relación con Dios y para Su gloria.

El primer paso para solucionar cualquier problema es reconocerlo. Es por eso que durante este capítulo he tratado de ayudarte

---

1. Nota que estos no son solo sentimientos, sino que también incluyen pensamientos. Hablaremos más de cómo interactúan ambos elementos en los capítulos 6 y 7.

a descubrir que tanto el desprecio como el derroche de las emociones nos llevarán a interpretaciones equivocadas de lo que Dios realmente quiere para la vida emocional de Su pueblo.

En nuestras comunidades, hay quienes sufren profundamente. Muchos han vivido experiencias que los marcan y que producen secuelas negativas, persistentes y duraderas. Ese dolor emocional es real y con frecuencia necesitará de acompañamiento por parte de los hermanos en Cristo, los pastores y consejeros bíblicos que puedan ayudar a la persona a enmarcar su historia a la luz del evangelio.

También somos responsables de discernir cuando nuestras emociones están secuestrando nuestro corazón y estamos actuando de forma totalmente opuesta a lo que predicamos. Cuando nos esforzamos por desarrollar la destreza de aplicar las Escrituras a nuestra vida emocional, estamos también entrenándonos para servir a los miembros de nuestras congregaciones. Podremos enseñarles también a considerar sus corazones frente al Señor, tal como lo hicieron los salmistas y muchas otras personas que encontramos en las Escrituras.

Dado que las emociones, sentimientos y pensamientos que se encuentran detrás de ellos son un motor tan poderoso para nuestro comportamiento, pueden fácilmente guiarnos a circunstancias dolorosas. Experiencias como las disensiones en las comunidades de fe, el divorcio, los conflictos entre padres e hijos, desfalcos monetarios y mucho más, ocurren a raíz del pecado y de las emociones de las personas. Las emociones y los sentimientos que se encuentran corrompidos por la naturaleza pecaminosa son parte de los elementos que ejercen una poderosa influencia cuando enfrentamos las circunstancias más lamentables.

El Señor está tocando la puerta de nuestros corazones. Él quiere hijos e hijas con una actitud vulnerable que los lleve a prestar atención a lo que está ocurriendo en su corazón, para que también puedan volverse a Él y a Sus verdades.[1] Saber que todo lo que estemos experimentando, aun lo que pueda ser considerado pecaminoso, podemos hablarlo con Dios sin tapujos, es uno de

---

1. Prov. 23:12, 19, 26.

los elementos que constituye el verdadero descanso. Encontrar ese descanso en Él es una de las claves para vivir en obediencia y honra de Su nombre.[1]

Imagina ser parte activa de una iglesia que cumple este llamado. Una iglesia donde los que sufren saben que no pasan inadvertidos y que son amados. Al mismo tiempo, se trata de una iglesia apasionada por la protección del evangelio y que valora muchísimo las prioridades del reino en la vida de las personas. Una iglesia conformada por amigos en la fe que se esfuerzan por consolar y al mismo tiempo velan para que el bienestar emocional no se vuelva la única meta.

Qué privilegio el poder sufrir con los que sufren y llorar con los que lloran.[2] Qué oportunidad más gloriosa es acompañar a nuestros hermanos en el sufrimiento y en sus luchas. No hacemos nada menos que imitar a nuestro Señor Jesucristo. Aunque Dios no nos promete una prosperidad total en esta tierra, Él sigue siendo bueno y da buenos regalos a Sus hijos.[3] Tú puedes ser ese regalo y consuelo de parte de Dios para quienes te rodean.

## ¿CÓMO TE SIENTES?

1. ¿Cuál es la circunstancia más reciente en la que dejaste de lado lo que sentías?

_____

_____

_____

_____

---

1. Tito 3:3-6.
2. Rom. 12:15-16.
3. Mat. 7:11.

2. ¿Cuál es la situación más reciente en que tus emociones tomaron el control?

3. Piensa en cómo otras personas han respondido cuando te has sentido triste, abrumado o con temor: ¿Qué aspectos positivos encuentras en esa experiencia y que aspectos no quisieras repetir en tu trato hacia los demás?

# CAPÍTULO 6

# Pienso, luego siento

Como vimos en el primer capítulo, el «corazón» es un término muy utilizado en las Escrituras. Aunque es cierto que en las Escrituras las emociones se encuentran en el «corazón», esta palabra en la Biblia se utiliza para referirse a más que las emociones. Habla del yo interno, lo cual sí incluye las emociones, pero en otros sitios, «corazón» también se usa para hablar de los pensamientos. Veremos pasajes que nos revelan cuándo los autores bíblicos se están refiriendo a las emociones, después veremos otros pasajes que más bien usan el término para referirse a la cognición. Cabe mencionar que el «corazón» también se utiliza para referirse a la voluntad[1] de la persona.

En la gran mayoría de los pasajes, se enfatiza uno de estos elementos según el contexto. El «corazón» es entonces la amalgama de todos estos aspectos que conforman el «yo». Primero, veamos algunos pasajes que hablan del corazón cómo sinónimo de las emociones, afectos y pasiones (con énfasis mío):

> Por eso *mi corazón se alegra,* y canta con gozo mi lengua; mi cuerpo también vivirá en esperanza. (Hech. 2:26)

> Les escribí con *gran tristeza y angustia de corazón,* y con muchas lágrimas, no para entristecerlos, sino para darles a conocer la profundidad del amor que les tengo. (2 Cor. 2:4)

> Hermanos corintios, les hemos hablado con toda franqueza; les hemos abierto de par en par *nuestro corazón.* Nunca les hemos negado *nuestro afecto...* (2 Cor. 6:11-12a)

---

1. No haremos énfasis en este aspecto del corazón, pero recomiendo el libro *La dinámica del corazón en la vida cotidiana,* de Jeremy Pierre.

Así que guardé silencio, me mantuve callado.
¡Ni aun lo bueno salía de mi boca!
Pero *mi angustia* iba en aumento;
¡*el corazón me ardía* en el pecho!... (Sal. 39:2-3a)

*Se me afligía el corazón*
y *se me amargaba el ánimo.* (Sal. 73:21)

Son muchos más los pasajes que muestran los sentimientos de los autores o las personas. Pero el «corazón» en la Biblia se utiliza en múltiples ocasiones de una forma más amplia. En las Escrituras, también vemos que el corazón es el lugar donde ocurre el ejercicio cognitivo: los pensamientos, el conocimiento, las creencias, las memorias, las interpretaciones, los planes y los razonamientos. Esta parte del corazón la podemos denominar la razón o la mente. Algunos ejemplos bíblicos que lo evidencian (con énfasis mío):

Pero la justicia que se basa en la fe afirma: «*No digas en tu corazón:* "¿Quién subirá al cielo?" [...]». (Rom. 10:6)

Porque Dios, que ordenó que la luz resplandeciera en las tinieblas, hizo brillar su luz *en nuestro corazón para que conociéramos* la gloria de Dios que resplandece en el rostro de Cristo. (2 Cor. 4:6)

A causa de la ignorancia que los domina y *por la dureza de su corazón, estos tienen oscurecido el entendimiento* y están alejados de la vida que proviene de Dios. (Ef. 4:18)

Me pongo a pensar en los tiempos de antaño;
de los años ya idos me acuerdo.
Mi corazón reflexiona por las noches;
mi espíritu medita e inquiere. (Sal. 77:5-6)

Porque de corazón han conspirado a una;
Hacen pacto contra Ti. (Sal. 83:5, NBLA).[1]

---

1. Se reconoce que, en ocasiones, al usar las palabras hebreas (*lib·bî* y *lêḇ*) —que tradicionalmente se traducen como «corazón», en versiones como la Reina Valera 1960, la Nueva Biblia de las Américas o La Nueva Versión Internacional— es tan evidente que la Biblia está hablando de los pensamientos

Cuando se trata de analizar y sacar provecho de nuestra vida emocional, es indispensable considerar cuidadosamente tanto nuestros pensamientos como nuestros deseos. La persona sabia y madura se caracteriza porque, con regularidad, se pregunta cuidadosamente: «¿Qué estoy pensando?» (mente) y «¿Qué es lo que anhelo?» (deseos). En este capítulo, consideraremos el primero de estos elementos: nuestros pensamientos.

## ¿Puedo controlar lo que siento?

Podríamos decir de forma simplificada que, en parte, los pensamientos son las interpretaciones de los datos sensoriales que recibimos. Estamos hablando del proceso que nos lleva a darles sentido a las circunstancias, eventos, memorias o cualquier otra experiencia que vivamos. Los seres humanos somos intérpretes de la realidad que nos rodea por naturaleza. Nuestros pensamientos casi siempre son las interpretaciones que generan nuestras emociones y sentimientos al contacto con la realidad.

Muchos científicos, filósofos y psicólogos famosos han considerado si es que los humanos podemos controlar lo que sentimos. Platón (siglo IV a. C.) y Descartes (siglo XVII) consideraban que las emociones (especialmente las más básicas) eran meramente instintivas y no se asociaban a un proceso de pensamiento previo. Por lo tanto, concluían que estábamos a merced de nuestra corporalidad. Charles Darwin (siglo XIX) pensaba de forma algo similar; incluso en algunos círculos de su escuela evolutiva se ha postulado que una emoción se desarrolla y presenta más rápido que el pensamiento.[1]

Pero muchos de los estudiosos actuales distan de generalizar estas posiciones. Uno de los trabajos más interesantes en ese sentido se le atribuye a Antonio Damasio, quien hizo una serie de investigaciones que lo llevaron a reconocer una íntima conexión entre las emociones y los pensamientos, perspectiva que ha sido ampliamente estudiada y aceptada en la posmodernidad. La

---

que, en vez de traducirlas como *corazón*, se incluye la palabra «pensamiento» o similares. Algunos ejemplos: Sal. 16:7, 19:14; Mat. 9:4; Mar. 8:17; Luc. 9:47; 1 Cor. 2:9.

1. Matthew A. Elliott, *Faithful Feelings*, (Grand Rapids: MI) Kregel Academic, 2006, pág. 22.

realidad es que la ciencia aún tiene mucho por considerar y no ha logrado ser concluyente. Pero sí tenemos claros indicios de que los pensamientos y las emociones mantienen una interacción importante. La Biblia parece mantener esta postura desde hace muchísimo tiempo.

No hay duda de que existen emociones que ocurren con tal inmediatez que parece que no se necesitó un tiempo muy extenso de pensamiento. Algunas reacciones que conllevan temor parecen ser totalmente instintivas. Por ejemplo, si tu hermano inesperadamente sale de un escondite y te espanta, tu reacción será inmediata. Es absurdo pensar que podrías controlar tu reacción de autodefensa, enojo y risa al mismo tiempo. Simplemente vas a sentir que tu corazón (físico) te salta del pecho, se acelera y sientes un hormigueo en el tronco superior de tu cuerpo.

Si te llamaran para informarte del accidente automovilístico de un ser querido, la misma reacción interna inmediata ocurrirá, aunque esta vez tus piernas se sentirán débiles y quizás necesites sentarte. Estas emociones, aunque cortas, son intensas y a menudo dejan un impacto duradero en nuestras vidas. Todos podemos recordar los momentos más impactantes de nuestra vida, no solo por lo que sentimos internamente, sino por las impresiones físicas que lo acompañaron.

Por otro lado, están los sentimientos más complejos,[1] que surgen de la dinámica interna del corazón (hablando en términos bíblicos). Es allí donde la curiosidad puede ser inmensamente productiva. Al reconocer esta asociación tan íntima entre los pensamientos y las emociones, lo que estamos reconociendo es que el manejo de las emociones tiene como requisito el reconocimiento y el cuestionamiento de lo que estamos pensando.

Es interesante notar que incluso en nuestras conversaciones, no buscamos hablar sobre las emociones y los pensamientos con precisión. Decimos cosas como: «Yo siento que deberías hacerlo» o «Siento que eso es correcto». Sin embargo, no «sientes» que el otro debería hacerlo. En realidad, lo piensas. No «sientes» que

---

1. Estos sentimientos también conllevan efectos físicos. Por ejemplo, aquellos que se sienten deprimidos a menudo describen sus sensaciones físicas como una pesadez en cada parte de su cuerpo o como caminar bajo el agua.

algo es correcto. Lo que haces es pensarlo. Nuestras emociones van de la mano con nuestros pensamientos, pero no son lo
mismo. Los momentos desafiantes de la vida nos proveen la oportunidad vital para preguntarnos cómo realmente nos sentimos,
pero también preguntarnos con sinceridad: ¿Qué estoy pensando
en realidad?

Pareciera que hacer esta diferenciación es hilar muy fino y
suena muy difícil de llevar a la práctica, pero ¡no lo es! Por el
contrario, es indispensable para entender el porqué de nuestras
emociones. También nos será muy útil para comunicarlas con
efectividad. Nuestros pensamientos tienen la capacidad de poner
en escrutinio nuestras emociones y también son capaces de corre-
girlas, guiarlas o afirmarlas.

Si nuestras emociones están tomando control de nuestra vida,
quizás sea una advertencia para que entendamos que ha llegado
la hora de crecer en el manejo de nuestros pensamientos. El apóstol Pablo nos anima a que pensemos en «todo lo verdadero, todo
lo respetable, todo lo justo, todo lo puro, todo lo amable, todo lo
digno de admiración, en fin, todo lo que sea excelente o merezca
elogio»,[1] para luego ponerlo en práctica. Me pregunto si estamos
considerando con cuidado si estamos tomando en serio este mandamiento bíblico de cuidar lo que pensamos.

¿Cuántas veces has notado que tu pensamiento estaba errado
y que los pensamientos de Dios eran «más altos»[2] que los tuyos?
Es una realidad bastante evidente que las construcciones sociales,
nuestras experiencias pasadas, lo que hemos escuchado en las
redes sociales, lo que nos han aconsejado y tantas otras cosas
suelen ser nuestras influencias principales en cuanto a lo que
creemos y pensamos. Hoy más que nunca, debemos poner a
prueba las premisas y suposiciones que podríamos estar absor-
biendo sin darnos cuenta.

Nuestra mente también ha sido afectada por la caída y ahora
está distorsionada y alejada de Dios y la verdad. Por eso necesitamos poner a prueba nuestros pensamientos antes de suponer

---

1. Fil. 4:8.
2. Isa. 55:8-9.

que lo que pensamos y sentimos es la verdad. Para poder vivir en la voluntad de Dios que es buena, agradable y perfecta tenemos como requisito no amoldarnos a todas las influencias externas e internas que abundan a nuestro alrededor y quieren tener control sobre nosotros.

Necesitamos escuchar y someternos a la voz de Dios para que gocemos de nuevos pensamientos, nuevas creencias y formas de ver nuestra realidad.[1] Esta es una de las formas más efectivas de llevar una vida emocional sana.[2] Más importante aún: es una de las formas más poderosas de reflejar a Cristo.

Cuando no prestamos atención ni luchamos de forma activa para ser conscientes de lo que pensamos (y por consecuencia, lo que sentimos), acabamos viviendo una vida que no refleja el carácter del Señor:

> Así que tengan cuidado de su manera de vivir. No vivan como necios, sino como sabios. (Ef. 5:15)

La Reina Valera 1960 es incluso más clara en la traducción del mandamiento que vemos en Efesios, porque dice: «Mirad, pues, con diligencia cómo andéis». La palabra de Dios insiste con ahínco en el pedido de que vivamos examinando nuestra forma de vivir. Esto incluye nuestros pensamientos y sentimientos que generan nuestra manera de vivir.

Cabe recordar que los pensamientos no son el único elemento que influencia nuestras emociones. Como he mencionado antes, el tiempo del ciclo menstrual, una o varias experiencias traumáticas o una persona que padece de insomnio tendrá que lidiar con mucho más que su forma de pensar. Los elementos fisiológicos muchas veces son determinantes para comprender cómo navegar las emociones. Si luchas con emociones intensas y que se sienten incontrolables, no dejes de ir a tu médico para que, junto con tu

---

1. Rom. 12:2.
2. No diría que es la única, pero es la más común. Es aplicable a todas las personas la mayoría del tiempo; sin embargo, no dejamos de considerar elementos bioquímicos, procesos traumáticos y abordajes médicos y neuropsicológicos que siguen en investigación para situaciones como la ansiedad que proviene de estrés postraumático, temor excesivo a raíz de un trauma, etc.

vida de pensamiento, puedas considerar los otros factores que no describo con detalle en este libro.

## Saca la lupa

¿Qué quiere decir la famosa frase: «Cuida tu corazón»? Estoy segura de que esta frase es el resumen perfecto de todo lo que hemos estado hablando. La frase proviene del famoso pasaje de Proverbios:

> Por sobre todas las cosas *cuida tu corazón*, porque de él mana la vida.
> Aleja de tu boca la perversidad; aparta de tus labios las palabras corruptas.
> Pon la mirada en lo que tienes delante; fija la vista en lo que está frente a ti.
> Endereza las sendas por donde andas; allana todos tus caminos.
> (Prov. 4:23-26, énfasis mío)

El proverbio comienza con la consabida frase: «cuida tu corazón». Hemos establecido que, además de nuestros valores y voluntad, el corazón incluye nuestras emociones y pensamientos. Entonces, ¿qué quiere decir exactamente «cuidar nuestro *corazón*»? La palabra hebrea para «cuida» se traduce como «guardar» en otras versiones. La traducción incluye términos con una connotación de vigilancia, protegiendo el corazón del peligro como si fuéramos guardias o vigilantes. Podría ser que este proverbio haya inspirado a Pablo cuando dijo que debemos prestar cuidadosa atención en la manera en que caminamos (Ef. 5:15).

Aunque reconocemos que existen influencias sumamente poderosas en nuestra vida (enfermedades, historia familiar, circunstancias difíciles, provocaciones, entre otras cosas) seguimos siendo responsables de nuestras acciones. Debemos guardar nuestro corazón porque de él «mana la vida».[1] Es decir, tus acciones de la vida diaria surgen de lo que abunda en tu corazón.

El corazón es el centro de comando y el timón de nuestra vida. Lo que pasa en su interior dirige la manera en que actuamos por

---

1. Prov. 4:23.

fuera. El problema de las personas no es externo. Nada externo puede realmente obligarnos a pecar.[1] Creer lo contrario es profundamente deshumanizante y nos disminuye a seres casi robotizados que son movidos a actuar según el trato recibido de los demás y las particularidades de las circunstancias. Nuestra voluntad no está cautiva por completo. Puede ser fuertemente influenciada, pero no controlada por otras personas, circunstancias, traumas, etc.

Desde nuestro corazón se genera nuestro modo de vivir. Es por eso que la vigilancia del corazón es tan crítica.[2] El final del pasaje de Proverbios que citamos parece explicar con más detalle cómo luce la vigilancia del corazón: considera lo que hablas, observa lo que tienes por delante y endereza tus sendas (vv. 24-26). Veamos estos tres aspectos por separado.

*Considera lo que hablas.* Ten sumo cuidado de tus palabras y evita hablar con maldad. Este consejo nos recuerda las palabras de Jesús: «lo que sale de la boca viene del corazón y contamina a la persona. Porque del corazón salen los malos pensamientos».[3] Cuando dejamos que la maldad pueble nuestras palabras, caemos en pecado (nos contaminamos) y simplemente revelamos la maldad que hay en nuestro corazón.

Entender que no debemos hablar maldad nos puede hacer más astutos en la lucha contra el pecado. En vez de vivir en «automático» y hablar lo primero que nos venga a la mente, nos

---

1. Me refiero en un sentido moral. Pero reconocemos que hay enfermedades como las lesiones cerebrales que pueden cambiar la personalidad de alguien radicalmente, llevándola a actuar de formas completamente inesperadas. De cualquier forma, aun esto no absuelve de la responsabilidad moral. Somos seres caídos que actuamos pecaminosamente de forma consciente o inconsciente.

2. Algunos autores consideran que hablar del corazón y su naturaleza depende de si estamos usando pasajes del Antiguo o del Nuevo Testamento. Esto porque se piensa que, debido a que en el evangelio se ha cumplido la promesa de Dios de darnos «un corazón nuevo» (Ezeq. 36:26-28), ya no podemos decir que los pensamientos malos vienen de nuestro corazón. Esta es una confusión entre los conceptos bíblicos de la santificación posicional y la santificación progresiva. Es verdad que Dios nos ha provisto un corazón nuevo; esto quiere decir que ya no somos esclavos al pecado y hemos sido libertados y hechos aceptos frente a Dios a través de la obra de Jesucristo (santificación posicional). Pero no quiere decir que somos libres de nuestra naturaleza pecaminosa en este mundo. Mientras esperamos el regreso del Rey Jesús y la glorificación de nuestros cuerpos imperfectos, los hijos de Dios ahora pueden (y deben) «[pelear] la buena batalla de la fe» (1 Tim. 6:11-12). Deben mortificar el pecado que brota de su corazón y los miembros de su cuerpo para vivir la transformación a la imagen de Cristo (santificación progresiva).

3. Mat. 15:18-19.

detenemos, pensamos y analizamos lo que hay en nuestro corazón al responder esta pregunta: ¿Qué es lo que realmente estoy pensando que me llevaría a decir lo que quiero decir o a hacer lo que pienso hacer?

Nuestras palabras no solo revelan lo que está en nuestro corazón, sino que también se convierten en combustible que fomenta nuestro comportamiento. Cuando guardas rencor, enojo, asombro, alegría o escepticismo, tus palabras tarde o temprano lo revelarán, ya sea de forma tosca o sutil. Nuestra meta es poder hablar con lucidez, es decir, descubrir lo que se mantiene en oscuridad para que, más bien, brille la luz de Cristo en todos los rincones oscuros de nuestro corazón.[1]

Las palabras que proferimos también pueden empeorar nuestra condición pecaminosa. ¿Te has dado cuenta de que cuando te quejas de algo o de alguien, recibes como un alivio inmediato que después es fácil repetir y convertir en una práctica en tu vida? En vez de hablarlo y resolverlo con Dios con una actitud sujeta a Su corrección, escogemos expresar nuestros sentimientos y pensamientos de forma imprudente (en voz alta o para nuestros adentros). En vez de lamentarnos de forma bíblica, nos quejamos engañándonos a nosotros mismos y pensando que así encontraremos alivio de nuestra molestia.

La queja nos da un alivio inmediato, pero definitivamente no edifica nuestra vida ni la de los demás. Lo peor es que, mientras más la practicamos, más nos sentimos cómodos con esa forma de vivir. Así se convierte en un patrón de vida enfermizo y pecaminoso que no ha procurado responder las preguntas más importantes: ¿Por qué me molesta? ¿Qué está produciendo el rechazo, la tristeza o la crítica? ¿Qué valoro y qué doy por sentado?

En vez de hablar «perversidad» o «palabras corruptas», el Señor nos dice: «guarda tu corazón», cuida tus pensamientos. La exhortación es a que, con la ayuda del Espíritu Santo, observes y analices tus pensamientos, valores y emociones en Su presencia y buscando Su consejo en la Palabra. En pocas palabras, esto significa que renueves tu mente.

---

1. 1 Jn. 1:5-6.

*Pon la mirada en lo que tienes por delante.* Esta es una reco- mendación de mirar el camino por el cual estoy transitando en el presente. Se trata de poner atención a las rutas que mi corazón está tomando. El maestro de sabiduría nos está instando a vigi- lar nuestro corazón y reconocer que no solo nuestras palabras revelan lo que hay en el corazón, sino también la clase de vida, relaciones y circunstancias en las que nos encontramos a diario.

El análisis de nuestras vidas no solo se obtiene de lo interno (lo que siento y lo que pienso), sino también del fruto que estamos demostrando en nuestra vida diaria.[1] Por eso debes responder la siguiente pregunta con mucha sinceridad: ¿Estás caminando por un camino llano y derecho o tu corazón ha decidido tomar un camino empinado y rocoso?

*Allana todos tus caminos.* La práctica de ver para dentro es completamente inútil si no tenemos el compromiso de escoger la mejor ruta de vida. La sabiduría insiste en que meditemos en lo que estamos pensando, sintiendo y viviendo para que podamos «enderezar nuestras sendas».

Creo firmemente que la vida emocional sana no es el propósito último, sino que es un derivado de este «enderezamiento». En la Biblia nunca se habla de encontrar «sanidad emocional» como fin último del ser humano. El énfasis de las Escrituras siempre apunta a crecer en santidad, reflejar a Cristo y traer gloria a Su nombre. Aunque si cumplimos este propósito amplio y centrado en Dios, el derivado natural será la felicidad interna y, por supuesto, el bienestar emocional.

Cuando hablo de felicidad interna y bienestar emocional, no me refiero a sentirnos siempre felices. Por el contrario, me estoy refiriendo al gozo espiritual que describe la Biblia, en donde a pesar de una tristeza muy profunda o una ansiedad abrumadora, sabemos que Dios está presente, tiene el control y ofrece espe- ranza. Y cuando digo esperanza, no digo esperanza de que las cosas se solucionen en esta tierra únicamente. Puede pasar, pero en muchas ocasiones nuestra esperanza yace en la convicción de que Dios es fiel en todo tiempo, de que mis situaciones son para

---

1. Mat. 7:20

mi bien, que este no es mi hogar, sino que soy extranjero y pere-grino a la espera de la vida venidera donde no hay llanto ni dolor. Como puedes ver, cuidar de los pensamientos y sentimientos es un medio para alcanzar la meta de la santidad. Este pasaje de Proverbios nos permite ver cómo todo comienza con «guardar-los» o vigilarlos. Esto requiere ver hacia adentro para luego mirar hacia afuera y observar el camino que has escogido.

Sopesamos todo luego de haberlos guardado para ser corre-gido o confirmado por medio de las Escrituras. Finalmente (digo «finalmente», pero este ejercicio se repite día a día) sigues la guía de Dios que «endereza tus caminos», es decir, que transforma tus acciones.

Creo que este es el esfuerzo diario de nuestro peregrinaje cristiano, el cual consiste en avanzar hacia la meta de reflejar el precioso carácter de Jesús en tu propia vida. Estamos hablando de un camino completamente dependiente de la guía de Dios. Implica vivir aferrándonos a la gracia de Dios, porque entre más vemos hacia adentro, entonces más nos daremos cuenta de nues-tro pecado, ¡y eso no es fácil!

Esta transparencia contigo mismo y con Dios traerá gozo y celebración al ver lo que Dios está haciendo en tu corazón. Te convertirá en espectador de la obra transformadora que es de adentro hacia afuera. Pero debemos tener claro que el requeri-miento fundamental es confiar en que Dios velará por nuestra santidad en medio de la búsqueda de arrepentimiento, el posible desánimo y hasta la falta de conocimiento. Tendrás el gozo de descansar en la medida de fe que a Él le plazca concederte.[1]

## ¿Qué pasa por tu cabeza?

Nuestros pensamientos podrían categorizarse de diferentes for-mas, pero se han propuesto cuatro categorías principales: creen-cias, interpretaciones, expectativas y posibilidades.[2]

---

1. Rom. 12:3.
2. Miller, Sherod; Miller, Phyllis; Nunnally W., Elam; Wackman, Daniel B., *Collaborative Marriage Skills*. Interpersonal Communication Programs, Inc. Estados Unidos de América. 2012, pág. 51.

*Las creencias* son todas aquellas cosas que damos por sentado. Incluyen nuestro sistema de valores y lo que sostenemos como «verdades». Las creencias surgen a menudo de nuestra crianza o experiencias. Veremos la vida a través de este lente cada vez que nos encontremos en nuevas situaciones. Algunos ejemplos de creencias populares:

- «Las cosas se hacen con excelencia o no se hacen».
- «Todos los hombres son iguales».
- «La eficiencia es lo más importante».
- «Mis hijos no van a ser unos maleducados».
- «A mí nadie me grita».
- «Lo peor que puede pasar es que me tengan lástima».
- «La familia es lo más importante».
- «Las mujeres calladas son mosquitas muertas».

Estas frases evidencian que no todas nuestras creencias son correctas o buenas. La dificultad se encuentra en que están tan incrustadas en nuestro corazón que es imposible diferenciarlas usando solamente nuestro juicio. Por eso la Biblia es «lámpara a [nuestros] pies».[1] Las Escrituras ponen en tela de juicio todo lo que pasa por nuestra mente.

La Palabra de Dios no solo juzga nuestros pensamientos, sino que redefine nuestros conceptos. Pero es necesario que la leamos y la dejemos hablar por sí misma. Por ejemplo, una persona podría tener la creencia de que «amar es evitar el conflicto a toda costa». Hasta podríamos encontrar pasajes bíblicos que parecen afirmarlo. Sin embargo, al dedicar tiempo a observarlas más a fondo y en varios lugares, descubrimos que las Escrituras no describen el amor de esa forma. No solo no lo enseña así, sino que observamos varios ejemplos de conflictos en la Biblia que modelan el amor definido por Dios donde muchas veces confrontar es amar.

---

1. Sal. 119:105.

Otra categoría de pensamiento es *nuestras interpretaciones*. Nuestras interpretaciones son el significado que le instalamos a una situación específica. Usualmente surgen de lo que hemos visto y oído. Percibimos lo que ocurre y desarrollamos un proceso analítico que muchas veces es influenciado por las creencias que tenemos. Lo cierto es que somos intérpretes de todo lo que sucede a nuestro alrededor, de forma consciente o inconsciente.

Nuestras interpretaciones también deben estar sujetas a correcciones. Por ejemplo, podrías interpretar que una persona te detesta porque te miró con «desdén»; sin embargo, tal vez nunca te llegaste a enterar de que lo que en realidad tenía era una jaqueca y su mirada era el resultado del dolor físico y no de un fastidio particular contigo.

Lo que quiero decir es que, cuando nuestras creencias se asocian a la interpretación de nuestras circunstancias, podemos concluir con ideas o suposiciones que son dañinas y sobre todo equivocadas. Otro ejemplo adicional: una chica podría interpretar que es una «fracasada» porque sacó unos pocos puntos menos de la nota máxima en un examen del colegio. Eso la hace *sentirse* insegura y ansiosa. La creencia en este caso es que todo ha demostrado que es una fracasada. Hilando más fino, sin embargo, podemos reconocer otra creencia aún más peligrosa que se evidencia en su corazón: «mi valor como persona está en ser exitosa en el colegio».

Otro tipo de pensamientos son las *expectativas*. Cuando hablamos de *expectativas* nos estamos refiriendo a esas fantasías o imágenes vívidas en nuestra mente de aquello que creemos que va a suceder. Anticipamos lo que podría pasar a partir de experiencias nuestras o de los demás, también a partir de nuestro conocimiento en general. Nuestras expectativas no solo se relacionan con las acciones de otras personas, sino que también se refieren a nuestro desempeño en el trabajo, el clima, temas sociopolíticos, la cultura y todas las circunstancias que podrían afectar nuestras vidas.

Las expectativas también son muy útiles para hacer planes y calcular resultados. Pero pueden ser destructivas cuando son muy altas y nos aferramos en forma desmedida a ellas. Tus altas expectativas pueden ser uno de los mayores obstáculos para vivir tu realidad con paz y, sobre todo, contentamiento. Es muy posible que tengamos muy bajas expectativas, lo que nos puede llevar a dar el mínimo esfuerzo al anticipar una derrota.

Muchas veces, la aceptación es la clave para el manejo de nuestras altas expectativas.[1] Por ejemplo, cuando se trata de tu matrimonio, es posible que te vayas a casar pensando que tu esposo será el «líder espiritual» de tu hogar. Te imaginas que un buen líder es el que te invitará a leer la Biblia todos los días o el que ora por ti cuando estás triste. ¿Qué harás cuando tu esposo no haga eso que esperabas? No cumplirá tus expectativas y, por lo tanto, te sentirás decepcionada y posiblemente esta concepción equivocada se convierta en una fuente de conflicto entre ustedes.

Por otra parte, podría ser que ni siquiera hagas el mayor esfuerzo para hacer un buen trabajo porque das por sentado que no tienes la capacidad. Estas bajas expectativas te llevan a evitar las oportunidades que puedas aprovechar para crecer en tu trabajo. Peor aún, te desanimarán de hacer todo «como para el Señor».[2] En vez de vivir de acuerdo con un futuro de fantasía fatalista que te hará sentir más frustrado contigo mismo, conviene dar lo mejor de ti mismo para la gloria de Dios sin pensar tanto en los resultados. Escogemos la fidelidad por encima de la efectividad.

En ambos casos, es claro que lo que pensamos es una parte sumamente importante de la cadena que afecta nuestras emociones. No basta con solo decir: «Dejaré de sentirme mal por esto» o «Voy a ignorar mi decepción porque no le agrada a Dios». Necesitamos parar y analizar los pensamientos que fomentan nuestras emociones si deseamos un verdadero crecimiento.

---

1. Esto no quiere decir que vivimos en mediocridad. Me estoy refiriendo a esas expectativas que desde una óptica cristiana y, desde un criterio realista, pueden ser bastante absurdas.
2. Col. 3:23.

# ¿Qué te detiene?

Mirar hacia adentro y examinar nuestros pensamientos y las emociones que los acompañan es un desafío que muchos[1] solo podrán enfrentar con la valentía que el Espíritu Santo provee a los cristianos. Enfrentar lo que pasa por la mente y lo que sentimos es enfrentar la oscuridad de nuestros corazones.

Los pensamientos y emociones no solo revelan el pecado, sino también la debilidad y el dolor, los cuales no son pecado. Pero si la realidad de nuestro pecado y nuestra debilidad quedan expuestas, no tenemos nada que temer porque ahora estamos unidos a Cristo.

Él es suficiente para nosotros en todos los sentidos (errores, dolor, insuficiencia y pecado). En el caso de nuestro pecado, podemos descansar en Su obra porque la ira de Dios ha sido derramada por completo en la cruz del Calvario. Nuestro pecado ya no puede separarnos de Dios porque Jesucristo pagó por él con Su sangre.

Al ser conscientes de nuestro pecado, esta verdad se convierte en una invitación para que podamos correr a Dios para ser transformados y consolados. El arrepentimiento no es cosa de un día; es un estilo de vida, porque lucharemos con el pecado por el resto de nuestros días. El consuelo de Dios de ninguna manera está reservado para situaciones extraordinarias, sino también para atender las pequeñas grietas que se van formando en la cotidianidad de nuestra vida.

Observa estos ejemplos que te pueden ayudar a considerar cómo luce este proceso en las circunstancias que producen emociones difíciles en tu vida:

---

1. Digo «muchos» porque muchas personas no tienen esta dificultad, sino que les viene de forma natural por diversas razones. Sus dificultades y necesidad de Dios se encuentran en otras áreas de la vida. Incluso los no creyentes podrían desarrollar esta destreza. Sin embargo, algunos tienen tanto temor de examinarse y es tal su debilidad que podrían pensar que no podrán nunca hacerlo. Para ellos siempre está la ayuda del Espíritu Santo para conseguirlo (Gál. 6:7-8).

| CIRCUNSTANCIA | PENSAMIENTO | EMOCIÓN | ACCIÓN |
|---|---|---|---|
| Llegas tarde a una cita. | «Pensarán que soy irresponsable». | Temor, vergüenza. | Pides disculpas repetidas veces. |
| Tu esposa terminó la relación y quiere un divorcio. | «Soy un perdedor y no merezco el perdón de Dios» | Tristeza, abandono, desesperanza. | Vas a tomar alcohol con compañeros del trabajo. |
| Tres familias se fueron de la iglesia en menos de un mes. | «Después de todo el tiempo que invertí en ellos...» | Ira, dolor, desprecio. | Desarrollas una actitud cínica ante los congregantes. |

Considera esos pensamientos y pregúntate: ¿Cómo se comparan con las verdades bíblicas? Si llegas tarde a una cita y piensan mal de ti, ¿será que ese supuesto rechazo es lo que define tu identidad? Si tu relación matrimonial se quebranta por errores que has cometido, ¿quiere decir que nunca más serás bienvenido en la presencia de Dios? Si tu ministerio enfrenta desprecio en vez de éxito, ¿significa que te has equivocado de vocación?

Estas creencias funcionales —es decir, creencias que no afirmamos con nuestra boca, pero que vivimos en la práctica— revelan los «cortocircuitos» de nuestro corazón. Revelan falta de entendimiento de nuestra identidad en Cristo, una percepción equivocada de Dios como Padre celestial o una perspectiva errónea del éxito y el dolor en el ministerio.

Reconocer estas realidades de nuestro corazón no es fácil, muchas veces es demasiado doloroso. Pero los cristianos necesitamos recordar que el acto valiente de observar nuestros errores o nuestro pecado es para reconocer finalmente nuestra necesidad de Dios. También para contemplar y adoptar la belleza del corazón de Cristo.

Reconocer esa necesidad es lo que primeramente nos permitió a muchos recibir el regalo de la salvación.[1] Esos primeros

---

1. Esto se aplica a los cristianos que llegaron a Cristo por medio de un proceso de años o en un solo acto.

actos de autoanálisis fueron lo que nos llevó de rodillas ante la cruz de Cristo. Esto no es exclusivo del comienzo de nuestra vida cristiana, sino que es, más bien, *el estilo de nuestra vida cristiana.* Los cristianos no solo recibimos el evangelio, también lo ponemos en acción diariamente.

Hemos hablado de la importancia de nuestra vida mental que gira alrededor del pensamiento. No es en vano que Pablo les dijo a los cristianos en Roma que «no se amolden al mundo actual, sino sean transformados mediante la renovación de su mente».[1] También, en otro momento, comparte cómo debemos llevar «cautivo todo pensamiento para que se someta a Cristo».[2]

Nuestros pensamientos realmente tienen la capacidad de transformar la forma en que vivimos. Solo al observarlos con detenimiento podremos reconocer qué sentimos y en gran parte por qué nos sentimos de una u otra forma. Observarlos es característico de los cristianos que están camino a la madurez, porque esto les permite considerar qué tanto se alinean ellos mismos con las verdades bíblicas.[3] No podemos olvidar que la fórmula se vuelve más compleja cuando añadimos nuestros deseos, tesoros e idolatrías. Este es un elemento esencial y es sobre esto que hablaremos en el capítulo 8.

La revelación general de Dios nos demuestra que vale la pena reconocer los patrones de pensamiento. Algunos tienden a ver las circunstancias en «blanco y negro» o «todo o nada». Esto es característico del perfeccionismo. Otros tienden a responsabilizarse todo el tiempo por las circunstancias a su alrededor. Algunos tienden a llegar a conclusiones con poca evidencia. Otros sienten una emoción tan intensa que se convencen de que lo que sienten refleja la realidad sin duda alguna. Estos patrones de pensamiento dañinos son útiles de reconocer para evaluar los tuyos bajo ese prisma. Veremos varios de esos patrones y lo que revelan de nuestro corazón en el próximo capítulo.

---

1. Rom. 12:2.
2. 2 Cor. 10:5. Este pasaje de la carta a los corintios se halla en el contexto de la arrogancia de creer que el conocimiento de este mundo es mayor que el del evangelio. Y se refiere a los pensamientos de otros, no los nuestros. Sin embargo, creo que el principio y la estrategia se pueden aplicar en otras circunstancias.
3. Por eso es importante conocer la Biblia e invertir tiempo en ella. Estamos hablando de un requisito indispensable para vivir la vida cristiana y gestionar lo que sentimos.

## ¿QUÉ ESTÁS PENSANDO?

1. ¿Qué diferencia ha hecho en tu vida el detenerte y meditar sobre lo que estás pensando?

2. ¿Cómo puedes darte tiempo y energía para pasar un tiempo en silencio y considerar lo que has pensado durante el día? ¿Qué obstáculos tendrás que superar para lograrlo?

3. Conocer los pensamientos detrás de lo que sientes no es solo útil para tu vida sino también para interactuar con los demás y comprender mejor sus emociones. ¿De qué formas crees que puedes implementar este conocimiento en tu trabajo, ministerio, familia y el resto de las áreas de tu vida?

# CAPÍTULO 7

# Transforma tu forma de pensar

«Consideren bien todo lo verdadero, todo lo respetable, todo lo justo, todo lo puro, todo lo amable, todo lo digno de admiración, en fin, todo lo que sea excelente o merezca elogio» (Fil. 4:8).

Es difícil entender cómo aplicar el mandamiento de «amar a Dios con toda tu mente». Este pasaje de Filipenses lo explica con más detalle, pero la verdad es que se nos hace difícil situar este tipo de pensamientos en circunstancias reales de nuestra vida. ¿Cómo podría estar siempre pensando en «todo lo amable» durante el tiempo que dedico a cuidar de mis hijos? ¿Cómo luce pensar en todo lo «digno de admiración» en mis jornadas laborales? Aunque parezca difícil de entender, este pasaje es mucho más aplicable de lo que imaginamos.

La Biblia es clara en señalar que nuestra mente está rota y caída, al igual que nuestro corazón y nuestro cuerpo. Jesús nos ha santificado, nos está santificando y nos santificará.[1] En este tiempo, en cuanto a nuestro estilo de vida, quedan vestigios de nuestra naturaleza antigua. Es de esperar que se pueda recaer en patrones de pensamiento dañinos y contrarios a la identidad que tenemos en Cristo. Estos patrones llegan a fomentar emociones dolorosas, aumentar la ansiedad, profundizar la tristeza, causar dificultades en las relaciones y dar lugar a una serie de otras complicaciones si se refuerzan con suficiente frecuencia.

A menudo, nos saltamos el paso de observar nuestros pensamientos para entender uno de los factores más relevantes que

---

1. «Santificar» quiere decir «apartar para el uso exclusivo de Dios». Nuestra santificación es pasada, presente y futura. Estos tres aspectos hablan de nuestra santificación posicional (Rom. 1:7; 1 Cor. 1:2; 6:11; Heb. 10:10), santificación experiencial o progresiva (1 Ped. 1:6; 2 Cor. 3:18; 7:1; 1 Jn. 1:9), y la última, o perfecta santificación (1 Jn. 3:1-3).

demuestran por qué nos sentimos de una manera particular. La mayoría del tiempo creemos que los eventos que ocurren en nuestras vidas son lo que nos hace sentir lo que sentimos. Pero no son los eventos, sino lo que pensamos e interpretamos de ellos lo que nos hace experimentar esos sentimientos. Esto se ve más o menos así:[1]

### LO QUE CREEMOS QUE MUEVE NUESTRAS EMOCIONES

situaciones ——o pensamientos y ——o emociones y
o eventos            diálogo interno         sentimiento

### LO QUE REALMENTE MUEVE NUESTRAS EMOCIONES

Las personas solemos adoptar sin darnos cuenta patrones de pensamiento dañinos. Estos patrones son automáticos, irracionales y hasta exagerados. Surgen cuando procesamos nuestras experiencias y las malinterpretamos. Estos pensamientos, junto con nuestras idolatrías, se juntan con emociones poderosas y suelen llevarnos a actuar de forma pecaminosa.

A este tipo de pensamientos no solo lo reconocemos como creyentes. La investigación secular ha considerado con cuidado qué lleva a la gente a sentir emociones dolorosas y dañinas. Los investigadores señalan muchos de estos patrones como «distorsiones cognitivas» cuando ven a una persona actuar de forma «tóxica».[2]

---

1. https://www.mindmypeelings.com/blog/cognitive-distortions?rq=cognitive%20distortions
2. Una palabra que muchas veces se ha utilizado como eufemismo para comportamiento pecaminoso.

Los creyentes «tenemos la mente de Cristo».[1] Esto significa que no solo podemos reconocer estos patrones de pensamiento como algo dañino para nuestras vidas, sino que también reconocemos que ellos surgen por nuestra naturaleza pecaminosa.[2] Como leemos en Romanos:

> Porque los que viven conforme a la carne, ponen la mente en las cosas de la carne, pero los que viven conforme al Espíritu, en las cosas del Espíritu. Porque la mente puesta en la carne es muerte, pero la mente puesta en el Espíritu es vida y paz. La mente puesta en la carne es enemiga de Dios, porque no se sujeta a la ley de Dios, pues ni siquiera puede hacerlo, y los que están en la carne no pueden agradar a Dios. Sin embargo, ustedes no están en la carne sino en el Espíritu, si en verdad el Espíritu de Dios habita en ustedes... (Rom. 8:5-9, NBLA)

Pablo te recuerda que absolutamente todo lo que haces y dejas de hacer es una expresión de cómo te estás relacionando con Dios. Si estás obedeciendo o desobedeciendo, si eres agradecido o desagradecido, si planeas para tu reino o para el reino de Dios y si tratas a otros conforme al amor o lo opuesto. Puede que estés permitiéndote continuar con un patrón de pensamiento que exalta la verdad o exalta la mentira en «tu vida cognitiva». Si estás exaltando la mentira, dañarás tus relaciones con los demás y tu manera de vivir. Lo que es peor, deshonrarás a Dios.

Cuando no prestamos atención a las distorsiones de pensamiento que con el tiempo hemos adoptado, viviremos sometidos a su autoridad de forma voluntaria. La consecuencia es un corazón que considera su juicio como superior al de Dios, y valora más su forma de pensar que lo que Dios manda claramente en Su Palabra. Es una forma de ignorar el llamado a ser santo tal como Dios es santo.

---

1. 1 Cor. 2:16. Vale la pena aclarar que así como «tenemos la mente de Cristo», al mismo tiempo estamos siendo transformados más y más según su mente (Rom. 12:2).

2. Mar. 9:43-48.

# El compás moral de Dios dicta la ruta

Esta lucha no solo es espiritual, sino que también es una lucha física. La ciencia de la plasticidad cerebral ha demostrado que la composición física de nuestras vías neuronales (conexiones cerebrales) nos predispone a perpetuar una determinada misma forma de pensar en el futuro. Por lo tanto, cada pensamiento y cada sentimiento va fortaleciendo los circuitos de tu cerebro conocidos como vías neuronales.

Si te enfocas en el estrés con tus pensamientos y sentimientos, lo que estás haciendo es fortalecer las vías del estrés. Las vías neuronales tendrán una gran influencia en tus hábitos de pensar, sentir y actuar. Las rutas cerebrales las podemos comparar con un sendero en medio del bosque. Así como un camino con grama se desgasta cada vez que un excursionista lo va pisando, cuando te concentras en algo con tus pensamientos, sentimientos y comportamientos, también vas creando una ruta cada vez más fácil de transitar en tu cerebro. Esto quiere decir que cada vez que te encuentres en un tipo de situación, vas a tener una tendencia (desde el plano físico/neurológico) a responder con la misma manera de pensar y, por consiguiente, con similares formas de actuar.

A lo anterior, tenemos que sumarle el poder de las emociones. Un pensamiento sin emoción y sentimientos intensos sin pensamiento tienen poco significado. Más bien se ha demostrado (y empíricamente lo podemos corroborar) que se requiere intensidad emocional y sentimental para entrenar un nuevo hábito en nuestras vidas.

Cuanta más emoción atraiga un pensamiento, más neuronas activará para formar vías muy marcadas. Las emociones y los sentimientos actúan como el pegamento que te une a las experiencias. La energía emocional es la propulsora detrás de muchos de los pensamientos que les dan poder a tus recuerdos, metas, esperanzas y sueños.[1]

---

1. Fredrickson, B., & Joiner, T. (2002). Positive emotions trigger upward spirals toward emotional well-being. Psychological Science, 13, págs. 172-175.

Es increíble saber que Dios hizo la multiplicidad de nuestros componentes (mente, espíritu, cuerpo, voluntad, emociones, etc.) para que interactúen de formas poderosas. Aunque estemos acostumbrados a pensar y sentir de ciertas formas, la buena noticia es que se ha observado que el cambio de un hábito «cerebral» se puede lograr con mucha facilidad, siempre y cuando seamos consistentes.

Algunos podrían decir que esto no tiene nada que ver con Dios porque se trata simplemente de actividades físicas y mentales. Pero se nos olvida que solo Dios puede dictar las metas de los cambios de pensamiento que adoptamos. Él es el compás moral que nos dirige hacia valores que el mundo ni siquiera toma en cuenta. A través del poder del Espíritu Santo, reconocemos que las circunstancias se deben solucionar según Su Palabra.

Él nos habilita para actuar de formas que jamás consideraríamos en nuestros deseos humanos. Si no fuera por Su dirección, ¿quién diría: «Pon la otra mejilla»? ¿Quién pensaría en «amar a otros tanto como se ama a uno mismo» o buscaría obedecer el mandamiento de «someterse unos a otros»?

## Por medio de Él y para Él

Requerimos intencionalidad para derrotar nuestros hábitos de pensamiento. A diferencia de los esfuerzos seculares por lograr hábitos de pensamiento beneficiosos para las personas, esta lucha va más allá de nuestro beneficio personal (aunque sin duda nos beneficiaremos). Luchamos primeramente para la gloria y el honor de Dios.

Todos tenemos malos pensamientos y podremos identificarnos con las descripciones que vienen a continuación. Pero no todos ellos son un hábito en nuestra vida. Trata de observarlos y considerar cuál o cuáles podrían caracterizarte más. Verás que muchos de estos patrones son parecidos. Los matices que presentan nos pueden ayudar a ser más precisos en el análisis de nuestros pensamientos. Sin embargo, recuerda que esta es tan solo una herramienta que nos ayudará, pero que no será posible centrarse en categorizar con exactitud y a la perfección. Lo importante es encontrar lo que más se asemeje a lo que está ocurriendo en tu cabeza para lidiar con ello de la mejor manera posible.

Todos estos patrones incluyen motivaciones y emociones dañinas y pecaminosas. Incluyen creencias equivocadas y directamente contrarias a la Biblia. Los podemos haber aprendido de nuestros grupos de amigos, pueden ser interpretaciones que generamos a partir de experiencias dolorosas o los vimos modelados por nuestros padres o las personas que nos criaron. Sea cual sea la fuente, siguen siendo patrones que no le dan la gloria a Dios, que fácilmente nos llevan a pecar y con frecuencia nos dirigen a situaciones difíciles y dolorosas.

¡Recuerda! Fijar nuestra mente en simplemente evitarlos no es la meta principal, porque eso sería simple moralismo cristiano infructuoso. Claro que queremos dominarlos y corregirlos, pero este precioso proceso divino solo ocurre cuando estamos en relación con Él. Él camina junto a nosotros paso a paso, se toma Su tiempo y nos permite descubrir poco a poco nuestras idolatrías, motivadores, pecados y heridas.

Lo más hermoso de este proceso es que, cuando descubrimos esos patrones dañinos y sus motivaciones, Él no nos deja solos ni nos acusa. Cuando estamos en Cristo, Él nos promete que nos lava, abraza, transforma y nos anima a continuar agarrados de Su mano. ¡Recuerda que Dios te ama! Él es tierno, paciente y amoroso. No nos evita la disciplina, pero no nos disciplina con violencia ni con acusación. Jesús, al cual el Padre envió, se aseguró de que esto no fuera necesario, a través de Su muerte (que pagó por tus pecados) y Su milagrosa resurrección (la cual garantiza tu propia renovación).

Habiendo considerado todo esto, veamos los principales patrones dañinos que las personas tienden a adoptar. Al final de cada patrón de pensamiento, encontrarás una perspectiva bíblica sobre el tema. Estas no pretenden ser la respuesta completa para corregir el patrón. Más bien, espero que apunten a más verdades bíblicas que te puedan ayudar a comprender mejor la perspectiva que honra a Dios y que bendecirá tu vida.

# El pensamiento perfeccionista

Es la evaluación extrema de cualidades personales o acontecimientos. También tiende a querer hacer muchas cosas, como el
proyecto de una casa o un trabajo de la universidad, de una sola
vez y sin margen de error. Muchas personas creen que no son
perfeccionistas porque no son obsesivas con la limpieza o con el
desempeño académico. Sin embargo, una persona perfeccionista
puede serlo en tan solo algunas áreas de su vida y ser descuidada
en otras. Por ejemplo, puede que seas una profesional intachable,
pero tu escritorio es prácticamente invisible por la pila de papeles
y objetos desordenados que lo cubren.

El perfeccionismo es una forma de pensar extrema porque se
trata de «todo o nada» o «blanco o negro». No aprecias los procesos, solamente el resultado que siempre debería concretar tus
ideales o valores. Un ejemplo es la mamá que dice: «Soy la peor
madre» porque de vez en cuando pierde la paciencia y alza la voz
a sus hijos. La crítica y el juicio son el fundamento de esta forma
de pensar. Comienza con uno mismo, pero también se extiende en
resentimiento hacia los demás. Piensas cosas como: «Si yo puedo
esforzarme para lograr esto, ¿cómo tú no puedes hacerlo?», o:
«Yo nunca hubiera hecho tal cosa, no puedo entender cómo otros
sí lo hacen».

El pensamiento perfeccionista se manifiesta en todo tipo de
áreas de la vida: trabajo, hogar, orden, desempeño personal, espi-
ritualidad, demandas a los hijos, al cónyuge, a la comunidad de
iglesia, los pastores, etc. Una emoción que motiva este y otros
patrones dañinos es la vergüenza; es decir, tienes que lograr
demostrar tu valor, temes ser avergonzado si fallas. Por lo tanto,
lograr la excelencia siempre es lo que ofrece un falso sentido
de satisfacción. Logras alcanzar tus propias expectativas de lo
que significa «ser bueno» y, si los demás lo notan, mejor aún. La
próxima vez que te sientas avergonzado, vale la pena hacerte la
pregunta: ¿Estoy pensando de forma perfeccionista en esta área?

Los cristianos pueden expresar este patrón a través del deseo
más grande de la aceptación por parte de Dios, de los demás y
la propia. La forma de obtener esta aceptación es por medio de

las obras y el desempeño. Cuando fallas, intentas esconderlo o no puedes ni dormir de la decepción tan grande que tienes contigo mismo. El pensamiento de blanco o negro suele expresarse con palabras como «correcto» o «incorrecto», «bueno» o «malo».

Con este patrón, se dicen o piensan cosas como:

«Las cosas se hacen bien o no se hacen».
«Cuando algo sale mal, no me lo puedo perdonar».
«Nunca pondría mi nombre bajo un proyecto tan mediocre».
«Prefiero no entregar la tarea que entregarla hecha a medias».
«No puedo creer que hice lo que hice».

# El pensamiento de «debería»

Este patrón ocurre cuando una elección, deseo o preferencia se convierte en un deber absoluto. Es una especie de legalismo personal. Inventamos reglas y expectativas que no son realistas ni flexibles. Tampoco son reglas que vengan de Dios, aunque nos convencemos de que sí. Puede producir mucho resentimiento hacia Dios porque crees que es el Señor quien te «impone» estos estándares imposibles que te hacen sentir como un fracaso. También te podría provocar mucha rabia contra aquellos que no cumplen esos «debería» que tú les impones de forma directa e indirecta.

Estos «debería» pueden ser adoptados desde la crianza producto de una interpretación de algún pasaje que escuchamos de la Biblia o, posteriormente, de los ideales que vemos retratados en las redes sociales. También pueden surgir de representaciones de formas de ser o de actuar que juzgas como negativas y que tratas de no imitar. Muchas personas luchan con reconocer «siento envidia», porque tienen en su mente una imagen caricaturesca y horrorosamente vil de las mujeres envidiosas de las telenovelas. Los creyentes a menudo aplican este pensamiento a sus deberes cristianos y se convierten en una fuente de mucha culpa. Quienes creen que están fallando a estos estándares absolutos pueden sentirse inseguros e inferiores o, por el contrario, podrían tratar de esconderlos, minimizarlos ignorándolos o culpar a otros por sus propias fallas.

La culpa es necesaria hasta cierto punto, porque nos lleva al arrepentimiento y a cambiar nuestra forma pecaminosa de vivir. Pero muchas veces nos imponemos estándares que debemos cumplir de inmediato, ignorando el proceso de la santidad. Por otro lado, nos imponemos estándares que no son bíblicos y que no son una demanda de Dios. Estos estándares falsos generan una culpa que no se cura con arrepentimiento. Es indispensable ir a la Palabra de Dios y pedir consejo para aprender a discernir lo que Dios nos está pidiendo, pero también lo que no.

Con este patrón, decimos o pensamos cosas como:

«Solo seré buen cristiano cuando logre leer la Biblia al menos una hora al día».

«Debería mantener silencio y nunca causar conflicto, pero no puedo».

«Yo sé que debería adelgazar para poder conseguir pareja».

«Si ya perdoné, no debería dolerme, le estoy fallando a Dios».

«No sé por qué esto no me deja de doler, debería ser más agradecido».

## Saltar a conclusiones

Este patrón te lleva a suponer lo que va a pasar o lo que otros piensan y, por lo tanto, lo conviertes en un absoluto. Haces una predicción tan confiable de lo que va a ocurrir que confías en ella sin posibilidades de fallo. Esta actitud es motivada por nuestro temor a sufrir. Es el corazón del problema cuando vemos que la Biblia condena la práctica de la adivinación, ya que esta práctica evidencia nuestra soberbia y falta de fe en los planes de Dios. ¿Te das cuenta? Cuando te fías de tus pronósticos futuros, estás usurpando el lugar de Dios. Aunque nunca lo dirías en voz alta, crees que tienes la misma claridad del futuro que solo Él posee.

Contrario a lo que la Biblia enseña al invitarnos a dialogar sobre nuestras diferencias para comprendernos mejor, podrías tender a presuponer las intenciones de los demás. Tu orgullo hace de tus conclusiones «la santa palabra», emites tu juicio y actúas de acuerdo a ello. Esto generara la ilusión de tener todo bajo control. Si imaginamos saber lo que ocurrirá o lo que los otros piensan, entonces estaremos supuestamente preparados para la defensa. Este patrón te hace creer que eres capaz de ser tu propio defensor y protector.

El problema con este patrón es que no estamos pensando ni actuando en la verdad porque definitivamente no sabemos el futuro y, como consecuencia, no estamos pensando «todo lo verdadero». Tampoco conocemos el corazón de la otra persona, por más que creamos conocerla. Si eres un observador astuto y conoces bien a la otra persona, quizás puedas deducir con un alto grado de probabilidad lo que ella está pensando. Aun así, tu percepción sigue siendo meramente una *probabilidad*. Si no cuestionas tu percepción y no hablas con la persona para aclarar las cosas, cualquier conclusión a la llegues no será más que una suposición. Solo Dios conoce lo que hay en los corazones. Y suponer cosas de los demás te llevará a vivir en un conflicto silencioso con ellos. Esto puede conducirte a sentir emociones muy dolorosas como el rechazo, resentimiento, juicio, agresión y desconfianza... todo sin verdadera base. Terminas buscando una autoprotección que te desconecta de los demás y que no te permitirá dar o recibir el amor de Cristo con libertad.

Con este patrón, decimos o pensamos cosas como:

«Perderé la oportunidad para siempre».
«Si dejo viajar a mi hijo, de seguro algo malo ocurrirá».
«No me llamó porque está molesta conmigo».
«Las personas en la iglesia me ven con lástima porque soy soltera».
«Ella no va a aceptar su error».
«Si le digo, se va a enojar».

# El pensamiento catastrófico

Este patrón hace que se exageren las consecuencias negativas de las cosas. Si algo no sale bien, es simplemente el fin del mundo. Te gobierna la negatividad y las creencias dolorosas de ti mismo. También olvidas la soberanía de Dios y Su carácter bondadoso. El pensamiento catastrófico se centra en todo lo malo que queda catalogado como una tragedia de la cual no resultará nada bueno.

Las personas a nuestro alrededor con frecuencia se sienten cargadas al ver nuestro estrés constante. Olvidamos que Dios utiliza las dificultades para nuestra santidad al ser guiados por el temor al sufrimiento. Algunas emociones que puede provocar este patrón son un intenso temor, ansiedad crónica con pensamientos invasivos y desesperados. Si eres una persona que con frecuencia busca a quién culpar por lo que sale mal, es posible que tengas la tendencia de pensar de esta forma. Esto es porque en tu ansiedad de querer evitar que la catástrofe vuelva a ocurrir, buscas al culpable para hacerle ver su error «evitando» así que lo vuelva a cometer.

Con este patrón, decimos o pensamos cosas como:

«Reprobé el curso, ahora nunca me voy a graduar».
«Si no logro cantar perfecto, me echarán del grupo de alabanza».
«Con este trabajo tan mediocre, nunca podré comprar un automóvil».
«Si hubieras ido a la gasolinera ayer, no habrías tenido que atrasarme al ir hoy».

Magnificar o minimizar las cosas suelen ser derivados del patrón de pensamiento catastrófico. Cuando magnificas las cosas, enfatizas lo malo en ti mientras magnificas lo bueno en los demás (o al revés):

«Toda mi charla fue un desastre, en cambio, Luis estuvo genial».
«Esto es lo peor que me ha pasado en la vida».
«Arruiné la vida de mis hijos».
«Esto es terrible, cómo puedo estar tan nervioso, no volveré a salir con una chica».

Cuando este patrón de pensamiento nos lleva a minimizar, lo que hacemos es despreciar la importancia de nuestros logros y terminamos sumamente desanimados. Les quitamos valor a los esfuerzos, logros, aptitudes y emociones diciendo cosas como:

«Aprobé por pura suerte».
«No soy bonita, es que solo me ves con ojos de amor».
«Vale, me felicitaron, pero solo hice mi trabajo».
«No sé por qué lloro, si no es para tanto».

Un buen principio para enfrentar este patrón es tener presente que todo lo que ocurre, incluido lo malo, Dios lo usa para el bien de Sus hijos. Ese «bien» tiene que ver con perfeccionar tu carácter y hacerte más como Jesús, y no que todo salga de maravilla en tu vida.[1]

## La sobregeneralización

Esta es una variante del patrón de pensamiento catastrófico. Lo que haces es transformar un acontecimiento negativo en una regla absoluta de derrota o infortunio que se aplica a todo lo demás. A menudo lo vemos en personas que deciden pensar de esta forma para evitar ser heridas. Suelen pensar: «Es mejor suponer que todo irá mal; de esta forma, no me dolerá tanto cuando ocurra». Filtramos todo lo bueno cuando pensamos de esta forma y así aplastamos la posibilidad de vivir en gratitud.

Una posibilidad es que ese deseo de autoprotección podría haber sido influido por creencias que surgieron producto de nuestra historia pasada o crianza, donde nos sentimos en peligro físico o emocional. Es importante meditar y orar en la verdad de Dios aplicada a esos lugares dolorosos. Recuerda que saber la verdad no es lo mismo que afirmarla en nuestro corazón. Esta obra es del Espíritu Santo y se llevará a cabo en Su tiempo y no en el nuestro. Conversar de estas cosas con un hermano en la fe es indispensable para que te escuchen, te aconsejen y oren por ti. Dios se mueve poderosamente dentro del cuerpo de Cristo que provee para Sus hijos.

Como sucede con otros patrones de pensamiento, este es finalmente un indicador de nuestra necesidad de aprender a confiar en Dios, quien puede sostenernos bajo cualquier circunstancia. También estamos ignorando la posibilidad de que Dios disponga de otros recursos para superar los nuevos desafíos que estemos enfrentando. Puedes sentirte asustado, a la defensiva, disconforme y reacio a nuevos intentos. Este patrón de pensamiento suele empujarnos a usar palabras como «nunca», «siempre», «todo» o «nada».

---

1. Rom. 8:28-29.

Con este patrón, decimos o pensamos cosas como:

«Siempre me pondré nerviosa en las entrevistas de trabajo».
«Nada de lo que hago es suficiente».
«Todos los hombres son iguales».
«No puedo confiar en nadie».

# Etiquetar

Este patrón de pensamiento te lleva a utilizar etiquetas negativas y simplistas para definir tu identidad o la de los demás. Es usual que te bases en una imperfección o error que te lleva a pensar que eres un tonto, fracasado, perdedor o inútil. La costumbre de pensar en términos que etiquetan te lleva a minimizar tu unión con Cristo, la que debería definir tu identidad. Esto no quiere decir que ignoramos los pecados e imperfecciones. Muchas veces, tenemos razón en reconocer una falla y podemos pensar y efectivamente ser un fracaso en algún área de nuestra vida.

Imponernos estas etiquetas negativas y llamarlo humildad es un error común. En vez de humildad, más bien, es una demostración de nuestro orgullo al pensar que nuestros estándares son más importantes que los de Dios. Si no alcanzamos nuestras metas y expectativas (incluidas las espirituales), cometemos el error de creer que tenemos derecho a juzgarnos a nosotros mismos.[1] Es fácil también caer en el error de juzgar a los demás; esto es lo opuesto a la humildad. Piensas: «Es un desconsiderado», «Qué egoísta», «No le interesa cambiar».

¿Debemos evitar las etiquetas? Sí y no. Por una parte, es indispensable que los creyentes no temamos llamar las cosas por su nombre. Si has mentido, fuiste un mentiroso. Si miras con desprecio a tu jefe, estás odiando en tu corazón. Si deseas lo que la otra chica tiene, estás siendo envidiosa. Es necesario que no maquillemos nuestro pecado y que podamos reconocer nuestras fallas y el peso que ellas conllevan. Esto nos dará la oportunidad de volver a la cruz de Cristo una vez más con un entendimiento

---

1. «Por mi parte, muy poco me preocupa que me juzguen ustedes o cualquier tribunal humano; es más, ni siquiera me juzgo a mí mismo» (1 Cor. 4:3).

aún más profundo de Su obra por nosotros, ¡y cuánto más agradecidos estaremos![1] Reconocer lo malos que somos es el primer paso para poder movernos hacia el arrepentimiento.

En el mundo secular, casi nunca se toma en cuenta la necesidad de hacer este examen de conciencia en pos de la santidad, y esto tiene sentido porque las personas hemos creado toda una serie de estrategias justamente para no ver estas verdades difíciles de tragar. Sin embargo, es importante recordar que esas etiquetas ya no afectan tu relación con Dios y no son todo lo que realmente eres.

Las etiquetas serán muchas veces verdaderas, pero muchas veces no lo serán. Lo más importante es recordar que ninguna de ellas define tu identidad: ¡Ahora eres una criatura nueva en Cristo! Reconoces tu pecado, lamentas de forma genuina haber dado la espalda a Dios, pero no te quedas ahí. Miras a Jesús —el autor y perfeccionador de tu fe— clamas por guía para dar pasos concretos que te ayuden a batallar con la tentación y sigues confiando en Su poder transformador.

También es indispensable recordar que muchas veces, tu propio juicio puede estar terriblemente sesgado, especialmente si vienes de un contexto que incluye algún tipo de abuso (aunque no es necesario). Necesitas a tus hermanos en Cristo para que te ayuden a ver tu corazón con más neutralidad y a la luz de las Escrituras. Los cristianos debemos reconocer nuestras faltas y, al mismo tiempo, reconocer que nuestra percepción no siempre es la más adecuada para emitir juicio sobre nosotros mismos.[2]

El juicio de Dios es el más importante y, si estamos en Cristo, entonces podemos vivir sin temor de ser rechazados[3] por Dios porque Cristo ya ha pagado por todos tus pecados a través de Su sacrificio redentor. En lo que concierne a tu identidad, tu más seguro fundamento debe ser Cristo y Su obra redentora en tu vida, no lo que haces o dejas de hacer. El creyente fortalecido en Cristo sabrá que no necesita depender de ningún logro para estar en paz consigo mismo y, más importante aún, con el Padre celestial.

---

1. Luc. 7:47
2. 1 Cor. 4:5.
3. El amor perfecto del evangelio hecha fuera todo temor de juicio (1 Jn. 4:13-18).

Muchas de las personas que aconsejo me dicen con frecuencia: «Seguro no soy cristiano». Se tachan de incrédulos porque no logran superar un pecado o porque no han logrado adoptar una verdad bíblica de corazón. El juicio hacia sí mismos es más fuerte que el evangelio. Cometen el error de poner el estándar sobre sus fallas como lo más importante. Reconocer nuestras fallas es indispensable como creyentes y como seres humanos, pero reducir nuestra persona a una etiqueta no es la mejor manera de hacerlo.

Esto puede producir mucha ansiedad, temor, inseguridad, auto-conmiseración, soledad y muchos dolores más. Podrías sentirte decepcionado de ti mismo, abatido y humillado delante de los demás. Este patrón de pensamiento hace que tu deseo y tesoro radique en los logros y estándares que has adoptado, en vez de aprender a correr la carrera de tu vida bajo la gracia de Dios. Estaremos entregándole poder a una etiqueta y convirtiéndola en la plataforma de nuestra identidad, en vez de recordar que ahora somos hechos nuevas criaturas en Cristo *sin importar* nuestras fallas.

No hablamos de cristianos pasivos que no están buscando la santidad. Hablamos de cristianos que están apasionados por agradar al Señor y corren la carrera como si su vida dependiera de ello.[1] Pero también recuerdan que son «polvo»,[2] que «Dios es quien produce en [ellos] tanto el querer como el hacer»[3] y que, cuando cometen pecado, tienen «Abogado»[4] en el cielo que los protege por completo del juicio que merecen.

Estas son algunas de las etiquetas que las personas podrían adoptar:

---

1. Fil. 2:12.
2. Sal. 103:14, NBLA.
3. Fil. 2:13.
4. 1 Jn. 2:1, NBLA.

| | | |
|---|---|---|
| Pasivo | Feo | Insignificante |
| Impulsivo | Mala | Desagradable |
| Incapaz | Atarantado | Demasiado idealista |
| Estúpido | Superhombre | Retrasado |
| Mandón | Torpe | Demasiado sensible |
| Exigente | Débil | |

## Tener siempre la razón

Este patrón de pensamiento hace que compitas internamente con los demás y siempre tengas la necesidad de estar en el lado ganador. Toma en cuenta que no estoy hablando de tener la razón en tus conversaciones, sino que estamos hablando de un patrón de pensamiento. Así que podrías ser la persona más «pacífica» que conoces y aun así vivir constantemente en un conflicto interno.

No tener la razón podría «decir» algo negativo de tu persona (etiquetar), y en tu corazón, eso es inaceptable. Puede que mantengas silencio y simplemente deseches a otras personas en tu mente. Valoras demasiado tu intelecto, tu opinión, tu razonamiento y tu forma de hacer las cosas. Quizás tienes miedo de estar equivocado.

En otras circunstancias, no solo estarás convencido de que tienes la razón, sino que también terminarás expresándolo y peleando. Pondrás primero tus deseos por encima de los demás, así que discutirás hasta el cansancio (el tuyo y el de los demás). Muchas personas insisten en tener la razón y tienden a querer obligar a los demás a hacer las cosas a su manera para evitar tragedias posibles si es que no se consideran sus argumentos. Sentir seguridad y tener el control de todo puede llevarte a discutir hasta los detalles más minúsculos.

Este patrón de pensamiento se produce fácilmente cuando olvidamos que Dios tiene el control y está sentado sobre Su trono inconmovible. Él nos llama a buscar el reino de Dios y su justicia. En este caso, «buscar el reino de Dios» se traduce a renunciar al control, escoger mantener la armonía y «soltar» cuando es el momento. Podemos decir que, incluso si las cosas salieran como tememos, Dios nos sostendrá en medio de la situación y la usará para nuestro bien. Tus emociones pueden estar gritando: «protégete», «evita» o «algo terrible pasará», pero a ti te toca dar verdaderos pasos de fe y desechar este tipo de pensamientos cuantas veces sea necesario.

Una buena manera de empezar a contrarrestar estos pensamientos es meditando en la fe y la confianza que Jesús demostró en los Evangelios. Su humildad y mansedumbre lo llevaron a dar la vida por ti. Para amar de la misma manera, quizás solo tengas que dar la razón. Amar a los otros era lo más importante para Él. En contraste, cuando piensas en ti mismo: ¿qué motiva los pensamientos de «siempre tengo la razón»?

## Culpar a otros

Buscar quién es el responsable de lo que sucede es un patrón de pensamiento muy común. Muchas personas buscan al culpable cada vez que se hayan frente a un problema o un obstáculo, incluso en los que son insignificantes. Echarle la culpa a alguien es una forma de evitar asumir el papel del que falló. Es una manera de sentirse menos incompetente pero, peor aún, es una forma de evitar el llamado a las virtudes de la calma y la paciencia. También es una forma de echarle en cara al otro las «pruebas» de los defectos de carácter que pensamos que tienen.

Nuestro corazón pecaminoso huye de lo que a Dios le agrada, especialmente cuando lo que nos está pidiendo es dejar pasar lo que nos molesta sin decir una palabra. Quien piensa de esta forma (y actúa de acuerdo a ella) desarrolla un «reflejo» casi inmediato de acusar. Es común que en las casas donde se mantiene una cultura de acusación ocurran muchas «pequeñas riñas» que en el momento se disipan hasta que surja la siguiente.

Culpabilizar es un hábito que se alimenta del juicio hacia los demás o hacia uno mismo. Es una forma de explicar a las personas y de evitar ser juzgado (al endosarle la culpa al otro y probar que no cometimos ningún error).

Este patrón de pensamiento se manifiesta cuando instintivamente responsabilizamos al otro (¿recuerdas a Adán y Eva?) porque queremos escapar de la tristeza o decepción de no dar la talla. Además de querer esconder nuestro pecado, culpabilizar a otros es también una forma de expresar nuestra ira. El enojo es la emoción estrella de quien alimenta mucho este patrón.

Muchas veces, lo que se esconde detrás del que culpa a otros es un profundo deseo de que se haga justicia (la mayor parte del tiempo se trata de la justicia propia, no la de Dios). También buscamos culpar a otros porque tenemos un gran temor de ser maltratados. Quizás tememos que se aprovechen de nosotros o que un patrón que no nos gusta o atemoriza vaya a continuar en el futuro. Podemos culpabilizar a los demás con la manifestación de una ira explosiva o con una amargura interna dentro del corazón.

Con este patrón, decimos o pensamos cosas como:

«Yo no te habría gritado si no me hubieras hecho enojar».

«Es que a ti no se te puede hablar nunca porque te ofendes; por tu culpa, no podemos arreglar nuestros problemas».

«Yo dije eso, es cierto, pero tú lo haces más veces que yo».

«Si hubieras hecho las cuentas con tiempo, no estaríamos pagando la multa».

A veces, corregir a alguien es necesario. Tratar de pensar cómo evitar un posible fallo en el futuro es parte de ser prevenidos y sabios. Pero muchas veces, quien culpabiliza en el fondo lo hace porque se siente disconforme e irritado. La ira que culpabiliza tiene el deseo de castigar o de demostrar al otro que él fue quien se equivocó. El amor que Dios nos invita a tener entre nosotros no tiene cabida para culpabilizar con esos motivos egoístas; y si queremos ser escuchados, culpabilizar no surtirá mucho efecto. El amor de Dios corrige en el momento apropiado. Lo hace con amor y con paciencia, aunque sin suavizar las verdades. De la misma manera que Jesús nos ama y nos corrige, así nosotros somos ahora capacitados para hacer lo mismo.

Si te estás dando cuenta de que piensas de esta forma con frecuencia, es necesario que te dispongas a arrepentirte. Que clames para que Dios ponga en marcha ese nuevo corazón que te ha concedido al considerar la paciencia y compasión que Él te ha ofrecido. Así como lo has recibido, también has sido capacitado para ofrecerlo y crecer en reflejar el carácter amoroso de Dios.

## Tomarlo de manera personal

Este tipo de patrón de pensamiento distorsionado puede dañar tus relaciones con mucha rapidez. Esto sucede cuando tienes el hábito de tomar una situación y convertirla en algo sobre ti, cuando en realidad no tiene nada que ver contigo. Con facilidad llegas a suponer que los otros te están culpando por algo sin tener bases para hacer tal afirmación. Por ejemplo, cuando un amigo no te contesta un mensaje de texto, de inmediato piensas: «Seguro hice algo malo». También sucede cuando, en tu trabajo, tu jefe se reúne con otro colaborador y piensas: «Deben estar hablando de mí».

También se presenta como una tendencia a culparse a uno mismo y asumir la responsabilidad de eventos que, en realidad, están fuera de tu control. Por ejemplo, una niña llega a pensar que sus padres se están separando por su culpa. Este tipo de reacciones causa mucha angustia emocional, te sientes muy inseguro, temeroso y hasta hostil en las relaciones.

Esto se debe a que, con frecuencia, tienes un patrón que te hace pensar que los demás están en tu contra y piensas que sus acciones son ataques personales. Este patrón de pensamiento se asocia con frecuencia a personas que experimentan mucha vergüenza y autocrítica. Es posible que el origen haya sido heridas del pasado o incluso puede haber algún trauma involucrado. Si existen situaciones difíciles y dolorosas del pasado que no has conversado con nadie, no basta solo con leer este libro. Es importantísimo que hables y proceses tu experiencia con alguien capacitado. Mi recomendación es que no lo dejes para después porque es importante y forma parte de nuestra responsabilidad como un buen mayordomo de nuestro corazón y nuestra vida.

Cuando dejamos esos temas sin hablarlos y resolverlos, podemos experimentar más dolor, dificultad y no podremos vivir sabiamente. Tu interpretación de la vida te puede llevar a vivir de forma egocéntrica, en donde eres el centro de todo lo que ocurre a tu alrededor y te cuesta diferenciar lo que es y no es tu responsabilidad. Sueles considerar de forma errónea que tus lecturas de lo que otros piensan y hacen son infalibles.

La Biblia no dice: «Anticipa lo que los otros piensan». Por el contrario, las Escrituras enseñan que si algún hermano está pecando contra nosotros (o creemos que lo está haciendo), debemos invitarlo a hablar para dilucidar el asunto juntos.[1] En estos casos, honramos a Dios cuando no nos dejamos llevar por el temor de preguntar a otros lo que está pasando o lo que están pensando. Para muchas personas, es una verdadera guerra dar el paso de confrontar en vez de suponer y huir. No es fácil ni agradable preguntar y esclarecer, pero es lo que el Señor considera que es correcto para encontrar una solución y es lo que le agrada. Él nos capacita para hacer lo que le agrada: confiar y orar en medio de todo el proceso. Él promete ayudarte a manejar los conflictos de una forma más saludable.

Esta idea de responsabilizarse por lo que los otros experimentan tiene otra arista que es importante considerar. Muchas personas se sienten muy culpables al pensar que son responsables de solucionar el dolor emocional de otros. Están convencidas de que sus acciones pueden cambiar el comportamiento o la vida de otros, cuando no es el caso. Este patrón de pensamiento te lleva a creer que la felicidad de otros está en tus manos.

Pensar de esa manera genera tal intensidad estresante que finalmente terminas desgastándote (y es uno de los patrones que se ven en las relaciones idólatras o codependientes). Sientes que das demasiado y que recibes poco, lo cual genera un gran resentimiento y enojo. Si la persona te abandona o se aleja, te sientes devastado y utilizado. Por su parte, las personas a quienes

---

1. Mat. 18:15.

«sirves» pueden sentirse agobiadas y asfixiadas con tus presiones o, por el contrario, pueden volverse dependientes de ti. Ninguna de estas dinámicas relacionales es saludable.

Tratar de controlar a los demás o controlar las circunstancias para que nada malo pase es una responsabilidad que solo le pertenece a Dios. Si pensar de esta manera es un hábito, necesitas reconocer cuán peligroso es tratar de jugar el papel de mesías en la vida de otros. Para evitarlo, es importante que pienses detenidamente sobre qué es exactamente a lo que le tienes miedo. ¿Qué estás tratando de evitar que pase? ¿De qué forma y en qué área específica estás siendo retado a confiar en Dios bajo cualquier circunstancia?

## Hacer de las emociones una verdad

Este patrón de pensamiento sucede cuando una persona experimenta una emoción y acepta lo que esa emoción dicta como una realidad, sin mayor evaluación o análisis. Por ejemplo, una persona soltera puede sentirse muy solitaria los fines de semana. Esto le puede hacer pensar que nadie se interesa por ella y que siempre estará completamente sola.

Podemos decir que lo que piensas bajo este patrón es: «Siento esto, por lo que debe ser verdad». Tus emociones se convierten en el punto de partida para definir un acontecimiento, creencia o situación. Quizás dijiste una tontería en tu lugar de trabajo y te sientes como un tonto. ¿Eso quiere decir que eres un tonto? Según este razonamiento emocional, sí, lo eres.

Si algo malo ocurre y te sientes absolutamente abrumado, eso te lleva a pensar que no hay esperanza y nunca podrás solucionar el problema que se ha presentado. Tus emociones sustituyen cualquier cosa que alguien diga, incluyendo la Palabra de Dios. Además, este patrón de pensamiento te llevará a percibir todo lo demás desde alguna emoción en particular. Por ejemplo, discutes con tu jefe por un trabajo que no terminaste porque considerabas que necesitabas más tiempo para completarlo, pero el jefe se impacientó y discutieron. Te la pasas molesto todo el día en tu trabajo. Tu mal humor continúa hasta la noche y cuando llegas a casa, te comportas con enojo e impaciencia con tus hijos.

Con este patrón, decimos o pensamos cosas como:

«Siento que nadie me quiere, entonces nadie me quiere».
«Siento que esto es lo que debo hacer, por lo tanto, lo haré».
«Puedo sentir que él es la persona para mí».
«Odio mi trabajo, de seguro Dios quiere que renuncie».

# Algunas distorsiones adicionales

Se han observado muchos patrones de pensamiento dañinos adicionales. Algunos se encuentran implícitos dentro de los que he mencionado:

—Leer el pensamiento: Piensas que sabes lo que los otros están pensando o por qué hicieron las cosas. Ejemplo: «No me dice que me ama; está pensando en su ex».

—Negatividad: Filtrar todo lo positivo y quedarse solo con lo negativo. Ejemplo: «De nada me sirvió leer ese libro».

—Positivismo: Vivir evitando todo lo malo y engañándose, pensando que la vida es color de rosa. Ejemplo: «Él es muy bueno conmigo» (cuando en realidad, es abusivo).

—Expectativas irreales: Pensar que las cosas van a cambiar, aunque no haya prueba de ello. Ejemplo: «Yo sé que cuando nos casemos, cambiará y todo será diferente».

—Tratos sobreentendidos: Piensas que, por hacer algo por alguien, esa persona te devolverá el favor. Si haces algo bueno, entonces Dios te va a dar la recompensa que esperas. Ejemplo: «Si me quedo trabajando horas extra y ayudo a terminar sus trabajos, mis compañeros harán lo mismo cuando yo lo necesite».

—Negación: No admitir lo malo que has hecho o
que te han hecho por temor a las consecuencias o a
las etiquetas que los hechos podrían imponer a los
involucrados. Ejemplo: «Mi relación con mis papás es
fenomenal» (cuando en realidad, ha sido siempre una
fuente de mucho dolor).

—Proyección: Atribuir lo que estás pensando,
sintiendo o lo que te motiva a otras personas.
Ejemplo: te cae mal una chica de tu estudio bíblico,
pero piensas: «Le caigo mal».

—Reacción opuesta: Piensas que algo o alguien son
malos por lo que hacen, sienten o por la forma en que
actúan, y te haces la promesa de forma inconsciente
de ser totalmente lo opuesto. Te dices: «Nunca seré
tan abusador como mi papá».

—Racionalización: Tratas de explicar la realidad de
forma que sea más aceptable. Ejemplo: repruebas un
curso en la universidad y te sientes como un fracaso,
pero piensas para justificarte: «La verdad es que
nunca quise estudiar esta carrera».

# El proceso de concientizar

Muchos de estos patrones de pensamiento son claramente pecaminosos. Pero verlos en términos de «pecado» únicamente puede
crear una barrera que no nos permitirá enfrentarlos. Muchos
quieren evitar ver su propio pecado por temor a comprobar que
son «malos cristianos». Es por eso que no he señalado con tanto
énfasis este aspecto pecaminoso. Sin embargo, es importante que,
como mencioné en las reflexiones, reconozcamos que son formas de pensar que no glorifican a Dios y de las cuales debemos
arrepentirnos.

No solo eso, son patrones que también están motivados por el
sufrimiento que hemos experimentado. También reconocemos
que hay una parte de nuestra santidad que motiva esos pensamientos. Por ejemplo: culpabilizar a alguien en parte puede gene-
rarse por un deseo de justicia. Querer justicia es algo que está en

ti porque eres una criatura que refleja a Dios. Lo problemático es que, al culpabilizar, ese buen deseo se expresa de una forma pecaminosa.

La idea de referirnos a estos patrones es comprender mejor qué está pasando por nuestra mente para poder corregirlo y actuar según la mente de Cristo. No puedo dejar de insistir en la necesidad de depender del Espíritu Santo que guía a toda verdad, la meditación en la Palabra de Dios que liberta y la oración que nos permite llevar al trono de Dios todas nuestras cargas, tentaciones y dudas. Tus tiempos de oración con Dios son ideales para poner a prueba tu corazón e invitar al cambio bajo Su tutela.[1]

Debes tener presente que, con frecuencia, las distorsiones de pensamiento no son demasiado claras para nosotros. Son parte del diálogo interno que está sucediendo constantemente, por lo cual se sienten muy naturales. Necesitamos detenernos para poder detectarlas; a esto lo llamamos «autoconciencia». Posteriormente hablaremos sobre algunas estrategias que pueden ayudarte a gestionar las emociones en general y los patrones de pensamiento.

Por el momento, es importante saber que la clave para enfrentar tus pensamientos íntimos radica en que, con la ayuda del Espíritu Santo, puedas cuestionar tus pensamientos con curiosidad y neutralidad. Esto no quiere decir que no juzgues tus pensamientos como buenos o malos. ¡Tienes que hacerlo! Si no, este ejercicio sería infructuoso. Lo que quiero decir es que, si no mantienes cierta neutralidad vigilante al inicio, el temor al juicio (de Dios, propio o de los demás) te pondrá a la defensiva. Esto podría crear dificultad en ser sincero contigo mismo.

Esta práctica de «pensar en lo que piensas» se podría establecer en otros términos: prestar atención a lo que te predicas a ti mismo. ¿Te predicas mentiras o verdades? Considera lo que piensas y compáralo con los principios implícitos y explícitos que encuentras en las Escrituras. Incluye a otros amigos maduros en la fe para que te ayuden a reconocer las verdades que necesitas predicarte en sustitución de las mentiras. Reconoce el consuelo

---

1. Sal. 139:23.

que Dios te ofrece cuando enfrentas las realidades dolorosas y pon tus ojos en Cristo, quien dulcemente te llevará de la mano hacia la madurez.

Nuestros deseos, valores e idolatrías juegan un papel fundamental en el manejo de nuestras emociones y pensamientos. Ya hemos visto destellos de este tema en este capítulo. En el próximo capítulo, nos concentraremos en ese tema pues tenemos que añadir la importante pieza de los motivos para que la gestión emocional no sea un ejercicio meramente dirigido a la mejora de nuestra calidad de vida terrenal, sino que todo sea útil y nos ayude a crecer en cercanía con Dios y podamos dedicarnos a hacer las obras que le agradan y le dan gloria.

¡Todo esto es para tu bien y más aún para Su gloria!

## —————— ¿CÓMO TE SIENTES? ——————

1. ¿En qué circunstancias has descubierto que podría surgir un patrón de pensamiento dañino?

2. ¿Qué consecuencias te ha traído pensar y actuar conforme a los patrones dañinos que has descubierto?

3. ¿Qué emociones se asocian con ese patrón en particular?

4. ¿Conoces alguna verdad bíblica que puedas predicarte para combatir el hábito de pensar de esta forma?

# CAPÍTULO 8

# Dime qué sientes y te diré a quién adoras

Muchas personas desconocen el poder que tienen sus emociones. No solo eso, sino que no saben que tienen la oportunidad de aprovechar sus emociones de forma poderosa para tener una relación con Dios más cercana y glorificarlo al someter a Su autoridad todo lo que pensamos y sentimos. Ellas revelan lo que nos importa y lo que verdaderamente amamos, más allá de que sean expresiones emotivas positivas y agradables como la alegría, el optimismo o la esperanza; o expresiones negativas y desagradables como la confusión, el temor o la ira.

Pero aunque en este libro nos concentramos en el área emocional, primero necesitamos entender cómo es que la caída humana en el pecado trajo una profunda miseria a todo nuestro ser. Cuando lo entendamos, entonces podremos comprender mejor el poder de las emociones y cómo revelan aquello que amamos. A la luz de nuestro crecimiento espiritual, el verdadero problema de las emociones que sentimos no es que sean positivas (agradables) o negativas (desagradables), sino que están motivadas por cosas buenas o malas. La fuente o motivo de nuestras emociones nos permitirá comprender que las emociones consideradas como negativas no necesariamente son malas o hablan mal de nuestra relación con Dios. Por el contrario, como vimos en la vida de Jesús, las emociones y sentimientos negativos podrían estar, más bien, glorificando a Dios.

Lo que quisiera dejar bien en claro es que las emociones positivas no pueden ser el propósito primordial de nuestra búsqueda de crecimiento. Si estas se convirtieran en la meta final de la vida del creyente, entonces se podría caer fácilmente una vez más en idolatría. Por ejemplo, el gozo es algo sumamente bueno solo cuando nos esforzamos para que sea motivado por las razones correctas. Es más —así como lo fue para Jesús—, el gozo motivado por lo bueno es lo que todos los cristianos deberíamos buscar en todas las circunstancias dolorosas de nuestra vida. Pero buscar el gozo como meta final probablemente nos llevará a usar cualquier medio, aunque sea pecaminoso, para obtenerlo.

## Emociones rotas

La Biblia nos enseña que todos los seres humanos hemos pecado y corremos en la dirección contraria de Dios desde el nefasto suceso del Edén.[1] Todo nuestro corazón (mente, emociones y voluntad) va en pos del pecado. El problema del ser humano es que está muerto, pues está separado de Dios, peca y su tendencia es hacia el mal.

Pero ¿en qué consiste el pecado humano? El pecado es fundamentalmente la transferencia de los afectos que debemos tener por Dios hacia cualquier otra cosa creada (ya sea concreta o abstracta). Esa es la razón por la que el primer mandamiento es un revertir de este pecado fundamental: «Ama al Señor tu Dios con todo tu corazón y con toda tu alma y con todas tus fuerzas. Grábate en el corazón estas palabras que hoy te mando».[2]

Nuestro amor por cualquier otra cosa se evidencia con la desobediencia a la ley de Dios. Se hace visible cuando pensamos o hacemos cosas opuestas a la voluntad de Dios y que no le dan la gloria. Lo mismo ocurre cuando dejamos de hacer lo que sí enaltece Su nombre. Las personas somos propensas a ver los «pecados estrella» cuando pensamos en nuestro pecado, y eso nos hace sentir menos culpables. Esos pecados incuestionables y llamativos son, por ejemplo, el orgullo, los arranques de ira violentos, el abuso de sustancias tóxicas, la lascivia y muchos otros que tienden a ser vistos como más dañinos y malvados.

Los comportamientos que acabo de mencionar tienden a ser los que tratamos de cambiar. En el mismo sentido, las emociones y los sentimientos se entienden como los que suelen generar las malas conductas. Si logramos gestionar nuestras emociones, entonces

---

1. Gén. 6:5; Sal. 51:5; 53:1; 1 Jn. 1:8.
2. Deut. 6:5-6.

pensamos que podremos dejar de caer en el pecado que queremos conquistar. Esto se evidencia cuando decimos o pensamos cosas como:

«Si pudiera superar mi ira, nunca maltrataría a mis hijos».
«Si no me sintiera tan solo, nunca tendría que recurrir a relaciones que sé que no le agrandan a Dios».
«Si pudiera dejar atrás la gran decepción que siento, podría seguir en este matrimonio».

Se considera que la gestión de las emociones de una forma más asertiva podría cambiar la vida para bien. En principio, esta no es siempre la manera más útil de verlo. No obstante, aunque así lo fuera, la meta se quedaría corta porque el primer mandamiento podría quedar abandonado. Tendrás una vida linda y más ordenada, pero tu amor por Dios no habrá crecido, al contrario, podrías terminar creyendo que no lo necesitas. Entonces, te pregunto: ¿Quieres cambiar y gestionar mejor tus emociones para tener tu mejor vida aquí y ahora o para amar más a Dios y honrarlo con tu vida? Es indudable que Dios quiere que vivamos gozo y alegría aquí en la tierra. Pero evita el error de pensar que gestionar tus emociones correctamente tiene como meta principal que seas feliz. La meta última es la de exaltar a Dios con tu vida. Como consecuencia natural, tendrás descanso y gozo en esta vida. Más importante aún, entrarás en el gozo de tu Señor en la vida venidera cuando te llame: «¡Hiciste bien, siervo bueno y fiel!» (Mat. 25:23).

El problema del ser humano y su vida emocional fuera de control va más allá de la conducta y los problemas de este mundo. Es un problema del corazón. Cuando Adán y Eva pecaron, lo primero que hicieron fue esconderse de Dios.[1] Para esconder el pecado, Adán y Eva corrieron a la creación para esconder su desobediencia: cosieron hojas de higuera para tapar su pecado y vergüenza. Su transgresión generó una gran culpa y un gran vacío que antes llenaba su relación de paz con Dios. Su solución fue rellenar y satisfacer este tremendo vacío buscando cosas creadas en vez de buscar la solución en el Creador.

---

1. Gén. 3:7-8.

Esa es la tendencia que todos hemos heredado. Todos, sin distinción, seguimos el mismo patrón de pecado y sufrimos la misma culpa de Adán y Eva. La ruptura de la relación con Dios hace que cada persona viva una pérdida y una confusión de identidad espantosa. La humanidad diseñada por Dios fue creada sin mancha, gozosa y en perfecta relación con Dios. Ese diseño fue profundamente dañado.

Génesis nos presenta a un Adán contento al cumplir su función como mayordomo de la creación. Somos testigos de un gozo todavía mayor cuando conoce a Eva. Ambos cumplían sus tareas con gozo, no se sentían insuficientes, juzgados o avergonzados (como nosotros sí nos sentimos).[1] La Biblia revela la aparición del temor, la vergüenza y las ganas de esconderse después de la caída.[2] Ese terrible momento no solo trajo una verdadera vergüenza a la humanidad, sino que también produjo una vergüenza falsa.

Las personas siempre desarrollamos una versión «ideal» de cómo deberíamos ser y la forma en que debemos vernos y comportarnos. Se trata de un diseño personal y no de Dios para nuestras vidas. Por eso vivimos buscando la forma de afirmar que somos esa persona «ideal» que tenemos en nuestra imaginación. Cuando buscamos nuevos mecanismos de «autorrealización» y quedamos expuestos al ver que estamos tan lejos de nuestro propio ideal, entonces nos escondemos y nos ponemos a la defensiva porque esa realidad desbarata nuestra vida emocional.

El gozo del ser humano quedó en jaque desde los primeros capítulos del Génesis en adelante. Su identidad como hijos amados se nubló. Ya no podían confiar en sus semejantes porque ni siquiera eran capaces de confiar en Dios. Como conocemos la historia y su desenlace, nos gustaría adentrarnos en el jardín mientras tejen sus patéticas vestimentas y advertirles a toda voz: «¡Dios es bueno, confíen en Él, no tienen por qué esconderse!».

Ni el aprecio de la gente, ni la habilidad para hacer ropas hermosas, ni sus talentos y habilidades van a arreglar su identidad dañada por su separación de Dios. Se verán tentados a buscarla

---

1. Gén. 2:25.
2. Gén. 3:7.

en todas partes menos en Dios. Su insuficiencia les hará buscar nuevas formas de sentirse completos y sufrirán tanto al no lograrlo. Cuando no lleguen a ser ese «Adán ideal» o «Eva ideal» se acrecentará la vergüenza y, aunque llegaran a cumplir alguna de sus metas, aun así sentirán que algo falta. Solo la restauración a su verdadera humanidad hará que encuentren paz y su identidad... y solo Dios puede hacer esa restauración.

Nosotros necesitamos también repetirnos esas verdades. Los hombres y mujeres desde Adán y Eva hasta nuestros días siguen buscando remendar su culpa y esconder su vergüenza con todo lo que este mundo ofrece, excepto Dios. Lo que vivimos es la versión moderna de lo que la Biblia ha llamado por milenios «idolatría»; es decir, glorificamos y amamos todo lo creado, incluyéndonos, antes que al Creador. Sin duda alguna, el dios de fondo siempre serás tú mismo. Al igual que nuestros padres en el Edén, queremos llegar a «ser como Dios».[1]

Irónicamente nuestra «autoidolatría» nos pone en servidumbre a otros ídolos que prometen gozo, seguridad, control, cuestiones dignas del dios que queremos llegar a ser. Como no tenemos el atributo de la autosuficiencia —el cual solo Dios tiene—, no queda otra opción más que buscar los recursos fuera de nosotros para lograr la meta de la deidad humana. Así es como terminamos siendo esclavos de otros ídolos. Fallamos en comprender que nuestro diseño nunca fue tratar de alcanzar esta absurda meta. El ser humano fue diseñado para ser dependiente. Lo único que conoce es la dependencia, así que, en su búsqueda pecaminosa de empoderamiento, acaba poniendo en práctica su diseño: se hace dependiente pero no de Dios, sino de otros dioses, dioses inútiles.

Estos dioses están trabajando para ti y para tu definición errada de lo que es la felicidad. Vives en una relación íntima y dañina con tus ídolos: ellos te sirven a ti y tú los sirves a ellos. ¡Qué tristeza! Lo que estaba reservado para tu relación con Dios se sustituye con una distorsión atroz que Dios compara con la infidelidad en un matrimonio. Esto es útil reconocerlo porque, en última instancia, es aleccionador volver a confirmar que el ser humano siempre insiste

---

1. Gén. 3:5.

en ser el centro de su propia vida. A la vez, vale la pena rastrear de qué manera y delante de qué dioses falsos nos estamos postrando.

La gran tragedia de los seres humanos es que seguimos creyendo la mentira de la serpiente de que podremos encontrar identidad y satisfacción fuera de Él. El Señor lo describe de esta manera a través del profeta Jeremías:

Dos son los pecados
que ha cometido mi pueblo:
Me han abandonado a mí,
fuente de agua viva,
y han cavado sus propias cisternas,
cisternas rotas que no retienen agua. (Jer. 2:13)

Todo el pecado consiste en no buscar tu verdadera satisfacción en Dios. Por el contrario, se busca la satisfacción en esas «cisternas rotas»,[1] de las cuales sacamos agua estancada que no satisface y enferma. Esas cisternas nos ofrecen imitaciones baratas de descanso, paz e identidad que no tardan en evaporarse en el aire. ¡Cuánto amamos estas cisternas rotas! Esa es justamente la definición de la idolatría: adorar, amar excesivamente y con vehemencia algo o a alguien que nos promete lo que deseamos.

Observa las palabras que expresan emociones y nota cómo se relacionan con los ídolos del corazón en cada uno de los siguientes ejemplos:

¿Tienes sed de compañía y quieres evitar a toda costa el sentimiento de soledad? Lo que haces es esclavizarte en relaciones idólatras (codependientes), no te atreves a irte de la casa de tus padres o cada cierto tiempo pasas la noche con un desconocido. ¡Cuánto anhelas compañía y conexión!

¿Tienes sed de paz y quieres evitar la aversión que sientes por tu pareja después de tantos años de discusiones y peleas? Lo que haces es buscar sumirte en el deporte, te sumerges en el trabajo o vives escapando a la pornografía, lo que sea con tal de un tiempo de paz y armonía.

---

1. Las cisternas son una estructura que sirve para almacenar el agua potable.

¿Tienes sed de significado y deseas ignorar cuánto te hirieron? Lo que haces es recurrir a la compra compulsiva de atuendos que te hagan sentir más atractiva o te zambulles obsesivamente en un ministerio de la iglesia y nunca descansas. Todo para sentirte digna de amor y apreciada.

Puede parecer tan evidente al exponer estas situaciones de esta manera, pero la realidad es que son muy pocos los creyentes que saben cuál es la causa por la que estamos sedientos de tantas cosas. Simplemente actuamos de formas vergonzosas y obsesivas para luego preguntarnos entre lágrimas: «¿Por qué no puedo parar? ¿Por qué sigo sintiendo lo que siento?». O peor aún, vivimos ciegos de nuestras idolatrías porque parecen buenas a la luz de nuestros allegados, de la iglesia, o cualquier otra instancia.

La respuesta es clara: no puedes parar porque buscas lo equivocado o buscas en los lugares equivocados lo que solo Dios puede darte. Esta es la razón por la cual nos tomamos dos capítulos para reflexionar en la vida emocional de Jesús. Lo hicimos porque solo Él vivió como verdadero ser humano según el diseño original divino. Solo Él revela lo que es vivir una vida emocional verdaderamente pura y perfecta. Solo Él nos capacita para hacer lo mismo. Solo podremos ver nuestra humanidad restaurada cuando dejemos atrás nuestra vieja naturaleza y adoptemos las prioridades, la mente, las emociones y la voluntad de Cristo. La vida del cristiano se caracteriza por una paz que viene al renunciar a ese viejo hombre y por la manifestación de la vida de Cristo en él.[1]

Si pensamos con cuidado en las siguientes palabras de Jesús, que fueron registradas en los cuatro Evangelios, y las meditamos a la luz de lo que hemos visto, entonces nos detendremos producto del impacto de su mensaje:

«El que se aferre a su propia vida, la perderá, y el que renuncie a su propia vida por mi causa, la encontrará» (Mat. 10:39; 16:25; Mar. 8:35; Luc. 9:24; 17:33).

---

1. Ef. 4:17-24.

Jesús nos está diciendo con claridad absoluta que hay anhelos y deseos en nosotros que tendremos que rendir a Dios. Tendremos que intercambiar los «deleites» que este mundo ofrece por un deleite mayor. Dios sustituirá muchos de esos anhelos por otros mejores, en la medida en que alimentes y fortalezcas tu relación con Él. También quiere decir que nuestro Dios, bueno y amoroso, entrega buenos regalos a Sus hijos, por lo que muchas veces te dará lo que deseas y aun podrá ser mucho mejor de lo que esperabas. Mientras más crezcas en el deleite en Él, esa realidad se hará evidente.[1]

Él es el agua viva que sacia nuestra sed de una vez y para siempre.[2] Cuando encontramos satisfacción en Él, entonces todo lo demás (descanso, paz, afecto, etc.) se ubica en el lugar secundario que le corresponde. Estas cosas dejan de ser dioses y vuelven a su estado natural como regalos de Dios. La mayoría de estas cosas estaban en el lugar equivocado, pero no son malas en sí mismas. El problema radica en el orden y la prioridad que tienen en nuestra vida y en nuestro corazón. Este desorden fundamental ocurre, sin excepción, en la vida de todo ser humano.

Aunque renovados en Cristo, vivimos enfrentando la tentación de actuar como si no le perteneciéramos a Dios. Esa es la marca del pecado que aún se encuentra en nuestra carne.[3] Nuestro corazón —pensamientos, afectos, emociones, sentimientos y voluntad— sigue perteneciendo con mucha frecuencia a los ídolos que originalmente fueron regalos de Dios. No progresaremos en nuestra santidad mientras nuestros corazones se regocijen en dioses falsos. Nuestras emociones necesitan ser renovadas y nuestras pasiones redireccionadas. Dios no solo desea tu discurso, algunos de tus sentimientos o tu comportamiento; Su mayor deseo es todo tu corazón.

---

1. Sal. 37:4.

2. Juan 4:13-14.

3. Es por eso que vemos a lo largo del Nuevo Testamento múltiples exhortaciones a morir a nuestra antigua naturaleza, a no ceder a los deseos de la carne, a alejarnos de los ídolos, etc. Los autores bíblicos, inspirados por Dios, nos invitan a «pelear la buena batalla» contra el pecado. Pero lo hacen desde un lugar de victoria, recordándonos que, aunque ahora resistimos y sufrimos al hacerlo, tenemos la guerra ganada. No solo eso, sino que recibimos abundante gracia en nuestras debilidades, que se renueva día a día.

# De regalos a demandas

¿Qué responderías si te pregunto qué ídolos modernos adoramos hoy en día? Quizás tu respuesta serían cosas como el dinero, una carrera profesional o una droga. Sin embargo, es importante reconocer que, en realidad, estos son *medios* más que ídolos en sí mismos. No los buscaríamos si no fuera porque nos proveen algo más profundo. Por ejemplo, no adoramos nuestro negocio, sino que adoramos la seguridad que nos provee. No adoramos nuestro proyecto de ayuda social, sino que nos encanta la reputación que nos provee. No adoramos el conocimiento; nos fascina la identidad y el ego inflado que este ofrece. Piensa por un momento en las siguientes preguntas y trata de responderlas con sinceridad:

¿Qué sientes cuándo tu cuenta bancaria está en números rojos? ¿Ansiedad, temor, irritabilidad?

¿Qué sentirías si perdieras la oportunidad de ejercer lo que estudiaste? ¿Decepción, ira, desesperanza, depresión?

¿Qué pasaría si nunca más pudieras volver a tener un atracón de comida? ¿Impaciencia, frustración, desesperación?

# El tema espinoso de las «necesidades»

Cuando hablamos de «regalos de Dios» que se convierten en «ídolos» estamos hablando de cosas buenas que Dios ha provisto para que nuestra vida funcione de forma sana y para que podamos servirle de forma eficaz. Popularmente, se las conoce como «necesidades». Necesitas contar con un grado adecuado de estas necesidades para lograr un desarrollo y desempeño social sano. Sin embargo, los seres humanos hemos normalizado la idolatría y esas «necesidades» se han convertido en algo incuestionable que se debe satisfacer a toda costa. Eso hace que las necesidades pueden transformarse con facilidad en «demandas».

Estas son algunas de esas necesidades y sus opuestos. Es importante ver también los opuestos, porque me permite entender cuál es mi necesidad si tengo una carencia. Por ejemplo, si siento conflicto (opuesto), sé que lo que necesito es tener paz (necesidad).

## NECESIDADES BÁSICAS

» Sobrevivencia / Peligro
» Refugio – Desamparo
» Seguridad – Inseguridad
» Descanso – Agotamiento
» Provisión – Carencia
» Libertad – Opresión

## INTERDEPENDENCIA

» Aceptación – Rechazo
» Aprecio – Desprecio
» Consideración – Desconsideración
» Equidad – Desigualdad
» Respeto – Irrespeto
» Confianza – Inseguridad
» Empatía – Insensibilidad
» Afirmación – Negación
» Ser visto y oído – Ser ignorado
» Conexión – Aislamiento
» Comprensión – Incomprensión
» Compañía – Soledad
» Contribuir – Quitar
» Apoyo/ayuda – Abandono
» Cooperación– Desatender
» Colaboración – Imposición/ desatender
» Mutualidad – Individualidad
» Comunidad – Aislamiento
» Cercanía/Calidez – Desafecto/ Frialdad
» Inclusión – Exclusión
» Intimidad – Desconfianza
» Amor – Odio/Desprecio
» Cariño – Aversión
» Sentido de pertenencia – Sentido de ser ajeno
» Aceptación – Rechazo
» Aprecio – Desestimación
» Equidad – Desigualdad
» Reconocimiento – Ingratitud
» Estima – Desaire
» Compasión – Crueldad
» Paz/Armonía – Conflicto

## INTEGRIDAD

Autenticidad – Falsedad
Honestidad – Deshonestidad
Propósito/Significado – Sin sentido
Visión/Soñar – Desesperanza
Impacto – Irrelevancia
Respeto y sentido de valor propio – Autodesprecio
Propósito – Nulidad

## NECESIDADES MENTALES

Claridad – Ofuscación
Discernimiento/Entendimiento – Confusión
Aprendizaje – Desconocimiento
Información – Ignorancia
Estimulación – Entumecimiento
Retos – Conformidad
Efectividad – Ineficacia
Suficiencia – Ineptitud
Visión/Esperanza – Desaliento/ Pesimismo
Aprendizaje – Estancamiento
Estimulación/Retos – Tedio
Orden – Caos
Flexibilidad – Rigidez

## INDIVIDUALIDAD

Autenticidad – Falsedad
Identidad – Anulación
Autonomía – Dependencia
Agencia personal/Poder de tomar decisiones – Paralización
Expresión – Silenciamiento
Creatividad – Insipidez
Belleza – Fealdad
Armonía – Tensión
Inspiración – Apatía
Orden – Descolocación/Caos
Paz – Disonancia/Conflicto
Entusiasmo/Emoción – Apatía
Humor – Severidad
Pasión – Pasividad
Juego/Diversión – Formalismo/ Aburrimiento
Placer/Disfrute – Desagrado/ Hastío

Estos son regalos de Dios que en un mundo perfecto estarían en el lugar correcto. No solo eso, sino que siempre tendríamos presente que vienen de Dios y representan Sus atributos. Es decir, serían regalos que apuntan al mayor regalo que es Dios mismo. Pero en este mundo caído, estos regalos son ídolos. Se vuelven la meta en sí misma y están al servicio de nuestra felicidad. Vivimos la miopía trágica de pensar que nuestro mayor propósito es obtenerlos. Cuando esto no sucede, creemos que la vida ha sido negligente a la hora de proveernos para estas necesidades, así que las anhelamos por encima de Dios. Debes vigilar con esmero lo que sientes cuando no tienes alguna de estas cosas en tu vida. Especialmente, cuando ese sentido de incomodidad se vuelve un motivo para actuar en desobediencia y deshonra a tu llamado de buscar una vida santa.

No contar con alguna de estas necesidades también puede producir mucho sufrimiento. Esto no es pecado, somos seres que sufren y está bien que reconozcamos estas pérdidas. No olvidemos que la lista está llena de cosas buenas y necesarias: una relación matrimonial sin aprecio no funciona. Un niño que crece siendo minimizado y sin un sentimiento de autonomía crecerá con muchas distorsiones en sus opiniones sobre sí mismo y los demás. Es posible que una amistad sin autenticidad no será muy duradera. Sin embargo, hay una línea muy delgada entre el lamento bíblico, el cual se duele en sumisión a Dios, y la queja que evidencia que esa necesidad es un dios «funcional» por el cual justificas cometer pecado para conseguirlo.

Veamos esta realidad desde otro ángulo. Cuando estas «necesidades» humanas se convierten en una demanda por la cual sacrificamos la obediencia, dejamos de funcionar de acuerdo con el diseño de Dios. También se vuelven una excusa para no actuar de la forma que le agrada a Dios. Su ausencia en el presente o en el pasado hace que pensemos que somos víctimas y así perdemos o eliminamos la responsabilidad moral sobre nuestras acciones:

«Como me fue infiel, ahora no me siento segura. Por eso necesito que entiendas mis celos».

«Siempre me sentí atada y sin libertad por la religión de mi familia; ahora, viviré según mis preferencias».

«Yo sería el esposo que tú deseas si tan solo me respetaras».

Es decir, con la boca declaras que crees en un solo Dios, pero, en realidad, en la práctica, hay dioses a los que te sometes y hacen que actúes como actúas.

Juan Calvino dijo la famosa frase: «El espíritu del hombre es un perpetuo taller para forjar ídolos».[1] Hoy, en vez de estatuas o altares en los montes, todos hemos levantado altares en nuestros corazones. Ya no realizamos sacrificios de animales sobre un altar, sino que sacrificamos todo tipo de cosas en adoración a estos ídolos: una buena relación con nuestros familiares y amigos, nuestra relación con Dios, nuestro dinero, nuestro tiempo y muchas otras cosas valiosas. Te irritas y le levantas la voz a tu hija adolescente por no tender su cama porque sirves con devoción a tu ídolo de la armonía y el orden. El perfeccionista se mata en el trabajo hasta el punto de no comer ni dormir bien porque nada le provee más tranquilidad que sentirse suficiente. Una chica universitaria pierde la paciencia con su mamá cada vez que se junta con ella porque resiente que no la trate con la ternura y el cariño que se supone que una madre debería darle. Hasta el precioso regalo del amor puede ser un ídolo.

## Conformados con poco

Así como Adán y Eva se conformaron con sus hojas de higuera, también nosotros nos conformamos con cosas insignificantes que no están ni cerca de lo que nos ofrece Dios. Todos sacrificamos lo más valioso que tenemos en adoración a ídolos absurdos. Los ídolos son imitaciones baratas de lo que Dios nos ofrece de forma duradera y profunda. Somos engañados por su efectividad inmediata. La satisfacción efímera que estos ídolos ofrecen nos mantiene absortos y ciegos, pero no por mucho tiempo.

Yo amo el café. Para mí, el mejor aroma que puede despertarme es el café que hace mi esposo todas las mañanas. Pero me encanta ese olor porque sé que una taza viene en camino. Si ese olor saliera de la cafetera del vecino, pero no tuviera posibilidad

---

1. Calvino, Juan, *Institutos de la religión cristiana* (España, FELIRe, 1999), I.XI.8.

de tener uno para mí, ¡sería una tortura! (Tal vez exagero, pero seguro me entiendes si amas el café como yo). Ahora, imagina que mi esposo preparó el café más sabroso y yo le dijera: «No, gracias, me quedo solamente con el aroma». En verdad me estaría conformando con muy poquita cosa.

Eso mismo hacemos con nuestros ídolos. Nos resignamos a vivir a punta del aroma de algo que es bueno, en vez de ir a la fuente perfecta y eterna para que nos satisfaga con lo que es verdadero. En la Biblia, encontramos muchos ejemplos de personas cuyos sentimientos las llevaron a actuar de una manera particular, lo cual reveló algunos de los ídolos que reverenciaban en su corazón:

—Caín asesinó a su hermano por la envidia y la furia que sentía en su corazón.[1] Deseaba el reconocimiento de parte de Dios (¡algo buenísimo!) pero lo deseaba en *sus* términos. Deseaba dictar lo agradable y lo desagradable a Dios de forma *autónoma*. Es decir, el deseo de *autonomía* provocó la furia de Caín.

—Temeroso, Abraham mintió a Abimelec al decirle que su esposa Sara era su hermana.[2] Él puso *su seguridad* por encima del Dios que le prometió protección y cuidado. Es decir, su demanda de *seguridad* lo llevó a actuar en temor.

—Moisés sacó agua de la roca al golpearla, cuando Dios explícitamente le pidió que solo le hablara.[3] Él estaba enojado e irritado con el pueblo. Deseaba *justicia* al querer poner a los israelitas en su lugar por las acusaciones en contra de su liderazgo. Es decir, la idolatría a lo que le parecía justo provocó la ira de Moisés.

—Amnón, uno de los hijos del rey David, experimentó una temporada de depresión. Su tristeza se debía a que estaba «enamorado» de su hermana Tamar y

---

1. Gén. 4:1-8.
2. Gén. 20:2, 3, 11.
3. Núm. 20:6-11.

su deseo era tal que abusó de ella. Su deseo *sexual* lo llevó a cometer uno de los actos más viles y despreciables que encontramos en la Biblia.[1] Es decir, al rendir culto a sus deseos sexuales, Amnón actuó en una tristeza enfermiza.

—Jesús invitó al joven rico a entregar todas sus posesiones a los pobres y a seguirlo. El joven se entristeció y rechazó la oportunidad de ser Su discípulo. Su deseo era mantener su estatus económico que le proveía *comodidad e identidad*.[2] Es decir, la adoración a la comodidad y la identidad llevó a una tristeza egocéntrica.

Tenemos fe en los ídolos del corazón porque nos ofrecen el espejismo de las soluciones que, con nuestro entendimiento limitado, pensamos que son mejores. También muchos de ellos nos ofrecen soluciones inmediatas y sin costos, el alivio de lo que nos aqueja y la satisfacción de nuestros deseos. ¿Estás buscando a Dios y Sus verdades para tu vida o estás cediendo a las múltiples ofertas de «paz y felicidad» que te ofrecen tus más preciados ídolos? Cuando te enojas, ¿qué estás demandando? ¿Estás así de afectado porque valoras lo que Dios valora? Cuando algo te duele, ¿qué estás perdiendo que te llega a doler tanto?¿Qué piensas que debes evitar a como dé lugar?

## «La verdad los hará libres»

Piensa en el caso de un chico universitario llamado César.[3] Él evitaba hablar cuando estaba en grupos grandes de personas. Le era difícil tolerar el temor que sentía ante la posibilidad de decir alguna tontería. Esto hacía que no asistiera al grupo de estudio bíblico y que se limitara a ver los servicios en línea. En el mismo sentido, aunque muchas veces quería hacerlo y se sentía movido por Dios, le daba pavor orar frente a otras personas.

---

1. 2 Sam. 13.

2. Mar. 10:22.

3. Todos los casos y ejemplos en este libro, con excepción de mis experiencias personales, son casos ficticios que se mezclan con casos reales tomados de mi consulta como consejera bíblica.

César le comentó su temor al pastor. Lo que realmente deseaba era que trabajaran en estrategias para superar la «ansiedad social». Aunque su pastor entendía que las estrategias eran útiles, sabía que lo que realmente ayudaría a César era volver a escuchar el versículo de Filipenses: «No se inquieten por nada…».[1] estimado lector: ¡Ojalá fuera así de fácil! Recuerda que esa es la ruta del moralista: «Cambia, porque eso es lo que dice la Biblia que debes hacer, y punto». Sin duda, su pastor sabía que esta era la *meta*: no estar ansioso por nada. Pero también sabía que era poco realista suponer que este era el *método* que ayudaría a César.

El pastor también pudo señalarle lo «obvio»: «César: lo que tu sentimiento de inseguridad revela es un grave caso de "temor del hombre"; es decir, vivir para agradar a los demás». ¿La solución? «Solamente teme a Dios». Cuánta verdad, pero César ya había escuchado esas soluciones por parte de otros amigos cristianos. Él le contó esto al pastor y con franqueza añadió: «Aunque yo sé que ellos y usted tienen razón, la verdad no me sirve de mucho… sé que eso es lo que necesito, pero, por alguna razón, esa verdad rebota en mi corazón».

En realidad, el proceso de César con su pastor fue más lento (y más hermoso). Conversaron varias veces y también hablaron de estrategias prácticas como tiempos de silencio y oración en la presencia de Dios, lectura de la Biblia a solas y con compañía, y ejercicios de respiración para los momentos de agitación. También pudieron conversar de sus cualidades positivas y de todo lo que podía ofrecer al grupo. Reconocer que fue diseñado por Dios con el propósito de servir a otros con sus dones y habilidades parti-culares fue muy bueno para César. Pasaron un tiempo meditando juntos en el diseño de Dios para su vida, lo cual le llevó a descubrir que fue creado de la manera en que fue creado, por lo que ser introvertido está bien y es bueno. César no tenía que hacer reír a la gente en todo momento; esa verdad lentamente fue asentándose en su corazón. Su pastor lo animó a exponerse poco a poco a sus miedos. Primero, podía sentarse en la parte posterior del santuario de la iglesia. Cada domingo iría acercándose más a otras personas.

---

1. Fil. 4:6.

Todas estas prácticas son muy buenas y abordan las emociones difíciles de César. También apuntan a una vida mejor e incluso a una mejor relación con Dios, consigo mismo y con la iglesia. Pero hemos visto que la meta final no puede limitarse a «arreglar» las emociones incómodas para tener una vida mejor. Por eso, uno de los momentos más importantes para César fue cuando su pastor le preguntó: «Oye César, ¿qué te está predicando la inseguridad y el temor que sientes?». «¿Predicando? ¿Acaso hablan mis emociones?», pensó César. Fue en ese momento cuando comenzó a prestar atención a lo que sus emociones decían:

«César, ¿Qué pasa si ellos piensan que eres un tonto? ¿Y si se dan cuenta de que estás desesperado por afecto y compañía? ¡Solo serán tus amigos por lástima! ¿Quién te va a querer si eres tan aburrido y no tienes nada interesante para decir? ¿Recuerdas cómo te maltrataban en la escuela? ¿De verdad quieres arriesgarte de nuevo?».

César empezó a darse cuenta de que los sentimientos de inseguridad no eran aislados. No eran simplemente un pecado que había que superar. Esos sentimientos estaban asociados con pensamientos provenientes de sus experiencias dolorosas del pasado, de sus predicciones con respecto al futuro, de las etiquetas que había adoptado para sí mismo y para otros, y mucho más. Su temor e inseguridad también provenían del sufrimiento y Dios estaba ofreciendo consuelo.

Al prestar atención a sus alarmas emocionales (la inseguridad y el temor), César empezó a ver cómo Dios comenzó un proceso lindísimo en muchas áreas de su vida. No era suficiente solo decir: «deja de temer a lo que los demás piensen de ti». Esto se manifestó en la vida de César con «temor del hombre», pero en tu vida podría manifestarse como una actitud indiferente y de rechazo antes de que te rechacen. En otra persona, podría manifestarse como un servicio obsesivo y actos de «amor» para agradar. Acciones totalmente opuestas pueden manifestar la misma sujeción a un ídolo.

¿Qué descubrió César al temer tanto al desprecio y el rechazo? Temía la opinión de los otros ante su idolatría al reconocimiento y al respeto de los demás. Temía las etiquetas que había adoptado en su corazón porque sería trágico confirmar que las palabras denigrantes que le dijeron de niño eran ciertas. Podríamos preguntar: ¿esto es malo? Claramente es bueno buscar la apreciación y el respeto de la gente. Una buena reputación da gloria al nombre de Jesús. Sin embargo, César no deseaba esas cosas para honrar el nombre de Jesús, sino que su vida giraba alrededor de la opinión de otros para su propia gloria. Estos sentimientos revelaron los deseos reales de César:

«Si tan solo fuera más inteligente. Me pregunto por qué no tengo una personalidad como la de Esteban, quien es tan agradable y gracioso, siempre haciendo reír a las chicas. Lo que quiero es sentirme cómodo con la gente. Eso pasaría si tuviera la garantía de que me aceptarán y me amarán tal como soy. Quisiera que me respetaran. Ojalá buscaran escuchar mis opiniones, desearía que me tomaran en cuenta, quisiera que pensaran que soy un tipo *cool*».[1]

Un pasaje que ayudó a César se encuentra en la primera carta de Pablo a Timoteo:

... Cristo Jesús vino al mundo a salvar a los pecadores, de los cuales yo soy el primero. Pero precisamente por eso Dios fue misericordioso conmigo, a fin de que en mí, el peor de los pecadores, pudiera Cristo Jesús mostrar su infinita bondad. Así llego a servir de ejemplo para los que, creyendo en él, recibirán la vida eterna. Por tanto, al Rey eterno, inmortal, invisible, al único Dios, sea honor y gloria por los siglos de los siglos. Amén. (1 Tim. 1:15-17)

César se dio cuenta de que Pablo no estaba tratando de protegerse al decir: «soy suficiente». Por el contrario, aunque pudo haber sacado todo su fabuloso currículo, lo que le dice a Timoteo hizo pensar a César muchísimo. Un día, le dijo a su pastor: «Jesús, el más maravilloso ser que jamás existió, me amó a pesar de mis insuficiencias. Puedo ser libre de mis requerimientos y de los que intentan imponerme los demás. Mis capacidades, personalidad, virtudes o defectos no son donde debo poner mis ojos. Solo Cristo

---

1. En otros países: «tuanis», «bacano», «copado», «padre», «guay», «chévere», «pulento».

se merece admiración y gloria. Si Él dice que quiere usarme en la iglesia, puedo confiar en Su voluntad: «Por tanto, al Rey eterno, inmortal, invisible, al único Dios, sea honor y gloria por los siglos de los siglos. Amén».[1]

El reino de Dios se estaba acercando al corazón de César. ¿Su primer movimiento? Revelar sus heridas. César experimentó rechazo en el pasado, pero la verdad entró a esos lugares tristes y dolorosos ofreciendo consuelo porque César era amado en Cristo. Su anhelo de aceptación, aprecio y reconocimiento fue perdiendo fuerza cuando aplicó la preciosa verdad del evangelio a esos lugares específicos de su corazón. Empezó a sentir menos urgencia de autoprotegerse y por fin aprendió a cumplir con gozo la ordenanza de ser parte activa de una iglesia local.

César aprendió a estar atento y a vigilar sus pensamientos y emociones a diario, algo que fue útil para que Dios expusiera esa sutil bruma de mentiras en la que estaba inmerso. Este simple pero profundo esfuerzo desencadenó una serie de reconocimientos en su vida que ya no podía dejar de notar. César fue observando los pequeños grandes momentos que evidenciaban su dolor y su pecado, mientras oraba y reflexionaba de forma cotidiana. Las verdades del evangelio siempre estuvieron allí, pero ahora han traído libertad porque están siendo aplicadas a los lugares más vulnerables y escondidos de su corazón y experiencia personal.

César todavía lucha con el temor y la inseguridad. Sin embargo, ha aprendido a reconocerlos por las mentiras que son cada vez que esos pensamientos y emociones quieren volver a adueñarse de él. Es posible que esta lucha dure toda la vida, pero no es una lucha como la de antes. Ahora, se ha convertido en el pámpano que se adhiere a la vid verdadera.[2] Ahora suelta sus anhelos rotos y adopta los anhelos de Cristo una y otra vez. ¿Los superará por completo en esta vida? Eso solo lo dirá Dios, aunque ya la obra de Dios es evidente porque César está aprendiendo a descansar en la identidad que ha recibido en su unión con Cristo, está creciendo

---

1. 1 Tim. 1:17.
2. Juan 15:5.

al recordar que Jesús ha atribuido Su valor a su persona. César está descubriendo el gozo de depender de Dios.

## ¿Por qué nos cuesta reconocer nuestras idolatrías?

En mi propia vida y en mi experiencia como consejera bíblica, he podido reconocer algunos obstáculos que enfrentamos para reconocer nuestras idolatrías. Estos obstáculos producen resistencia en nuestro corazón y muchas veces nos mantienen en la oscuridad. Toma en cuenta que los ídolos de nuestro corazón con frecuencia se sienten como un juego de guacamole. Los descubrimos en un área de nuestra vida y con el tiempo nos damos cuenta de que pueden volver a surgir en otra y en diferente modalidad. Eso es normal, ¡no debemos sentirnos derrotados porque la guerra ya ha sido ganada! Simplemente seguimos observando y permitiendo que Dios nos vaya transformando en cada área de nuestra vida.

A continuación, te entrego algunos obstáculos que podrían estar nublando tu vista y evitando que reconozcas esos ídolos en tu vida:

1. *Falta de autoconocimiento:* La destreza de conocerse a uno mismo no siempre viene naturalmente. Es algo que aprendemos y que idealmente se desarrolla desde nuestra niñez a través de la guía de nuestros padres o las personas que nos criaron, pero no siempre se hace realidad. La falta de autoconocimiento y autoentendimiento produce una vida en «automático»; es decir, hacemos lo que hacemos sin pensar dos veces en la razón. Simplemente, actuamos por instinto y sin vigilar la dinámica de nuestro corazón detrás de nuestro comportamiento.

Por el contrario, la enseñanza en la Palabra de Dios nos muestra a hombres y mujeres que consideraron con cuidado su corazón, vigilándolo y reconociendo los espacios específicos donde necesitan recordar la verdad de Dios.[1] No estamos hablando de

---

1. Sal. 4:4; 32:3-5; 77:6; 119:59, Job 13:23; Jer. 31:19; Lam. 3:40; Hag. 1:5-7; Mat. 7:5; 1 Cor. 11:27-31; 2 Cor. 13:3-5; Gál. 6:4; 1 Jn. 1:9; 3:20-21.

un constante autoconocimiento encorvado en sí mismo. Muchos pueden caer en la idolatría del autoconocimiento para explicar y encontrar la supuesta «raíz» de cada experiencia. Vivir como hijos de Dios implica vivir en un balance saludable entre la autorreflexión y la meditación en lo que Dios dice y lo que Su carácter nos enseña. Cada vez que miramos hacia nuestro interior, también debemos mirar hacia el cielo. Poner nuestros ojos en Cristo, contemplar la belleza de Su corazón de hombre perfecto, permitir que nos maravillemos y descansemos en que Él nos carga hacia la santidad. Al mismo tiempo, recordar que es la autoridad por encima de todo, lo que sale de Su boca a través de las Escrituras siempre debe ser la última palabra.

2. *Patrones históricos:* Entre más tiempo vivamos con nuestros ídolos, más se convertirán en una parte aparentemente natural de nuestra vida. Es posible que esto suceda porque son valores o ídolos que podemos ver en nuestra historia familiar. Por ejemplo, tener padres que valoran muchísimo la identidad que provee el éxito académico me puede llevar a desear y buscar hacer lo mismo. Las experiencias de la vida desde que somos jóvenes también influyen grandemente. Por ejemplo, el bullying en la escuela puede llevarte a vivir tratando de complacer en demasía a los demás o, por el contrario, a desarrollar una actitud excesivamente despreocupada.

Muchas veces, aunque veamos esos ídolos, preferimos ignorarlos y permitimos que se haga una callosidad en nuestro corazón. Necesitamos estar atentos y dispuestos a desafiar cualquier creencia que alojemos con celo en nuestro corazón. Debo disponerme a orar y a que Dios me enseñe que «ya no vivo yo, sino Cristo vive en mí».[1] Por lo tanto, no importa lo que «me haya enseñado la vida», los valores que haya estudiado en mi carrera universitaria, lo que la cultura juzgue como bueno o malo... en mi corazón, nada debería ser intocable para Dios.

3. *Orgullo:* En el Nuevo Testamento, vemos muchos ejemplos de personas que se resistieron a ver su propia idolatría por su orgullo y soberbia. El ejemplo más claro es el de los fariseos

---

1. Gál. 2:20.

y maestros de la ley. Ellos no veían su amor por el poder y el reconocimiento. ¿Puedes imaginar el grado de soberbia que se requiere para estar frente a frente con Jesús y rechazarlo? Pues, nosotros podemos ser igual que ellos.

No hallaremos sabiduría y entendimiento si no reconocemos cuán pequeños somos comparados con el Señor.[1] Esto se ve en muchas maneras en nuestra vida cuando decimos o pensamos cosas como:

«Yo sé que Dios dice que me case con alguien que también ame a Jesús, pero no podría vivir en esta soledad toda mi vida».

«Yo sé que Dios promete proveer para satisfacer todas mis necesidades, pero este negocio (dudoso) es muy bueno para dejarlo pasar».

«Yo sé que Dios me llama a mantener mi compromiso con mi esposo, pero ¿quién puede amar a alguien tan difícil?».

«Yo sé que Dios es bueno, pero ¿qué clase de Dios "amoroso" me quita la oportunidad de vivir mi amor con otra persona del mismo sexo?».

«Yo sé que Dios dice que debo vivir en Su Palabra, pero prefiero invertir mi tiempo en otros libros, entretenimiento, mis pasatiempos, etc.».

Nuestro orgullo también se manifiesta cuando no queremos recibir opiniones de otras personas o sugerencias a las correcciones de los demás. Cerramos los ojos e insistimos que la manera de pensar acerca de un tema es la nuestra. No nos damos el espacio para poner en duda nuestras premisas. Es bueno reconocer que el orgullo puede también ser un gran temor a sentirse fracasado o insuficiente. La persona se pone una careta que le ayuda a sentirse mejor consigo misma. Cualquiera que sea la fuente de nuestro orgullo, la meta siempre es la misma: buscar el arrepentimiento e imitar el corazón manso y humilde de Jesús.

4. *Moralismo:* El moralista tiende a no fijarse en el corazón para ser transformado de adentro hacia afuera. En vez de prestar atención a los ídolos del corazón, se fija en el comportamiento. La misma persona puede sentirse a veces muy desanimada porque

---

1. Prov. 1:7.

no puede demostrar que es lo suficientemente buena, pero en otros momentos vivirá pensando que es mejor que otros. Lo irónico de vivir de forma moralista es que vives adorando la imagen del «cristiano perfecto» y olvidas que tu comportamiento es peor de lo que crees. Piensas que con un poco más de esfuerzo puedes cambiar, pero, al mismo tiempo, olvidas que el consuelo del evangelio de la gracia es mayor de lo que te imaginas.

Como el moralista depende tanto de sus propias obras y no es capaz de cambiar su comportamiento, cae en dos actitudes: «Soy el peor cristiano, necesito reponerle a Dios de alguna forma» o «No puedo vivir con culpa todo el tiempo, esto del cristianismo no es para mí». Estas respuestas producen resentimiento y amargura contra Dios y los demás. No desperdicies la oportunidad de vivir para Dios de todo corazón.

Si nos concentramos meramente en cambiar nuestro comportamiento, es probable que nuestros esfuerzos de cambio tengan una corta vida. Podrías estar haciendo muchas cosas buenas con un corazón alejado de Dios. Si ese es el caso, tus obras de justicia son trapos de inmundicia para Dios.[1]

Lucha por ver lo que yace debajo de tus obras, incluyendo las «buenas obras». Descubrir tu idolatría es el comienzo de un arrepentimiento que da fruto duradero. En vez de obedecer por temor, podrás hacerlo con gozo. El gozo también puede incluir lamento y dolor, pero si está basado en la obediencia, experimentarás una satisfacción inexplicable a pesar de lo que tengas que sacrificar. ¡Eres libre de la esclavitud de la ley! Dios te prometió un nuevo corazón[2] que es capaz de reconocer su pecado y de mantenerse en el camino recto bajo la guía del Espíritu Santo.

4. *Temor a las etiquetas:* En el capítulo 8, hablamos de las etiquetas y del temor que los seres humanos tenemos de reconocer nuestro pecado. Pocas cosas hay tan difíciles como reconocer lo que mi idolatría dice de mí. De la misma manera que lo hicieron Adán y Eva, también nosotros buscamos cubrir nuestra vergüenza con cualquier cosa que haya a nuestro alrededor.

---

1. Isa. 64:6.
2. Ezeq. 36:26.

Todos tenemos una naturaleza caída y completamente incapaz de ver la plétora de pecados e ídolos que albergamos en nuestro corazón. A decir verdad, gracias a Dios que no los conocemos todos de una sola vez. ¡Tiemblo de solo pensar en la posibilidad de ver toda la profundidad de mi maldad de una sola vez! Sin embargo, en Su preciosa bondad, Dios nos va mostrando nuestro pecado e idolatría de forma paulatina. En una conversación que tuve con el autor Winston Smith, fue alentador escucharlo decir: «La eficiencia no está dentro de las prioridades de Dios». Si a Dios no le urge que cambiemos todo de una sola vez, a nosotros tampoco debería urgirnos. Esto nos recuerda respirar y que estamos a salvo. Al mismo tiempo, no abandonamos nuestro proceso de santificación.

Cuando Dios nos revela otro ídolo, es el momento indicado para recibir Su corrección, buscar arrepentimiento y lamentar. Al mismo tiempo, tiene que llegar el momento de predicarte el evangelio y decirte a ti mismo: «Jesús murió por *todos* mis pecados». Es cierto que «ninguna disciplina resulta agradable a la hora de recibirla. Al contrario, ¡es dolorosa! Pero después, produce la apacible cosecha de una vida recta para los que han sido entrenados por ella».[1]

*5. La cultura del bienestar psicológico:* Muchos movimientos de crecimiento personal han otorgado legitimidad a estas idolatrías. Tienden a ver las necesidades como fundamentales y prioritarias por encima de todo. Los cristianos poco a poco hemos sido discipulados por el mundo para creer que Dios es parte de la misma filosofía. Dejamos de ver las necesidades como opcionales y las convertimos en idolatrías.

Pensamos que el «terapeuta celestial» siempre nos quiere sanos y sin sufrimiento. Carecemos de una teología robusta del sufrimiento. Leemos con ligereza las descripciones traumáticas del ministerio de Pablo en 1 de Corintios, pensando que son experiencias limitadas a las personas de la Biblia o que ellos tenían un llamado especial pero nosotros —simples mortales— somos incapaces de alcanzar esos ideales de santidad. Ignoramos que todos tenemos el mismo Espíritu Santo y el llamado a imitar a

---

1. Heb. 12:11, NTV.

esas personas como ellos imitaron a Cristo. Ignoramos las advertencias de sufrimiento de la primera carta de Pedro, en la que nos insta a vivir en este mundo como si no fuera nuestro hogar.[1] Debemos comprender que este no es el lugar donde hallaremos la paz que tanto anhela nuestra alma.

Las necesidades descritas en este capítulo son sin duda regalos buenos que hacen de la vida de cualquier persona algo mucho más hermoso y fácil. Son un vestigio del diseño original para la humanidad. Las emociones que experimentamos al contar o no contar con esas necesidades también son importantes y significativas. No obstante, debemos resistir la predicación cultural de que suplir esas necesidades y la paz o la satisfacción que vienen aparejadas son el fin último de esta vida. Es necesario aprender a buscarlas con desapego y confiando en que Dios no ha fallado cuando no las provee, ya que sabemos que algún día disfrutaremos de la versión celestial más perfecta de cada una de ellas. Mientras tanto, luchamos por ofrecerlas a otros, por crecer en las que podamos desarrollar y por disfrutar con gratitud de las que sí tenemos.

6. *Es fácil de ignorar*: Reconocer nuestra idolatría requiere atención y diligencia. Para muchos de nosotros sería más conveniente «retardar» nuestra vida cristiana. Deseamos el fruto de una vida con Dios, pero con el menor esfuerzo posible. Para colmo de males, nuestra sociedad alimenta estos deseos. El tiempo posmoderno es el tiempo de lo fácil y lo inmediato. Quizás otros no buscan lo fácil, pero están tan obsesionados por su rendimiento y absortos en tareas abrumadoras que poco tiempo les queda para la reflexión. Luchan con la dificultad y la dedicación que se requiere para sacar a la luz lo que nos expone. Pablo nos advierte de una actitud muy equivocada:

> ... da vergüenza aun mencionar lo que los desobedientes hacen en secreto. Pero todo lo que la luz pone al descubierto se hace visible, porque la luz es lo que hace que todo sea visible. Por eso se dice: «Despiértate, tú que duermes, levántate de entre los muertos y te alumbrará Cristo». (Ef. 5:12-14)

---

1. 1 Ped. 2:11.

## ¿Cómo te sientes?

1.  Mira la lista de «necesidades percibidas» y reconoce una o dos que ya se han convertido en ídolos de tu corazón. Considera un par de eventos o situaciones en tu vida donde esos ídolos se hacen evidentes.

2.  Considera los obstáculos descritos al final de este capítulo. ¿Cuál es el que más identificas en tu vida? ¿De qué manera se evidencia esto en tu vida?

3.  Cuando se trata del arrepentimiento y el descanso en el evangelio, ¿cuál de los dos resulta más desafiante para ti y por qué?

CAPÍTULO 9

# El lenguaje emocional

«No sé lo que siento, solo sé que no aguanto más».

¿Alguna vez has escuchado a alguien decir esas palabras? ¿Alguna vez las has dicho? Poder expresar con claridad lo que sientes es un paso indispensable para aprovechar lo que Dios está haciendo en tu corazón. Esto es evidente cuando vemos que la Biblia está llena de una riqueza de palabras que expresan emociones específicas: amargura, júbilo, envidia, gozo, miedo, vergüenza, ansiedad, angustia, optimismo, maravilla, aflicción, soledad, abandono, paz, reposo, humillación, y un sinnúmero más de palabras y expresiones que identifican emociones.

Aprender a expresar lo que sentimos muchas veces puede parecer como si estuviéramos aprendiendo a hablar un lenguaje nuevo. Al igual que los idiomas, el lenguaje de las emociones tiene ciertas características y detalles que es indispensable conocer para hablarlo de forma fluida. Pero a diferencia de los idiomas como el inglés o el alemán, este lenguaje ya lo tienes en tu corazón. Solo hace falta un poco de tiempo y práctica para reconocerlo, dominarlo y sacarle el mayor provecho.

## ¿Por qué me cuesta tanto decir lo que siento?

La Biblia reconoce la importancia de identificar y nombrar lo que estamos sintiendo, porque esas emociones explican gran parte de nuestro comportamiento. Pero es triste reconocer que pocas personas han tenido la oportunidad de desarrollar la destreza de reconocer y nombrar sus emociones. El primer factor que puede tanto ayudar como perjudicar el desarrollo de esta destreza es el hogar donde fuimos criados.

Algunas personas viven dentro de una cultura familiar que no facilita la seguridad para poder compartir lo que realmente se siente. Existen diferentes razones para este bloqueo emocional. Podría ser porque nadie comparte nada y todos los conflictos o dificultades simplemente se esquivan y quedan escondidos debajo de la mesa. Se cree que si no se expresan, terminarán evaporándose y dejarán de doler más rápido. Para muchas familias es mejor evitar hablar de los sentimientos porque se tiene temor a ver al otro llorar o enojarse ya que no se sabría qué hacer al respecto. Por lo general, se evita la manifestación de las emociones porque se le teme al dolor y a no poder «arreglar» lo que los otros sienten. Para otras familias hablar de las emociones es darle cabida a la debilidad o al pecado de la autocomplacencia.

En otros casos, algunos miembros de la familia son tan expresivos que consumen todo el oxígeno emocional y dejan muy poco espacio para que los demás puedan expresarse. Tienen miedo de que el miembro hipersensible los ataque o se ponga a la defensiva, o simplemente de herir esos sentimientos que han sido tan expuestos. Finalmente, algunos miembros de la familia quedan silenciados o exhaustos después de algún conflicto o dificultad. Incluso, el hecho de que alguien lleve sus emociones a flor de piel no es garantía de que esa persona realmente sepa expresar lo que siente de forma asertiva y precisa. Es decir, que seas un «entusiasta emocional» no te hace diestro para nombrar tus emociones y menos para navegarlas con sabiduría.

A veces, se habla de forma despectiva de personas que son «muy emocionales», para describir a los que con frecuencia revelan sus emociones con más facilidad o se dirigen de acuerdo a lo que sienten. No obstante, es necesario reconocer que todas las personas son muy emocionales, ya sean hombres o mujeres. Sería mejor disentir de decir que hay personas «muy emocionales» y conceptualizar un nuevo término que nos ayude a ver a este tipo de persona con menos juicio. Por tanto, prefiero llamarlos «entusiastas» y así evitar la asociación de que quien expresa y considera sus emociones al actuar es automáticamente una persona «débil».

En el otro extremo del entusiasta, están aquellos que son más «serenos». Este tipo de persona suele abstenerse de expresar sus emociones con facilidad. Son personas que tienden a poner su intelecto antes que el sentimiento y pueden llegar a ser grandes acompañantes en medio de las crisis. La conceptualización despectiva de la persona serena concluye que es una persona insensible, fría y desconectada. Pero al igual que con el temperamento entusiasta, esto no corresponde a todos los individuos.

Es cierto que al igual que con los entusiastas, algunos serenos podrían cumplir con los criterios prejuiciosos que a cada uno le corresponde. Pero sería un error encasillar a todas las personas entusiastas como impulsivas y descontroladas o a las serenas como insensibles y desinteresadas. Existe un amplio espectro entre las personas entusiastas y las serenas y todas tienen su lugar útil en nuestras comunidades. Ambos temperamentos pueden variar según la conciencia que tenemos de las emociones, nuestra forma de expresar esas emociones (qué tanto las meditamos para tomar decisiones) y si nos dejamos gobernar por ellas o no. Cada una de estas variables conforma una manera muy personal de vivir la vida emocional.

Cada uno debe analizar su personalidad y las motivaciones por las cuales responde a sus emociones de la forma en que lo hace. Es bueno considerarlas en compañía de otras personas, ya que una gran parte del tiempo se nos dificulta ver cosas en nosotros que los demás sí pueden ver. Lo que quiero decir es que si eres entusiasta o sereno o una mezcla de ambos, Dios te extiende la invitación de serlo para Su gloria.

## Entusiastas que reflejen a Cristo

¡Los entusiastas son tan necesarios![1] No importa su edad, género o función en la iglesia, familia o comunidad, siempre encontraremos personas que llevan sus emociones a flor de piel. Las personas que están en contacto con lo que sienten aman reflexionar en

---

1. Tomando en cuenta que nada de lo que a continuación se describe es exclusivo de esa forma de ser, es útil reflexionar de forma general sobre los aportes que la diversidad de temperamento ofrece a nuestra comunidad.

la belleza, se conmueven profundamente al ver una obra de arte, escuchar una canción o ver un atardecer en la playa. La persona expresiva se emociona en los tiempos de alabanza al Señor. No tiene tanto temor de llorar frente a otros. Si eres su amigo, posiblemente lograrás reconocer su estado de ánimo con facilidad.

La persona entusiasta es de gran bendición para la que maneja sus emociones con serenidad. Muchas veces, traerán alegría a los hogares. Las expresiones de asombro y gozo de la esposa entusiasta hablarán por el sereno (y el esposo sereno se sentirá muy aliviado de que su esposa esté tan feliz como él... pero que sea ella la que se encargue de expresarlo con más efusividad). El amigo entusiasta sabio podría ayudar a su mejor amigo a reconocer con más claridad lo que está viviendo en su vida emocional. También otorgarán permiso al sereno de expresar sus emociones en alguna ocasión especial en la que necesite hacerlo.

Cuando la persona entusiasta necesita crecer en sabiduría emocional, es habitual que se encuentre confundida entre lo que es verdadero y lo que sus emociones dictan. Algunas se ven tentadas a tomar las cosas muy a pecho y eso las hace vulnerables a sentirse ofendidas con más frecuencia. A veces pecan de orgullosas al creer que tienen la razón porque «lo pueden sentir». Su sensibilidad puede crear un ambiente de inseguridad donde los demás teman decir algo que detone algún arrebato temperamental o una reacción hermética que cause una desconexión relacional.

Es común que estas personas tengan cambios de humor repentinos. Puede que su estado de ánimo dependa, en gran parte, de las circunstancias y de las personas que las rodean. Por otro lado, hay ciertas emociones que llegan para quedarse por mucho tiempo, al punto de teñir su percepción de la vida. Se sienten como un hámster corriendo en su rueda sin poder salir de los pensamientos y emociones difíciles. Muchas veces, tomarán decisiones impulsivas que los mete en aprietos. A veces, más bien, sus emociones los frenan y hacen que se queden en el lugar donde se sienten «seguros», pero sin tomar riesgos que valdrían la pena.

El entusiasta que es sabio reconoce que tiene dominio de sus emociones y no al revés. Aprende a tomar una pausa para hacer un chequeo de su corazón y actuar conforme a la verdad bíblica y no la de su propio corazón engañoso. En su expresión más saludable, le abre la puerta a los demás para que sientan libertad de ser vulnerables. Su sensibilidad es un instrumento para la empatía. Le es natural identificarse con el dolor de los demás. A la persona que vive sus emociones de forma apasionada le resulta fácil darse a los demás y luchar en contra de las injusticias de este mundo.

Comparte alegrías con los que están alegres, llora con los que sufren. Los sensibles saludables toman su tiempo para consolar a los demás. Cuando te encuentras con una persona emocionalmente entusiasta y saludable, sabes que puedes compartir con ella tus áreas más delicadas. Tu corazón está seguro con ella porque evita juzgarte. No te hace pensar que eres tonto por sentirte de cierta forma ni como un pecador sin esperanza. Te devuelve la misma vulnerabilidad cuando le preguntas: «¿Cómo te sientes?». Prepara el café y acomódate en el sillón, porque te dirá algo como: «Déjame que te cuente todo».

Si te identificas como una persona emocionalmente entusiasta, es bueno preguntarte cada cierto tiempo:

¿Dirían quienes me rodean que he estado actuando de manera impulsiva?

¿Qué tan a menudo actúo a partir de lo que estoy sintiendo?

¿Con cuánta frecuencia doy espacio para que los demás explayen sus emociones?

¿Estoy tomando esta decisión a partir de la verdad de las Escrituras o a partir de mis sentimientos?

## Serenos que reflejen a Cristo

¡¿Qué haríamos los entusiastas sin los serenos?! (Con solo añadir los signos de exclamación a esa pregunta, ya sé que muchos serenos cerraron este libro). Amigos, los serenos también sienten intensamente… aunque puede que sientan con menos frecuencia y que lo expresen de forma moderada. El sereno que es sabio en su vida emocional se siente muy a gusto con que pocos conozcan las profundidades de su corazón. Esta persona escoge cuidadosamente cuándo participar en los momentos de celebración o de lágrimas. También será un maravilloso regulador que dará señal a los entusiastas acerca del momento de bajar las revoluciones y descansar en el Señor.

Pero la persona serena que no se permite sentir puede ser muy hermética. En el fondo, podría estar siendo controlada por el temor. Temor de ser expuesta. Temor de ser abusada. Temor de decepcionar a los demás. Considera que las emociones difíciles son tonterías que no se merecen una segunda mirada. Pensar en esas cosas no viene al caso y no lleva a nada productivo. Las personas a su alrededor se sienten desconectadas. Su pareja, con quien comparte los momentos más íntimos, puede encontrarse diciendo: «La verdad es que creo que realmente no te conozco». Las personas pueden percibirla como dura, estoica, insensible y hasta grosera.

El sereno emocionalmente sabio no solo confía en su habilidad de mantener el autocontrol o en mantenerse al margen del drama. Aprecia estas habilidades indispensables para intervenir en los conflictos y funcionar como una eficaz mediador, pero aprende a leer las circunstancias que necesitan un involucramiento emocional más intenso (muchas veces, por el bien de quienes ama). Sabe que, en la intimidad de su habitación, cuando está frente a su Señor, puede ser vulnerable. También escoge a algunas pocas personas con quiénes compartir sus experiencias, porque sabe que aunque no le nace hablar de lo que siente, es importante invitar a su familia en Cristo a esos lugares frágiles.

Las personas serenas tienen más facilidad para ir más despacio. Les es natural pensar antes de actuar, aún más cuando caminan conscientes de lo que sienten. Se les facilita observar las circunstancias desde varios ángulos. Es más difícil que se dejen llevar por los prejuicios, los malentendidos o los chismes. Esperan más antes de emitir un juicio hacia los demás porque no toman las cosas de forma personal. No envían el mensaje de texto enseguida, leen el correo electrónico varias veces antes de responder. Se preguntan: ¿Estoy entendiendo bien lo que está pasando? Esto puede ayudarlos a resolver problemas con mucha eficacia.

Si eres una persona que tiende a la serenidad emocional, es bueno que de vez en cuando te hagas preguntas como:

¿Qué estoy sintiendo?
¿Están mis emociones señalando algo importante a lo cual debo prestar atención?
¿Dirían los que me rodean que perciben una relación cercana conmigo?
¿He abierto espacios a los que amo para que me cuenten cómo se sienten?

Los serenos sabios reconocen que tienen mucho que aprender de los entusiastas. Los entusiastas sabios reconocen que pueden crecer mucho si desarrollan la serenidad de su contraparte. La Biblia enseña que todos aportamos cosas valiosas. Esto debería llevarnos a reconocer que aunque hayamos nacido con cierto temperamento, en medio de una cultura familiar particular y aunque tengamos convicciones de cómo se deberían manejar las emociones, siempre habrá mucho que aprender de las partes opuestas y sus fortalezas.

## ¿Por qué tememos sentir?

Tanto los entusiastas como lo serenos podríamos llegar a suprimir nuestras emociones si las circunstancias nos obligan. Las razones pueden ser muy complejas y particulares. Pero al menos, podemos considerar algunas posibilidades que puedan abrir espacios para meditar en tu propia vida. Puede ser que alguien te haya tachado alguna vez de «llorar por todo» o de ser muy «dramático» cuando eras más joven. Por eso has decidido suprimir lo que sientes para demostrar que eres fuerte y así evitar el juicio, la burla o el rechazo.

Otra razón por la que nos es difícil ser francos con lo que sentimos es por la manera en que estamos acostumbrados a relacionarnos con nuestras emociones. Muchos estamos acostumbrados a juzgar nuestras emociones con demasiada prontitud. El temor a ser expuestos y avergonzados es algo que viene en nuestra naturaleza caída. En el capítulo 8, vimos cómo la vergüenza que experimentamos proviene con frecuencia de la realidad de nuestra transgresión contra Dios, pero otras veces, viene del sentimiento de no alcanzar a ser como creemos que debemos ser. Es por eso que no sentir «lo correcto» o lo «cristiano» nos puede llevar a huir de nosotros mismos y a temer expresar lo que realmente está en nosotros. Ciertamente es importante considerar los valores que Dios nos ha provisto en Su Palabra porque necesitamos determinar si lo que sentimos es bueno o no (más sobre este tema en los próximos capítulos).

Debemos resistir la tentación de dejarnos llevar por esa vergüenza. El acusador[1] quiere hacernos creer que estamos en peligro, que nuestra relación con Dios se romperá y que decepcionaremos a Dios. Es la voz del moralismo arrastrándose y susurrando que no eres digno ni suficientemente limpio y que mereces el rechazo de Dios. Juan escribe que «Si alguien reconoce que Jesús es el Hijo de Dios, Dios permanece en él, y él en Dios». Más adelante, asegura que Jesús garantiza que lleguemos al día del juicio con toda confianza: «En el amor no hay temor, sino que el amor perfecto echa fuera el temor».[2]

Existen otras razones más graves por las cuales una persona es incapaz de conectar con sus propias emociones, expresarlas y nombrarlas con precisión. Los ambientes abusivos —ya sean emocionales, físicos o sexuales— son el semillero más eficaz para mantener el silencio. Estos ambientes abusivos se pueden dar en la iglesia, la familia, la escuela o cualquier otro lugar. Superar las secuelas emocionales de este tipo de ambientes puede requerir de mucho trabajo personal, con Dios y con la compañía de alguien capacitado para ayudar, y puede tardar muchos años. Las ramificaciones de estas experiencias dolorosas requieren muchísima valentía de tu parte y mucho amor de parte de las personas que te rodean.

Sea cual sea tu historia familiar, este es un buen momento para empezar a familiarizarte con palabras que te ayuden a reconocer con más precisión lo que estás sintiendo en cualquier momento.

---

1. Apoc. 12:10.
2. 1 Jn. 4:13-18.

La meta es poder nombrar lo que sientes y que seas capaz de entenderlo. Una vez que sabemos lo que sentimos y reconocemos los pensamientos que están detrás de esas emociones, nos será mucho más fácil actuar con claridad y con mayor dominio propio. Los que somos cristianos no podemos pasar por alto el poder y el fruto del Espíritu Santo, el cual no solo nos revela lo que pensamos y sentimos,[1] sino que también nos provee la dirección moral a través de la manifestación del carácter de Cristo y el empoderamiento divino que necesitamos para fortalecer nuestro ser interior y tomar decisiones que honren a Dios en cualquier circunstancia.

# No desperdicies tus emociones

Es posible que tengas mucho temor de admitir delante de Dios y personalmente lo que piensas o sientes y que, a primera vista, es pecado. Sin duda, puede haber pecado involucrado en nuestras emociones, así como en todas las áreas de nuestra vida. Pero es precisamente la exploración de esas emociones y pensamientos que las motivan la que te permitirá darte cuenta de qué está pasando realmente en esas circunstancias.

Por ejemplo, es posible que te sientas culpable por tu falta de dominio propio al enojarte. Digamos que te sientes sumamente enojada porque saliste a la calle y varios hombres fijaron su mirada en ti de forma inapropiada; es posible que ese enojo no solo sea enojo. Es posible que ese enojo sea apenas la punta del iceberg y que sea una expresión de emociones como la de sentirse vulnerable y detonada por algún evento de abuso del pasado. O puede que ese enojo surja a partir de sentirte incapaz de controlar la situación, cosa que puede exacerbar tu angustia en otras áreas donde también te sientes desvalida. Estos temas son profundamente importantes.

¿Puedes ver que ignorar ese enojo y no meditarlo más puede ser un desperdicio? Tu Padre que te ama te da la bienvenida para que puedas ir a Él en el momento de tu pecado, angustia y alegría. Recuerda que estás invitado a acercarte confiadamente

---

1. 1 Cor. 2:6-16.

al trono de la gracia para recibir misericordia y hallar la gracia que te ayude cuando más la necesitas.[1]

Los que no son capaces de resistir estas acusaciones recurren al escondite emocional. Este es el mismo recurso que usaron Adán y Eva en el relato de la caída en Génesis. Cuando reprimimos, ignoramos, silenciamos, minimizamos o hasta ridiculizamos nuestras emociones, nos engañamos pensando que tenemos el control. Cuando no has desarrollado la destreza de identificar y nombrar lo que sientes de forma clara, estás desperdiciando la oportunidad de desarrollar más intimidad con Dios. Desperdicias la oportunidad de progresar en santidad.

Una nota importante es que el tipo de personalidad retraída o expresiva no es señal automática de la forma en que una persona vive y gestiona sus emociones. Es verdad que es fácil reconocer cuando una persona expresiva está feliz, triste o emocionada. Debido a que una persona expresiva habla abiertamente y expresa algunas de sus emociones con facilidad, se cree que está más conectada con lo que siente. Pero este no siempre es el caso. Tu personalidad no tiene correlación con tu capacidad de regular, enfrentar y compartir tus emociones. Entender cómo te sientes va más allá de ser retraído o expresivo. Tiene que ver con la reflexión y la comprensión de lo que tus emociones señalan en tu corazón.

Cuando surgen sentimientos intensos o importantes, puedes procesar tus emociones en diálogo con Dios, en vez de quedarte envuelto en una conversación egocéntrica. En vez de quedar encerrado en tu propio diálogo interno, incluyes a tu admirable Consejero.[2] Toda emoción que experimentas es una oportunidad de crecimiento cuando invitas a Jesús a hablar de lo que está en tu corazón y de la situación que estás viviendo. Si nos esforzamos en desarrollar la capacidad de «estar» en nuestras emociones, pensamientos y sensaciones incómodas, resistiendo la necesidad de escapar, habremos desarrollado una destreza sumamente poderosa y una verdadera señal de «dominio propio». La clave para desarrollar esta destreza es disponernos a sentir.

---

1. Heb. 4:16.
2. Isa. 9:6.

Podemos apegarnos a la actitud de resistencia o la disposición a sentir. El contraste de ambas actitudes se puede ejemplificar de la siguiente manera:

## Cuadro 1

### RESISTENCIA

| | |
|---|---|
| SILENCIARLAS | *«No voy a pensar en eso».* |
| IGNORARLAS | *«No me molesta nada».* |
| MINIMIZARLAS | *«No es para tanto».* |
| RIDICULIZARLAS | *«¡Qué tonto soy, no es para tanto!».* |
| APURARLAS | *«Bueno ya, suficiente, todo bien...»* |
| HUIR DE ELLAS | *«Voy a ver mis redes sociales, comer algo, ir de compras, salir a correr, ver pornografía, etc».* |
| JUZGARLAS CON PRONTITUD | *«Está mal que sienta esto».* |

### DISPOSICIÓN

| | |
|---|---|
| ESCUCHARLAS | *«Algo me está incomodando, Dios muéstrame lo que hay en mi corazón».* |
| MEDITARLAS | *«Creo que Dios me está queriendo mostrar que me siento así porque...»* |
| VALIDARLAS | *«Tenga o no razón de sentirme así, debo ser honesto con Dios y reconocerlo».* |
| RECONOCERLAS | *«Dios sabe que soy humano y puedo sentirme de formas que pueden ser absurdas».* |
| PROCESARLAS | *«Hablaré de esto con Dios en oración y esperaré a que Él me muestre las verdades que necesito para mi bien y para honrarlo».* |
| ENFRENTARLAS | *«Una distracción sana me puede ayudar en un inicio, pero volveré más tarde a pensar con más cuidado que es lo que me está ocurriendo».* |
| ANALIZARLAS PARA JUZGARLAS | *«Siento esto... pero ¿qué lo motiva?».* |

Es útil adoptar la curiosidad de un observador o un «científico» para aprender a observar con cuidado y aprender a aplicar más variedad de palabras para expresar las emociones. Por ejemplo, en vez de decir cosas como: «me incomoda», sería mejor decir: «me siento amenazado». En vez de decir: «me siento molesto» sería más útil reconocer que «me siento atacado».

Hacerse consciente de los sentimientos trae consigo la activación de la parte racional del cerebro (corteza prefrontal) con la parte emocional y más impulsiva (sistema límbico). Esta tarea consiste en darte el tiempo para pensar en lo que sientes, permitirte sentir la incomodidad que puedan producir y desarrollar la práctica de nombrarlas de la manera más clara y específica posible. El neurocientífico Dan Siegel acuñó la famosa frase «*Name it, to tame it*» («nómbralo para poder domarlo»). Él explica que los estudios demuestran que cuando el «cerebro emocional»[1] se activa y sentimos emociones intensas, una de las mejores maneras de enfrentarlas es procesándolas al nombrar lo que se está sintiendo y hablar al respecto. Cuando lo hacemos, el «cerebro racional»[2] envía neurotransmisores «de calma» al «cerebro emocional».[3] Es posible desarrollar la inteligencia emocional, y aunque los escritores bíblicos no tenían la neurociencia, es evidente que tenían bastante en claro los beneficios de esta práctica saludable.

Cuando en la Biblia leemos las oraciones y conversaciones de las personas con Dios, reconocemos cómo los escritores humanos constantemente expresaban lo que sentían y lo identificaban con las circunstancias en las que se encontraban. Pero el mejor ejemplo lo encontramos en los Salmos, no solo por el vasto abanico de emociones presentes, sino porque son oraciones y canciones plasmadas por escrito. Así como les pasó a los salmistas, la

---

1. Las estructuras subcorticales del encéfalo, donde algunas partes se activan cuando sentimos emociones intensas.

2. Lo llama «*the upstairs brain*» [el cerebro de arriba], que es la corteza del cerebro.

3. Aplicar esto en la crianza de los hijos es muy útil. Primero, ayudamos a los niños a conectar con lo que sucedió, explicar los eventos. Luego, los ayudamos a nombrar lo que sienten con precisión: «Me pregunto si tienes *mucho temor* de que no te inviten a jugar en la fiesta». Fuente: Dan Siegel, https://tinyurl.com/4mbset6n.

práctica de escribir lo que sentimos nos brinda la oportunidad de bajar la velocidad, detenernos y meditar en nuestras emociones y circunstancias para ejercer un mejor entendimiento y manejo de nuestros sentimientos.

Una observación reflexiva de cómo se lidia con las emociones en la Biblia nos demuestra lo que la ciencia confirma al demostrarse que es muy efectivo no solo nombrar lo que sentimos, sino también escribirlo. Cambridge University Press publicó una investigación que incluyó un estudio a un grupo de personas que participaron en la escritura expresiva durante 15-20 minutos al día sin restar importancia a sus emociones. La investigación encontró que las personas que no eran tímidas para expresar las emociones que experimentaban al escribir tenían mejores índices de salud física y mental que aquellas que escribían sobre temas neutrales.[1]

# El lenguaje emocional

Mi herramienta favorita para desarrollar un vocabulario emocional más rico ha sido «La rueda de las emociones».[2] Puedes desarrollar esta destreza diciendo o escribiendo: «Me siento [nombra la emoción]». Debes prestar atención y ver si estás utilizando una palabra referente a las emociones. Recuerda que tus emociones no son lo mismo que tus pensamientos. Por eso buscamos describir lo que sentimos con una palabra que encapsule ese sentimiento (o varios). Por ejemplo: «Me siento decepcionado, distante, y al mismo tiempo, sorprendido».

---

1. Baikie, Karen A., y Kay Wilhelm, «*Emotional and Physical Health Benefits of Expressive Writing*». *Advances in Psychiatric Treatment 11*, n.º 5 (2005): 338-46. https://www.cambridge. org/core/journals/advances-in-psychiatric-treatment/article/emotional-and-physical-health-benefits-of-expressive-writing/ED2976A61F5DE56B46F07A1CE9EA9F9F

2. Esta rueda tiene muchísimas variaciones. La versión en inglés se le atribuye a Kaitlin Robb, quien originalmente la creó para el uso de maestros de escuela. Otra rueda muy útil es la de Robert Plutchik, quien señala las emociones de forma opuesta. Señala los posibles resultados de las combinaciones de diferentes emociones básicas y también muestra la intensidad de cada emoción.

## Cuadro 2

La rueda de las emociones te ayudará a describir con precisión tu estado emocional y a mejorar tu capacidad de entender y manejar tus emociones y comunicarlas al Señor. La rueda tiene tres círculos. El círculo interior identifica las emociones principales: alegría, amor, miedo, ira, tristeza y sorpresa. Los círculos exteriores incluyen emociones más matizadas asociadas con estas emociones centrales.

Si aún no has desarrollado un vocabulario emocional robusto y habilidades para identificar los matices de tus sentimientos, entonces te resultará más útil comenzar con el círculo interno de la rueda y trabajar hacia afuera. Sin embargo, úsala como te sea más útil. El objetivo no es terminar en un círculo particular de la rueda, sino crecer en la conciencia de ti mismo para la gloria de Dios y para comunicarte con Él de maneras cada vez más precisas.

Esta tarea también supone compartir lo que piensas. Explayarte en las razones para esos sentimientos implica hablar de lo que piensas, lo cual también es necesario para procesar lo que está ocurriendo en tu corazón. Hacer esto con Dios o con otra persona es de suma utilidad, porque pone en orden lo que a menudo se siente como un caos interno. No dejes de expresarte en ambas categorías:

Tu emoción (en una palabra).
Lo que estás pensando (en varias oraciones explicativas).

Pongamos un ejemplo práctico para poder mostrar la mecánica de este ejercicio. Digamos que en una situación en particular te sientes mal, lo percibes en tu mente y hasta en tu cuerpo. Hay una sensación de pesadez en tu pecho y te sientes desanimado. Detente por un momento y dale una mirada a la rueda. Descubres que antes de sentirte mal estabas entusiasmado, como que algo muy bueno iba a ocurrir, pero tu deseo se frustró. Cuando tus planes fallan, te sientes decepcionado. Bien, ahora puedes preguntarte:

¿Qué conforma esa decepción?

Quizás sientes un poco de enojo y al mismo tiempo sientes tristeza por la oportunidad que no funcionó. Este es un buen momento para considerar tus pensamientos:[1]

¿Estás entreteniendo pensamientos que exacerban este sentimiento?

Descubres que estás cayendo en un patrón de pensamiento negativo porque piensas que ya nunca más tendrás oportunidad de

---

1. Esto puede darse en un orden invertido; es decir, puedes expresar lo que piensas para concluir qué es lo que realmente sientes. El orden no es tan importante, siempre y cuando toque ambos aspectos del proceso.

satisfacer tu deseo, lo cual es una sobregeneralización.[1] Finalmente, haces una evaluación de tus pensamientos con la verdad de la Palabra de Dios y te haces preguntas como:

¿Estoy buscando satisfacción en algo aparte de Dios?
¿Qué es lo que me duele de esta situación?
¿Qué verdades bíblicas me traen esperanza y consuelo?

Este es quizás el paso más importante, ya que te saca de tu diálogo interno para llevarte a dialogar con el que sabe mucho más que tú. Al igual que lo fue para Jesús en Su vida terrenal, las verdades bíblicas deben morar en tu corazón. Es así como desarrollarás el criterio para determinar lo bueno y lo malo en lo que motiva tus emociones. En Su tiempo, Dios tendrá palabras que iluminarán tus pasos y te harán entender tus emociones y pensamientos.[2]

## Emociones básicas y complejas

Existen emociones básicas y más complejas. Es útil pensar en las emociones o sentimientos básicos como los que surgen casi de inmediato. También vienen acompañados de manifestaciones físicas intensas. Estas emociones suelen ser la respuesta instintiva a cualquier estímulo procedente tanto del interior como del exterior.

Justo antes de colisionar con otro automóvil en la carretera, no paras y dices: «Creo que este es el momento de tener temor», o cuando tu mejor amiga vuelve a hacer esa grandiosa imitación de la profesora de español, te es imposible considerar si es apropiado y no lanzar una carcajada. La rueda nos entrega una lista común de emociones básicas: felicidad, temor, tristeza, disgusto (o asco), ira y sorpresa. Algunos añaden «anticipación» o estar a la expectativa.

Aunque estas emociones suelen ser pasajeras, pueden tener efectos duraderos y convertirse en sentimientos más complejos

---

1. Vuelve al capítulo 7 para repasar los patrones de pensamiento.
2. Sal. 139:23-24.

cuando se entrelazan con nuestros pensamientos, creencias, interpretaciones y percepciones. Es decir, los sentimientos complejos evolucionan a partir de la historia que nos contamos a nosotros mismos a partir de nuestra experiencia, cultura, adoctrinamiento que hayamos recibido de parte de padres, líderes, compañeros. Por lo tanto, hay emociones que pueden ser como el café instantáneo, mientras que otras se asemejan más a la prensa francesa que toma más tiempo. Yo prefiero llamar a las emociones básicas simplemente «emociones» y a las emociones más intrincadas «emociones complejas» o «sentimientos».[1]

Algunos ejemplos de sentimientos o emociones complejos son la amargura, los celos, la insatisfacción, la desilusión o la alienación. Es útil tratar de desenmarañar lo que realmente estamos sintiendo hasta el punto de pasar de la mera generalización a un conocimiento más detallado de nuestras emociones. Al principio, podrías decir: «Me siento enojado», para luego buscar ser más específico y preguntarte: «Pero ¿qué tipo de enojo es el que siento?». Esto daría lugar a que puedas entender que se trata de un «enojo iracundo» o un «enojo derrotado».

## Las influencias de los sentimientos

El psiquiatra y fundador de la logoterapia, Viktor Frankl, propuso que lo que yo llamo «emociones complejas» en realidad son «actitudes». Él decía que la más grande de las libertades humanas es elegir nuestra actitud o lo que vamos a sentir ante todo lo que tengamos que enfrentar. Cada dificultad ofrece la oportunidad de tomar una decisión que responde a la pregunta: ¿Seremos determinados por nuestras circunstancias o mantendremos nuestra dignidad al actuar conforme a lo que consideramos más valioso y sagrado?[2]

Es muy útil considerar el poder de decisión que cada ser humano tiene al enfrentar las circunstancias y dificultades de la vida. Aunque

---

1. Estas son mis definiciones personales y para darme a entender en este libro. Aunque en el ámbito secular, verás que estas palabras se definen de forma diferente.

2. Viktor Frankl expande estas ideas desde su experiencia en los campos de concentración judíos durante la segunda guerra mundial, en su libro *El hombre en busca de sentido*.

este es un elemento fundamental en nuestra experiencia, creo que definir las «emociones complejas» simplemente como «actitudes» no las describe con entereza. Cuando la Biblia habla de este tipo de experiencias, lo hace con expresiones que engloban todos los aspectos del corazón, no solamente la capacidad de decisión.

Esos sentimientos o emociones complejos se van formando con el tiempo conforme les vamos dando sentido a nuestras circunstancias. Los sentimientos son influenciados y generados por medio de una intrincada mezcla de muchos elementos que se entrelazan y se asocian de alguna manera, tal como lo vemos en el cuadro siguiente:

**Cuadro 3**

Es muy útil reconocer que los sentimientos contienen muchas variables. Esto nos ofrece diferentes áreas de exploración en presencia de Dios, ya que abre preguntas sobre temas muy relevantes para la fe:

- **Emociones básicas:** Nuestra reacción inicial e instintiva al evento.

  ¿Qué sentí durante el inicio mismo del evento?

  ¿He desarrollado un temor a volver a sentirlo?

  *Por ejemplo,* un accidente en bicicleta provoca una reacción inmediata de susto y sorpresa. Esas emociones pueden provocar un sentimiento de mucha inseguridad y descontrol que podría llevar a nunca volver a intentar andar en bicicleta.

- **Interpretaciones:** Lo que pensamos después del evento y la forma en que le damos sentido a lo ocurrido.

  Al sentir _____, ¿cómo estoy interpretando mi situación?

  ¿Estoy interpretando a la luz de lo que sé que es verdad o estoy suponiendo cosas que no son?

  Por ejemplo, si tu cónyuge bromea con alguien del sexo opuesto en una fiesta, te puedes sentir ignorado. Pero ¿está realmente ignorándote o simplemente siendo cordial con otra persona?

- **Percepciones:** Los estímulos internos y externos que nos hacen creer una realidad (ya sean reales o no).

  ¿Qué estoy percibiendo de las otras personas?

  ¿Puedo confiar en lo que percibo o debería investigar si estoy en lo correcto?

  Por ejemplo, dices: «Me siento avergonzado porque tengo que matarme estudiando para obtener las mismas calificaciones que mis compañeros de universidad». ¿Cómo sabes que ellos no estudian tanto como tú?

- **Memorias:** Los eventos pasados dejan huella y precedentes que nos llevan a interpretar de cierta forma nuestro presente.

  ¿Cómo están afectando mis emociones y experiencias del pasado lo que estoy pensado hoy?

¿Estoy dependiendo demasiado o más bien muy poco de mis experiencias pasadas?

Por ejemplo, dices: «Me siento decepcionado y fracasado porque no puedo tocar en el equipo de alabanza». ¿Podría ser que la decepción que tus padres mostraron cuando tuviste que repetir un año en la escuela primaria esté afectando tu sentimiento del presente?

- **Idolatrías:** Lo que amamos, en lo que descansamos, lo que nos da vida, esperanza y descanso.

  ¿Qué revelan mis sentimientos con respecto a lo que estoy adorando?

  ¿En quién estoy confiando?

  ¿Qué o quién es mi verdadero descanso?

  ¿Estoy creyendo en mis ídolos o en el Dios de la Biblia?

  Por ejemplo, te sientes escéptico y desconfiado con respecto a dar el paso del matrimonio. ¿Será posible que tu escepticismo y temor al compromiso estén revelando que tu confianza está en la supuesta «libertad» de la soltería? ¿Estás honrando esa libertad o a la persona que Dios te ha dado para honrar y cuidar en un compromiso formal?

- **Influencias fisiológicas:** Nuestro cuerpo y sus procesos impactan nuestro estado de ánimo y emociones. Así como nuestras emociones afectan nuestro cuerpo, nuestro cuerpo también afecta nuestras emociones.[1]

  ¿Será que necesitas dormir mejor?

  ¿Podría ser que las endorfinas del ejercicio te puedan ayudar en tu estado de ánimo?

  Por ejemplo: Una madre que acaba de tener a su bebé tiende a la depresión posparto producto de la nueva configuración hormonal que está enfrentando.

---

1. Prov. 14:30.

- **Nuestros valores y moralidad:** Nuestros ideales. Lo que juzgamos como bueno o malo de lo que nos ocurrió. Conceptos éticos que nos enseñaron o que hemos ido adoptando con el tiempo.

  ¿Cómo nos sentimos cuando fallamos a nuestros propios valores éticos?[1]

  ¿Será que lo que siento está revelando una justicia propia?

  ¿Estoy valorando lo correcto o estoy ignorando la ética bíblica?

  ¿Me estoy haciendo juez de otros?

  Por ejemplo: Te sientes ofendida porque una amiga no contesta tus mensajes en un par de días. Consideras que eso es una grosería, no se hace, ¡es pecado en el código de las mejores amigas! ¿Es tu moralidad la misma que la de Dios? ¿Habrá otras reglas éticas igual de importantes que no estás considerando? ¿Estás quebrantando otras reglas más importantes, como por ejemplo, «esperar lo mejor del otro»?

- **La voluntad:** Nuestra capacidad de decidir qué actitud vamos a adoptar frente a lo que estamos enfrentando.

  ¿Qué quiero hacer?

  ¿Lo que siento me motiva a buscar lo bueno o lo malo?

  ¿Debo superar lo que siento o más bien escucharlo?

  Por ejemplo, ¿te sientes atacado en el trabajo porque de verdad pecaron contra ti o porque tendrás que hacer algo que no quieres hacer (repetir un proyecto)?

- **Creencias:** Las opiniones o convicciones personales sobre cómo funciona el mundo o las personas se han generado producto de nuestras experiencias o de la enseñanza que hemos recibido. Una forma de descubrirlas es considerando los patrones de pensamiento dañinos descritos en el capítulo 7. Es sumamente difícil reconocer nuestras creencias erróneas. Muchas están tan arraigadas que se dificulta muchísimo distinguirlas.

---

1. Ojalá alineados con los valores éticos de la Biblia.

La lectura de la Palabra de Dios es un ejercicio de restructuración constante si se hace con intencionalidad.

Cuando llega el momento de juzgar alguna situación, ¿qué principios tomas en cuenta para determinar lo bueno y lo malo? ¿Se alinean esas creencias con lo que dice la Biblia o las aprendiste de tus padres, tus amigos, la cultura o la escuela?

Por ejemplo: Te sientes abandonado por tu esposa porque sale con sus amigas semanalmente. Tu mamá nunca hizo tal cosa, su mundo y su vida era tu papá. Tú crees algo como esto: «Una mujer ama de verdad cuando solo quiere estar con su esposo». Esta creencia puede ser cierta en el caso de tu madre, pero ¿es una creencia bíblica? ¿Es algo que Dios demanda de todas las mujeres? ¿Es justificable sentirte abandonado solo porque tu esposa no actúa de la misma manera?

Necesitamos tomarnos un tiempo para meditar y permitir que el Espíritu Santo nos revele qué es lo que realmente estamos enfrentando. Cuando tenemos claro lo que está sucediendo y logramos ver el abanico de elementos que estamos experimentando en nuestro corazón, encontraremos más claridad para buscar respuestas y guía más acertadas en la Palabra de Dios. Aprenderemos a pelear con inteligencia la batalla espiritual (contra nuestro pecado, el mundo y Satanás). También encontraremos consuelo en el evangelio de Jesucristo, lo cual fortalecerá nuestro gozo en Él y nos dará pasión por Su reino.

Cuando nuestras emociones básicas se despliegan y transforman en emociones complejas, podemos llegar a desarrollar estados de ánimo que nos hacen avanzar o nos mantienen estancados. Podríamos definir los estados de ánimo como el producto de la combinación de lo que sucede en nuestro corazón y las situaciones externas. Déjame darte el ejemplo de Mariana (observa sus creencias, influencias fisiológicas, valores, etc.):

Mariana está luchando porque se cree incapaz de realizar su trabajo con excelencia. Se siente insegura, desamparada y decepcionada de sí misma. Esta situación la lleva a recordar su vida familiar, donde todas sus hermanas son brillantes laboralmente, están casadas y tienen hijos. Ella no entiende cómo se las arreglan para tener una «vida perfecta» como profesionales y mamás. Mariana suele manejar esto con cierta calma, excepto unos dos días antes de su período. Esos días, nota que se siente mucho más desesperanzada. Ella piensa: «Debería renunciar a mi trabajo, ya no quiero lidiar con esto». A eso le sumamos que surgió un problema en la oficina y Mariana es la responsable de solucionarlo. Piensa que no puede con el estrés y recurre a desconectarse del mundo en cuanto llega a su casa.

Apenas llega, se come un tarro de helado y cae en la tentación de navegar por horas en internet buscando una (o varias) prendas nuevas que comprarse. Mariana piensa: «Después de todo, trabajo demasiado, me lo merezco». En el fondo, sabe que en realidad no hay razón para malgastar el dinero. Incluso en el pasado ha sentido convicción de pecado por su mala administración de los recursos que Dios le ha dado. Pero su día fue tan malo que decide ignorar «la voz» del Espíritu Santo en su conciencia.

Lo que ya venía pensando y sintiendo tomó más fuerza producto de ciertos eventos, como los cambios hormonales.[1] Su estado de ánimo decayó, se sentía sola, frustrada y hasta enojada consigo misma y con Dios. Ese día se dio por vencida y bajó la guardia al buscar satisfacción y descanso en el placer de comprar y la comida. Unos días después se arrepintió y empezó a experimentar una gran culpa. Se decía: «Deberías simplemente decir no al pecado, ¿por qué no puedes controlarte?». Pero Mariana ignora que «decir no al pecado» también implica observar con cuidado lo que la llevó a ese estado de ánimo y los factores que la fueron cercando para que llegara a ese punto.

¿Pudiste observar sus creencias, sus pensamientos, idolatrías, y hasta influencias fisiológicas? Sin duda, es más fácil observarlas cuando es la vida de otra persona, pero es justo eso lo que puedes hacer en tu propia vida. Ninguno de estos aspectos tiene el poder para obligar a Mariana a actuar de una u otra forma, pero ejercen una poderosa influencia en su corazón. Ella empezó a pelear

---

1. Estos en verdad afectan las emociones y los pensamientos de muchas mujeres.

su batalla con más inteligencia y a navegar sus sentimientos con más sabiduría cuando se dio cuenta de que debería estar atenta y vigilante con su corazón. Como si hubiera activado una cámara lenta, ella empezó a prestar mucha más atención a los procesos e influencias cotidianas. Esto le empezó a ayudar a tomar medidas preventivas, poner límites útiles, confrontar sus falsas creencias e idolatrías y mucho más.

Estos pequeños pasos, acompañados y dirigidos por el indispensable apoyo del Espíritu Santo, nos ayudan a permanecer en obediencia y, sobre todo, en gozo. Creo firmemente que esta es una de las definiciones de lo que significa «pelear la buena batalla»[1] y ponernos «la armadura De Dios».[2]

## ¿Cómo te sientes?

1.  Activa una alarma en tu teléfono para que todas las noches de la próxima semana repases tu día.

2.  Nombra al menos tres emociones que hayas experimentado ese día. Establece las circunstancias que las originaron y lo que has pensado al respecto. Entre más específicas sean, mejor. Te animo a hablar con Dios al respecto de forma detallada y por escrito.

1. 1 Tim. 1:18b.
2. Ef. 6:13. Además, «guerra avisada no mata soldado, y si lo mata, fue por descuidado».

3. Si vives con alguien, puedes también conversar sobre esas emociones y los sucesos que las generaron.[1] Recuerda establecer que estás compartiendo pero no necesitas que te ofrezcan soluciones. El propósito es desarrollar más intimidad con las personas que amas y un ambiente de comprensión. Puedes desarrollar esta práctica con adultos y hasta con tus hijos. Es una excelente oportunidad para enseñarles el lenguaje emocional desde pequeños.

---

1. Esto desarrolla intimidad y enriquecimiento relacional. Es un excelente método para conocer mejor a alguien y profundizar una relación. Es por eso que con frecuencia doy esta tarea a las parejas casadas que veo en consulta.

# CAPÍTULO 10

# El potencial relacional de tus emociones

¡Las emociones no vienen bien dobladitas y sin arrugas! Un solo acontecimiento en tu vida puede producir una mezcla de sentimientos difíciles de desenmarañar. Una mujer que tiene años tratando de tener un hijo con su esposo podría sentir mucha alegría por su mejor amiga recién casada y con noticias de embarazo, pero, al mismo tiempo, puede sentir envidia y decepción por sus propias luchas de infertilidad. Esos sentimientos ambivalentes la confunden muchísimo y producen cuestionamientos sobre su propio carácter y la calidad de su amistad. Se puede preguntar: «¿Qué clase de amiga siente celos y decepción en una ocasión tan importante? ¿La felicidad que siento por mi mejor amiga es falsa? ¿No sería mejor no pensar en esas emociones difíciles y concentrarme solo en amar a mi amiga?».

Es muy provechoso aprender a reconocer que los seres humanos estamos llenos de matices y que las emociones que suscitan las diferentes circunstancias que enfrentamos no se pueden poner en una gaveta designada como «felicidad» o «celos». Más bien, cada evento es la gaveta, de la cual podemos sacar todas las emociones que genere ese evento particular, aunque esas emociones se contradigan entre sí. Las emociones pocas veces viajan de forma solitaria, con frecuencia traen consigo a una o dos amigas que pueden ser bastante dispares. Todas esas emociones señalan la mezcla de cosas que estamos persiguiendo. El poder de las emociones no yace en ellas mismas. Por el contrario, es nuestra observación y capacidad de observarlas primero para *después* ponerlas a «juicio», lo que puede convertirlas en grandes aliadas o terribles enemigas.

## ¿Estoy pecando al sentir esto?

Algunas personas podrían sentir ansiedad y por eso concluyen casi de inmediato que están pecando. Están tildando la emoción de «ansiedad» como si fuera una emoción mala. De inmediato le conceden una connotación moral. Por lo tanto, si sientes ansiedad, entonces estás pecando. Sin embargo, como vimos en la vida de Jesús, hay momentos donde sentir ansiedad no es necesariamente falta de fe, sino una reacción buena y necesaria, ya que nos alerta de peligros próximos y nos conecta con la realidad de las dificultades que estemos viviendo. El apóstol Pablo, por ejemplo, se sentía preocupado «por todas las iglesias»,[1] lo cual era una expresión de amor y sentido de responsabilidad, más que un pecado.

Muchos sentimientos (aunque no todos) dependen de su motivador para ser calificados como «buenos» o «malos». Por ejemplo, una persona adicta al alcohol podría sentirse muy feliz (emoción positiva, mas no buena) porque es viernes y podrá salir de juerga con sus amigos. Sin embargo, su deseo de salir a embriagarse es una mala motivación para producir alegría. En contraste, una chica podría encontrarse indignada (emoción negativa, mas no mala) al notar que un anciano tiene que viajar de pie en un autobús cuando hay varios hombres jóvenes que podrían cederle un asiento. Su deseo de ver más actos de amor en el mundo es una buena motivación para indignarse y ceder su propio asiento.

## Emociones positivas y negativas

No es lo mismo decir que un sentimiento es negativo que decir que un sentimiento es malo. Un sentimiento positivo no significa que sea automáticamente bueno.

---

1. 2 Cor. 11:28.

| SENTIMIENTO POSITIVO/NEGATIVO | SENTIMIENTO BUENO/MALO |
|---|---|
| ¿Es lo que siento cómodo o incómodo?  ¿Es difícil de experimentar, o agradable y placentero? | ¿Lo que siento es motivado por creencias, verdades, valores, pasiones, etc., que agradan y glorifican a Dios? |

Distinguir los sentimientos «positivos» y «negativos» y su motivación buena o mala es indispensable para reconocer que no puedo juzgar una emoción sin analizarla primero. Establecer dicha distinción nos puede ayudar a ofrecer una ayuda compasiva a quienes están sufriendo, evitar acusarlos de pecado por algo que, en realidad, no viene de un corazón incrédulo o desafiante. También puede ayudarte a evitar sentirte muy mal por tus sentimientos, ya que primero realmente reflexionarás en lo que hay detrás de la emoción y así no abordarás de inmediato tus emociones con un juicio severo.

Las emociones y los sentimientos «positivos» son aquellos que se relacionan con lo agradable y placentero. Pueden ser engañosos, porque tienden a llevarnos a interpretar que cualquier situación es beneficiosa. Las emociones y los sentimientos «negativos» son aquellos que se relacionan con situaciones desagradables. También nuestra interpretación de esas emociones puede ser engañosa ya que tienden a hacernos pensar que la situación que las generó es mala o dañina. Por lo general, de manera instintiva, queremos dejar de sentirlas con la mayor prontitud.

Muchos de nuestros sentimientos positivos (placenteros) o negativos (desagradables) no siempre tienen una connotación moral en sí mismos. Ambos extremos pueden surgir por motivos buenos o malos. Esto nos debe llevar a preguntarnos con frecuencia: ¿Qué motiva lo que siento en estos momentos? Es importante que te des el tiempo para describir tus emociones y sus motivos, antes de juzgarlas. De esta forma, podrás tener claridad y considerar lo bueno, lo malo y lo importante de lo que te está sucediendo.

En resumen, cuando hablemos de sentimientos «positivos» o «negativos», tratemos de no acelerarnos haciendo un juicio moral apresurado desde el inicio. A continuación, te presento una lista corta de algunas emociones positivas y otras negativas:

Algunas emociones positivas son:[1]

**Aceptación**: disponibilidad para aprobar una situación concreta.

**Afecto**: sentir amor por alguien o algo.

**Agradecimiento**: sentimiento de estima hacia alguien que ha hecho algo por nosotros.

**Alegría/felicidad**: sentimiento que denota paz, satisfacción, euforia.

**Amor**: sentimiento de afecto hacia alguien o algo, que nos acerca a la felicidad.

**Anticipación**: esta emoción puede ser positiva o negativa. Cuando es positiva, es generada por expectativas positivas o esperanza de que suceda algo bueno. Cuando es negativa, produce expectativas trágicas y se asocia con los sentimientos de ansiedad.

**Bienestar**: estado en el que la persona encuentra equilibrio en el buen funcionamiento entre su vida física y mental.

**Diversión**: focalizar la atención en un entretenimiento que genera una sensación de bienestar.

**Entusiasmo**: producto del apasionamiento hacia algo o alguien.

**Esperanza**: confianza en alcanzar aquello que se desea.

**Gozo**: emoción muy intensa generada por algo que gusta mucho.

**Humor**: estado que permite focalizar la atención en el lado cómico o positivo de lo que nos sucede.

**Ilusión**: estar esperanzado o emocionado por algo o alguien.

**Motivación**: reacción ante aquello que tenemos que hacer que estimula que lo hagamos con más entusiasmo y energía.

**Pasión**: proviene mayormente del amor y tiende a manifestarse en la esfera sexual. También se habla de una actividad realizada con mayor energía.

**Satisfacción**: efecto que nace a partir del cumplimiento de algo bien hecho y que ayuda a aumentar la confianza y la seguridad en uno mismo.

---

1. Thomen Bastardas, Marta. *Emociones positivas y negativas: definición y lista*, https://www.psicologia-online.com/emociones-positivas-y-negativas-definicion-y-lista-4532.html

## Algunas emociones negativas:

**Agobio**: sensación de fatiga por una carga emocional.

**Angustia**: estado de ánimo que produce inquietud debido a una preocupación o sufrimiento.

**Ansiedad**: estado de inquietud, que manifiesta una elevada excitación física y psíquica.

**Asco**: sensación de desagrado relacionado con algo o a alguien que produce rechazo.

**Culpa**: sentimiento de responsabilidad sobre un suceso o acción que es de carácter negativo.

**Decepción**: sentimiento de desengaño. Surge ante una situación que no resulta como se esperaba.

**Desesperación**: surge ante la pérdida de la paciencia, cuando se considera que lo que se afronta es irreparable o existe un sentido de impotencia al creer que no se puede superar con éxito.

**Disgusto**: sentimiento de fastidio producido ante un resultado que no era el esperado o deseado.

**Estrés**: sentirse superado ante una determinada situación por la exigencia de rendimiento.

**Frustración**: imposibilidad de completar una meta o deseo.

**Indignación**: enfado contra una persona o acción por ser considerado como injusto.

**Ira**: emoción que indica un enfado muy grande contra una persona o situación.

**Miedo**: angustia debida a la percepción de un peligro.

**Preocupación**: estado de inquietud frente a un problema o situación.

**Rabia**: sentimiento de enfado que tiende a ir acompañado con la expresión de este enfado a través de gritos, acciones bruscas, conductas violentas, etc.

**Remordimiento**: sensación de culpa por una acción realizada.

**Rencor**: hostilidad hacia alguien producto de alguna causa previa que ha podido dañarte u ofenderte.

**Tristeza**: sensación de dolor emocional, causado por un factor desencadenante y que conlleva pensamientos pesimistas, un sentimiento de vulnerabilidad y tendencia al llanto.

**Vergüenza**: incomodidad debida a una acción que ha producido humillación, miedo a hacer el ridículo o que otro lo cause.

Vale la pena notar que hay emociones complejas que, por definición, surgen de creencias o actitudes pecaminosas, y cuyas circunstancias no pueden catalogarse como motivadas por algo bueno, como por ejemplo, el rencor o la envidia. Sin embargo, aunque sus motivaciones sean malas, es importante mantener la misma disposición que nos lleve a describir la situación para comprender mejor la dinámica de nuestro corazón y desarrollar un diálogo con Dios y con los demás al respecto.

## Cómo juzgar tus emociones

Examinar nuestras emociones y pensamientos no es una práctica exclusiva de los cristianos. Todas las personas pueden aprender a hacerlo y sacarle provecho. Sin embargo, la acción toma pleno valor cuando llegamos al momento de juzgar esas emociones y pensamientos. Todo juicio requiere un estándar. Es imposible que sepamos cómo juzgar algo si no existe una ley superior que determine lo que es bueno y lo que es malo. Por eso los creyentes dependemos enteramente de los juicios de Dios que determinan qué es bueno y malo.

Los cristianos no determinan lo bueno o malo según su propio entendimiento porque saben que sus corazones, aunque renovados, no han sido plenamente santificados y perfeccionados. En nuestra justicia e ignorancia de la ley moral de Dios, con frecuencia llamamos a lo bueno malo y a lo malo bueno.[1] Ahora tenemos la mente de Cristo[2] gracias a Su bondad y estamos aprendiendo a ejercitarla.[3] Pero no podemos olvidar que dependemos del conocimiento de la Palabra de Dios para la renovación de nuestro

---

1. Isa. 5:20-24.

2. 1 Cor. 2:16.

3. Esto es parte del conocido paradigma del «ya, pero todavía no» el cual expresa que el reino de Dios está aquí y ahora, pero aún no se manifiesta en su plenitud (Heb. 2:8; 1 Jn. 3:2). La Biblia habla de una realidad espiritual actual: ya hemos sido glorificados (Rom. 8:30), también dice que estamos sentados con Cristo «en las regiones celestiales» (Ef. 2:6). Sin embargo, es evidente que en nuestra realidad física actual seguimos pecando, no vivimos en justicia total y no nos sentimos en gloria plena. Eso es porque la realidad física presente todavía no concuerda con la realidad física futura. En un futuro, tanto la realidad espiritual como la realidad física estarán al unísono.

entendimiento.[1] Ya no somos esclavos del pecado; más bien, hemos sido capacitados por medio del Espíritu Santo para amar la ley de Dios[2] y hacer lo que Dios llama bueno, para nuestro gozo y para Su gloria.[3]

Entonces podemos juzgar o evaluar todo, reteniendo y celebrando lo bueno y desechando lo malo,[4] de acuerdo con los estándares de Dios establecidos en las Escrituras y no los nuestros. Celebramos con Dios los aciertos en nuestras vidas y nos gloriamos con los beneficios de conocerlo y relacionarnos con nuestro Señor.[5] Examinamos y pedimos a Dios que nos revele los ídolos de nuestro corazón y nuestros «tesoros» fuera de Cristo. Nos disponemos a que el Espíritu Santo señale los pecados en nuestro corazón que se manifiestan en conductas nocivas y pecaminosas.

El siguiente gráfico puede ayudarte a determinar si tus emociones (ya sean negativas o positivas) son buenas o malas. Usaremos el ejemplo de Jesús airado en el templo porque ese lugar santo se había convertido en una cueva de ladrones:[6]

---

1. Rom. 12:2.

2. Cuando hablo de la ley de Dios: (a) Hablo en el sentido amplio de la expresión, es decir, lo que Dios llama bueno y lo que llama malo a lo largo del Antiguo y Nuevo Testamento. (b) No hablo en un contexto de salvación. Solo el sacrificio de Cristo otorga salvación. Hablo en un contexto de santificación progresiva, donde la ley ya no es para salvación, sino para disfrutar de la buena vida al honrar a Dios y vivir el gozo de Su justicia.

3. La carta a los Romanos lo explica con detalle.

4. 1 Tes. 5:21. Este pasaje habla de analizar las manifestaciones del Espíritu Santo. Sin embargo, creo que es también aplicable al trabajo de evaluar entre lo que viene de Dios y le agrada y lo que no.

5. 2 Cor. 10:17.

6. Mar. 11:15-19; Luc. 19:45-48; Juan 2:13-22.

# Cómo juzgar tus emociones:

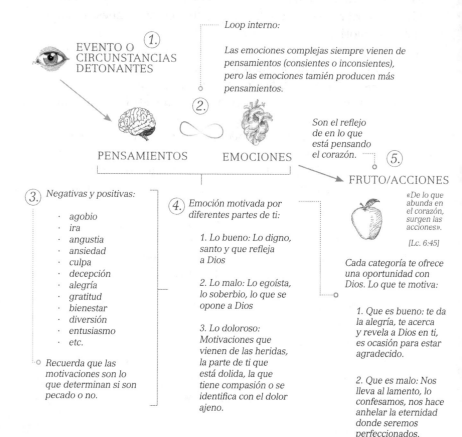

**EVENTO O** ①
**CIRCUNSTANCIAS**
**DETONANTES**

*Loop interno:*

*Las emociones complejas siempre vienen de pensamientos (consientes o inconsientes), pero las emociones tamién producen más pensamientos.*

②

PENSAMIENTOS    EMOCIONES

*Son el reflejo de en lo que está pensando el corazón.*

⑤

**FRUTO/ACCIONES**

«De lo que abunda en el corazón, surgen las acciones».

[Lc. 6:45]

③ Negativas y positivas:

- agobio
- ira
- angustia
- ansiedad
- culpa
- decepción
- alegría
- gratitud
- bienestar
- diversión
- entusiasmo
- etc.

Recuerda que las motivaciones son lo que determinan si son pecado o no.

④ *Emoción motivada por diferentes partes de ti:*

*1. Lo bueno: Lo digno, santo y que refleja a Dios*

*2. Lo malo: Lo egoísta, lo soberbio, lo que se opone a Dios*

*3. Lo doloroso: Motivaciones que vienen de las heridas, la parte de ti que está dolida, la que tiene compasión o se identifica con el dolor ajeno.*

*Cada categoría te ofrece una oportunidad con Dios. Lo que te motiva:*

*1. Que es bueno: te da la alegría, te acerca y revela a Dios en ti, es ocasión para estar agradecido.*

*2. Que es malo: Nos lleva al lamento, lo confesamos, nos hace anhelar la eternidad donde seremos perfeccionados.*

*3. Que es doloroso: Nos lleva a buscar el consuelo de Dios, en ocasión para aprender a descansar en Él.*

1. <u>Tus emociones surgen a partir de algún detonante</u>. Circunstancias, eventos, situaciones o estados prolongados (como

una enfermedad crónica). Pensemos en el ejemplo de Jesús en el templo:[1]

Jesús entró en el templo y se dio cuenta de que se había convertido en un mercado.

2. A partir del detonante, piensas y sientes. Por lo general, pensamos primero y luego sentimos, pero no necesariamente es así siempre. El orden no es tan importante, lo que precisamos es observar con detalle lo que estás pensando y sintiendo.

Jesús pensó: «La casa de mi padre es casa de oración y ellos la han convertido en una cueva de ladrones».

3. Observarás que sientes emociones negativas y positivas. Resístete a juzgarlas solo porque parece que «no deberías sentirlas».

Jesús se sintió consumido por el celo por la casa de Dios, sintió ira y quizás indignación. También tristeza de que las naciones no podrían venir a adorar (el atrio exterior era el atrio destinado para que los extranjeros adoraran al Dios de Israel).

4. En lugar de juzgar tus emociones de forma precipitada, observa las motivaciones para esas emociones. Todas las emociones son motivadas por una combinación de partes: la parte que refleja la bondad de Dios, la parte que peca y la parte que sufre en nosotros. No hay emoción[2] que surja de una sola de estas categorías. Cuando notas estas diferentes motivaciones (lo bueno, lo malo y lo doloroso) podrás ir al Señor para encontrar gozo, perdón y consuelo (desarrollaremos estas tres «vías de gozo» en los próximos dos capítulos).

Lo bueno: En Su santidad, Jesús tuvo la buena motivación de desear la honra de la casa de Dios y el celo por Su gloria.

---

1. Mar. 11:15-18.
2. Y esto aplica también a los pensamientos, acciones u omisión de acciones.

Lo doloroso: Posiblemente estaba también dolido al ver que las naciones que pudieron haber estado adorando en los atrios externos no podían hacerlo por el escandaloso mercado.

Lo malo: Sabemos que Jesús no podía tener motivaciones pecaminosas, así que esta categoría NUNCA aplica en Su vida. Pero para efectos de este ejercicio, piensa: en lo que respecta a una motivación pecaminosa, ¿qué pudo haberte motivado si fueras Jesús? Quizás el deseo de mostrar que tenías la razón y sentirte superior.

5. El «fruto» o comportamiento surge de este proceso interno. Sin este contexto, el comportamiento de Jesús podría parecer pecaminoso, pero vemos que Su actuar fue a partir de pensamientos y emociones justas.

Jesús echó fuera a todos los que vendían y compraban en el templo, volcó las mesas de los cambistas y las sillas de los que vendían palomas. Él dijo: «"Mi casa será casa de oración"; pero ustedes la han convertido en "cueva de ladrones"».[1]

# No hay emociones con una sola motivación

Todo lo que hacemos, lo hacemos con esa mezcla de motivaciones: las buenas, las malas, las dolorosas. Es por eso necesario que dediquemos tiempo de forma intencional para separar lo que viene de un corazón que refleja a Cristo, lo que viene de uno que sigue buscando las cosas de este mundo y lo que necesita consuelo y esperanza. Con frecuencia, pensamos que la transformación llega a nuestra vida por algún evento extraordinario en un retiro de la iglesia, una profecía sorprendente o una obra milagrosa del Espíritu Santo, pero es en el día a día donde se hayan las mayores oportunidades de crecimiento. Debes observar tu caminar cotidiano[2] y expresar a Dios lo que piensas y lo que sientes de forma específica.

La oración escrita es una forma muy efectiva que nos ayuda a apartar un espacio de autoevaluación en la presencia de Dios.

---

1. Luc. 19:46.
2. Ef. 5:15a.

Ese espacio afilará tus oídos para la parte más importante de tu caminar con Dios: escuchar Su respuesta y ser dirigido hacia Él y lo que le agrada. Este tipo de oración es un hábito fundamental para la vida del creyente. Se trata de una de las prácticas más poderosas para lograr nuestro objetivo último que es «menguar»[1] para que Cristo crezca en nosotros.

Al expresar con detalle nuestras emociones cotidianas —incluyendo los pensamientos y motivaciones subyacentes—, tenemos oportunidad de convertir lo abstracto en concreto. Escribirlas en papel es una estrategia de regulación emocional muy investigada. Se han hecho numerosos estudios que demuestran que el ejercicio de escribir y de nombrar lo que sentimos genera un cambio emocional, cognitivo y hasta físico. Escribir sobre lo que estamos experimentando y sintiendo regula nuestro sistema nervioso y crea caminos neuronales en el cerebro que facilitan la regulación emocional. Entre más se fortalecen estos caminos neuronales, más se facilita la regulación emocional en el futuro.

Escribir nos ayuda a poner en orden nuestras ideas y contribuye a un análisis más cuidadoso de nuestros pensamientos y sentimientos. Pero también es una oportunidad para escribir tus propios «salmos» y permitir que Dios te revele tu propio corazón y las verdades que necesitas con urgencia.

Ten presente que las oraciones y las canciones que vemos en los salmos son profundamente emocionales y, al mismo tiempo, son sumamente racionales. Modelan cómo debemos caminar a través de nuestras emociones con Dios, dándole el lugar apropiado a nuestras emociones. No nos enseñan a negar nuestras emociones, ni tampoco nos animan a hacer de ellas lo más importante. Es un ejercicio muy valioso ir con toda franqueza a la presencia de Dios con nuestras emociones, tal como lo hicieron los salmistas y otros personajes bíblicos. La ciencia comprueba el beneficio de esta práctica, y que la Biblia lo afirme es todavía más importante.

---

1. Juan 3:30.

NO DESPERDICIES TUS EMOCIONES

## Dios trae orden en el caos

Escribir lo que sientes no es un ejercicio aislado que solamente funciona como válvula de escape o desahogo. No negamos que desahogarnos tenga ventajas; por el contrario, hay mucho que ganar cuando buscamos expresar todo lo que sentimos. Muchas veces, tan solo dar el paso de verbalizar con total transparencia lo que sentimos es suficiente para empezar a sentir alivio.

Sin embargo, ya sabes que sería muy limitado pensar que la meta final de la gestión de las emociones es simplemente el alivio. Cuando vives un caos emocional interno, con frecuencia te encontrarás con un nudo de pensamientos y emociones motivados por lo bueno y por lo malo. Por eso es importarte nombrar lo que sentimos para empezar a desenredar ese nudo. Escribimos lo que pensamos para luego ponerlo bajo la lupa de las verdades bíblicas. Veamos cómo el rey David nos modela este ejercicio. Observa conmigo las emociones y pensamientos que David expone y luego consideraremos algunos detalles más:

## David en el Salmo 13

¿Hasta cuándo, Señor, me seguirás olvidando?
¿Hasta cuándo esconderás de mí tu rostro?
¿Hasta cuándo he de estar angustiado
y he de sufrir cada día en mi corazón?
¿Hasta cuándo el enemigo me seguirá dominando?

Señor y Dios mío,
mírame y respóndeme;
ilumina mis ojos.
Así no caeré en el sueño de la muerte;
así no dirá mi enemigo: «Lo he vencido»;
así mi adversario no se alegrará de mi caída.

Pero yo confío en tu gran amor;
mi corazón se alegra en tu salvación.
Canto salmos al Señor.
¡El Señor ha sido bueno conmigo!

## Algunos detalles útiles para nuestra reflexión:

David no se tarda en decir cosas que podrían considerarse «inapropiadas» y hasta «antibíblicas». Imagina lo que sería en nuestros días escuchar a un cristiano decir tales palabras en medio de la congregación (recuerda que son canciones públicas). David le está hablando solo a Dios con toda franqueza:

«Yo sé la verdad, pero en estos momentos lo que sé que es verdad se siente como una mentira... ¿para qué te voy a decir que no si sí?».

No hay una pizca de hipocresía en este hombre. No hay palabras altisonantes ni apariencias de santidad. David se siente solo, abandonado, siente que Dios no está presente como debiera. Tengo que aclarar que este lamento es muy diferente a la queja pecaminosa. La diferencia está en la disposición del corazón. No podemos ver el corazón de David, pero podemos especular o discernir su estado por los siguientes dos párrafos. David no se queda estancado en su queja. Por el contrario, dedica más espacio para que su corazón se vuelva más conforme al corazón de Dios. Creo que los salmos de David evidencian por qué Dios afirma que David es «un hombre conforme a mi corazón».[1]

David modeló de forma imperfecta lo que Jesús haría de forma perfecta:

Pensar como Dios piensa.
Sentir conforme a lo que le apasiona a Dios.
Querer actuar conforme a lo que a Dios le agrada.

David consistentemente intentó someter a Dios sus propias emociones, pensamientos y voluntad. La estructura del salmo se asemeja a muchos otros en el Salterio, donde el salmista comienza en el lugar más bajo y conforme medita en sus circunstancias y en la fidelidad de Dios, va ascendiendo y termina encontrando reposo, alegría y fe en el Señor.

---

1. Hech. 13:22, ver 1 Sam. 13:14.

» Recuerda la fidelidad de Dios [v.6]

» Se predica la verdad [vv.5-6]

» Recuerda la verdad [vv.3-5]

» Petición/ ruego [v.3]

» Lamento personal [vv.1-2]

Todo esto ocurre en un solo Salmo. David trabaja para descubrir lo que siente, observar lo que piensa, para luego recordar las verdades bíblicas aplicables al caso. Aunque no sabemos cuánto tardó en escribirlo, es evidente que las circunstancias no habían cambiado, pero fue el corazón de David que cambió. Por el contrario, el quejumbroso no sigue este proceso ascendente. El quejumbroso empieza mal y termina peor:

» Lamento

» Soluciones propias

» Confianza en ídolos

» Se predica mentira

» Se resiente a Dios

¿Puedes ver la poderosa arma de doble filo que son nuestros sentimientos? ¿Entiendes lo grave que es desperdiciarlos al no evaluarlos correctamente? Tanto el obediente como el quejumbroso tienen los mismos sentimientos como punto de partida, pero tienen desenlaces completamente opuestos. Tus sentimientos te pueden llevar por un camino trágico de autodestrucción. Hablar con Dios con franqueza siempre debe terminar en la búsqueda de las verdades bíblicas que nos ayudan a ceder nuestro dolor a Dios, al arrepentimiento y al gozo. Si no hacemos ese esfuerzo, entonces es muy probable que terminemos en la autodependencia, el gobierno tiránico de nuestras emociones y la falta de fe. Quizás mantendrás amargura en tu corazón en contra de Dios y continuarás el ciclo destructivo de tratar de encontrar un «descanso» falso y un «gozo» superficial y temporal en cisternas rotas.[1]

## Rellena los «espacios en blanco»

El salmo de David que acabamos de ver es corto. Sin embargo, hay más salmos que muestran su contexto con mayor detalle. Algunos revelan en el mismo salmo las circunstancias que se están viviendo (Salmo 55). Otros no dicen con detalle lo que el autor estaba pasando, pero lo sabemos porque otras partes de la Biblia lo relatan. Tal es el caso del Salmo 51 (el pecado de David al tomar a Betsabé y asesinar a su esposo Urías).[2] Ya sea un salmo corto sin mayores detalles u otro más largo y detallado, el modelo es útil y nos permite concluir que:

- Cuando estamos pasando por emociones difíciles, tenemos la oportunidad de tener una relación intencional con Dios: la solución siempre es buscarlo.

- Escribir no solo es una forma legítima de orar, sino que es una forma recomendada.

- La franqueza no es pecado. Lo que debes cuidar es la disposición de tu corazón.

- Aunque las oraciones escritas y las canciones son lo que caracteriza a los salmos, también encontramos otros métodos en la Biblia para buscar la guía y la presencia de Dios. No es recomendable ser rígido con el método (aunque insisto en que intentes escribir por un tiempo). Lo que debemos hacer es encontrar lo que mejor funciona para cada uno y buscar ser consistente.

- Los salmos me pueden servir de guía para recordar cuáles aspectos de mi situación puedo exponer a Dios ya que son presentados por los salmistas. Al mismo tiempo, nos ofrecen libertad para rellenar los detalles con nuestras propias circunstancias, pensamientos y emociones.

---

1. Jer. 2:13.
2. 2 Sam. 11–12.

Este es un ejemplo de una oración que «rellena» los detalles o espacios en blanco y que mantiene elementos como los que hemos mencionado:

Señor estoy cansado. Hace tanto tiempo que estoy en este trabajo y me jefa sigue aprovechándose de mí sin nunca reconocer mis esfuerzos. Estoy cansado de solucionarle todos los errores que comete... A veces me pregunto qué haría ella si yo no estuviera en la oficina. Por momentos, tengo ganas de confrontarla, pero qué fastidio tener conflictos con ella... es evidente que no me va a escuchar.

Señor, me desespera su incompetencia, a veces siento que hace las cosas a propósito para hacerme la vida más difícil. ¡Quisiera que se fuera, que la pasaran de sucursal, que alguien le ofreciera otro trabajo! Con toda sinceridad te digo... no puedo ser paciente, no la aguanto un solo día más. Y mientras tanto, sigo postulándome para trabajar en otro sitio y tú... nada de abrirme las puertas. ¿No estás viendo lo que estoy sufriendo? ¿Lo injusto y agotador que es este trabajo para mí? Dios, me levanto en las madrugadas para leer tu Palabra, tomo clases de canto para servirte en los servicios de mi iglesia... parecería que no vieras esas cosas.

Pero yo sé que puedo confiar en que sí ves lo que estoy pasando. Ayúdame Señor, y perdóname por mi falta de confianza en ti. Pienso en el pasado, en tus fidelidades y me recuerdo a mí mismo que tú sí lo ves todo. Yo sé que mi enemiga no es mi jefa (no luchamos contra carne ni sangre, Ef. 6:12). Es la tentación de mi carne de querer justicia, recibir reconocimiento y tener paz; todo por encima de amar a mi prójimo como tú mandas.

Puedo ver cómo mi amor por esas cosas muchas veces me lleva a la ira. Yo sé que amas la justicia, pero si soy sincero, mi ira no viene de esa pasión por justicia divina, viene por deseo de comodidad y de armonía. Hazme entender en mi corazón que la verdad es que mi llamado es amar como Jesús ama, poner la otra mejilla y al mismo tiempo hablar la verdad en amor, al poner límites sanos y no guardar silencio solo «por no hacer problemas». Eso me recuerda lo que dice tu Palabra:

«Amen a sus enemigos, hagan bien a quienes los odian» (Luc. 6:27).

«... hable cada uno a su prójimo con la verdad...» (Ef. 4:25).

Esto no es fácil. ¡Necesito que me ayudes! Pon en mí tu corazón compasivo y amoroso. Perdona mi corazón egocéntrico y ayúdame a ver a mi jefa con tus ojos. Yo sé que seguramente la está pasando mal. Hace poco, la escuché contar que estaba pasando por un divorcio, dudo que esté yendo a una iglesia donde escuche tu Palabra.

Ayúdame a amarla con tu amor y abre puertas para poder ganarme el derecho a ser escuchado y predicarle el evangelio. También prepara su corazón para recibirlo. ¿Será que para eso me has puesto en este trabajo? ¿Estaré desperdiciando la oportunidad de compartir de Jesús? ¡Qué egoísta he sido! Concédeme un amor que fluya hacia los demás. Que mis acciones sostengan mis palabras.

Ayúdame a amar con el mismo amor que tú me has dado; con la misma paciencia que me has tenido... ¡yo también fallo tanto! En verdad me he aprovechado de otros de la misma forma pero en circunstancias diferentes. ¿Cómo puedo demandarle a esta persona lo que yo mismo no he ofrecido? Solo tú eres juez porque solo tú eres perfecto y no hay quien pueda acusarte. Ayúdame, Jesús. Quiero adoptar tu identidad, ser como tú y amar como tú.

Gracias porque estás aquí, porque escuchas mi corazón y estás obrando en mi vida, aunque yo no lo pueda ver. Gracias porque por medio de Jesús soy libre de mi pecado y puedo ser transformado de adentro hacia fuera. ¡Toda la gloria a mi Salvador, por medio del cual ya no estoy ciego de mi pecado! ¡Gloria a ti Señor Jesús por el consuelo y la dirección que me ofreces a diario! ¡Gracias porque vivo en victoria y no en derrota por tu sacrificio en la cruz por mí! Oro todo esto en tu nombre, amén».

Este ejemplo de oración mantiene los elementos del Salmo 13 y otros que vemos en diferentes partes de la Biblia (como el «Padre Nuestro»).[1] Algunos son:

---

1. Mat. 6:9-13.

- Lamento por circunstancias difíciles y búsqueda de consuelo y esperanza.
- Expresión sincera de lo que la persona siente (aunque no sea «políticamente correcto»).
- Un cambio de perspectiva desde la terrenal a la divina (bíblica).
- Confesión y arrepentimiento.
- Petición.
- Intercesión.
- Gratitud.
- Alabanza.
- Descanso y gozo en la obra de Cristo.

Nota que no todas las oraciones tienen por qué contener todos estos elementos. Si estás empezando esta práctica de «oración vulnerable», es bueno intentar tocar todos estos puntos. Pero vuelvo a recordarte que en la Biblia encontramos bastante flexibilidad en los diferentes aspectos. Un buen ejemplo es el Salmo 88, el cual solo contiene expresiones de lamento. Este es un gran descanso para aquellos que con una mucha amargura pueden expresar su dolor porque están viviendo una temporada de duelo o depresión.

## Dios siempre responde

Siempre tendremos la oportunidad de comunicarnos con Dios y escuchar lo que tiene que decir. Aunque nos cueste reconocerlo en todo momento, siempre estamos en relación con Dios. ¡No importa qué tan banal sea la actividad, estás en relación con Dios hasta cuando duermes![1] No hablo de escuchar una voz que nos dé palabras especiales y únicas,[2] porque no necesitamos que lo haga

---

1. Sal. 139:2.
2. Reconozco que a algunos, su postura con respecto a dones como la profecía podría darle matices distintos a esta afirmación. Pero creo que todos los cristianos estamos de acuerdo en que ningún creyente, ya sea continuista o cesacionista, puede depender todo el tiempo de lo que otros le digan que «Dios dice». Cada creyente, sin importar su postura, necesita crecer en el conocimiento de la Biblia para distinguir, discernir y conocer lo que Dios dice respecto a sus circunstancias.

de esa manera. Su Palabra es la fuente infinita de revelación para nuestras vidas. Su «hablar» *siempre* estará alineado con la revelación bíblica. Como Él es bueno y sabe lo que necesitamos, nunca ofrece verdades incompletas o superficiales, sino que las ajusta a la necesidad particular del momento. Sin embargo, tenemos la responsabilidad de abrir esos espacios de intimidad con Dios para que esto suceda.

Es posible que la expresión «intimidad con Dios» suene extraña al principio. Pero si lo pensamos con detenimiento, no existe una relación cercana en donde ambas partes no se lleguen a conocer íntimamente. Sin duda, Dios nos conoce más de lo que nos conocemos a nosotros mismos, pero cuando se trata de desarrollar una relación con Él, necesitamos revelar lo que está en nosotros. Esto es por nuestro beneficio y no porque Dios lo necesite. Como dije, esto puede ocurrir en un menor grado en cualquier otra relación. El hecho de que otra persona conozca sobre tu vida (porque quizás alguien le contó o te siga en redes sociales) no crea una relación íntima de forma automática. Cuando revelas tu corazón y buscas conocer el del otro, se produce un sentimiento de cercanía e intimidad.

¡Intimidad y cercanía es lo que todos los seres humanos anhelamos! No hay nada mejor que estar en un lugar seguro, donde podemos ser nosotros, sin tapujos, sin peligro y sin posibilidad de abandono. Cristo abre la posibilidad para que esto suceda con nuestro Padre celestial en oración:

Desahogamos nuestros pensamientos con toda transparencia.
Derramamos nuestro corazón con vulnerabilidad.
Dejamos que brote lo que tenemos dentro en Su presencia.

Esa es la definición de la «intimidad»: conocer y ser conocido. Por otra parte, necesitamos conocer a Dios y también saber qué dice en toda circunstancia. Meditar y escribir sobre nuestros secretos más profundos es un ejercicio completamente infructuoso si no damos este segundo paso. Te pregunto: ser más conscientes de nosotros mismos, ¿podría ayudarnos a vivir una «mejor vida»? Claro que sí. Sin embargo, el ser humano no florece teniendo una mejor vida, florece conociendo y reconociendo a Dios en su caminar. De nada sirve tener una vida maravillosa aquí en la tierra si perdemos la vida eterna.[1]

No conocer lo que Dios dice, no tomar en cuenta Sus aportes, no someternos a Su definición de la realidad y no buscar Su guía en todas nuestras sendas es la definición de la rebeldía y la falta de sabiduría.[2] La garantía para no caer en confusión emocional se sustenta en nuestro conocimiento de la Biblia. A través de tu lectura diaria de la Palabra de Dios, Él «ilumina tu sendero». Nota el contexto en el cual se encuentra ese versículo:

Tu palabra es una lámpara a mis pies;
es una luz en mi sendero.
Hice un juramento, y lo he confirmado:
que acataré tus rectos juicios.
SEÑOR, *es mucho lo que he sufrido*;
dame vida conforme a tu palabra.
SEÑOR, acepta la ofrenda que brota de mis labios;
enséñame tus juicios.
Mi vida pende de un hilo,
pero no me olvido de tu ley.
Los impíos me han tendido una trampa,
pero no me aparto de tus preceptos.
Tus estatutos son mi herencia permanente;
son el *regocijo de mi corazón*.
Inclino mi corazón a cumplir tus decretos
para siempre y hasta el fin. (Sal. 119:105-112, énfasis mío)

Leer este salmo es cómo si hubiéramos entrado sigilosos a la habitación de una persona que está hablando con Dios. La vemos en la esquina con apenas una vela encendida para ver lo que escribe en medio de sollozos: «Estoy en circunstancias horribles, me siento terriblemente mal, no tengo adónde ir más que a ti, Señor mío, mi Guía, mi admirable Consejero».[3] Reflexionar en

---

1. Mat. 16:26-27.
2. Prov. 3:5-7; 9:10-12.
3. Ver Isa. 9:6.

este salmo con más detenimiento nos ayudará a descubrir que habla del amor por la Palabra de Dios en un momento particular de gran angustia y desesperación. Sus palabras modelan lo que tú y yo deberíamos hacer con mucho más frecuencia, esto es, expresar nuestra necesidad y recordar que Dios siempre tiene algo que responder.[1]

## La respuesta siempre está en Su Palabra

Por muchos años, fui fotógrafa profesional. Mi especialidad eran las bodas. Las bodas muchas veces se celebran en hoteles que tienen grandes salones alfombrados y bellos candelabros que cuelgan de un alto cielo raso. Esos salones se dividen por medio de un sistema de paneles que corren con facilidad. Un salón de fiestas puede cerrarse para que tan solo un área muy pequeña sea accesible y apropiada para, por ejemplo, una reunión ejecutiva. El espacio también puede expandirse para una fiesta mediana, como un *baby shower,* y se puede llegar a abrir todo el espacio para acomodar varios cientos de personas. El gran salón es tan espacioso que se presta para distribuirlo en diferentes secciones: la tarima para el grupo musical, la pista de baile, las mesas y el *buffet* (mi parte favorita).

De igual manera, cuando comienzas tu caminar con Dios y apenas comienzas a conocer la Palabra de Dios, inicias en un espacio pequeño... un «pequeño salón ejecutivo de conocimiento bíblico». Ese espacio es perfecto porque tus problemas y preguntas suelen ser más generales; es decir, apenas estás entendiendo lo que significa seguir a Jesús. El asunto es que muchas personas se conforman con ese espacio por mucho tiempo, y para el momento en que las preguntas y dudas se vuelven más complicadas, ya no hay espacio para la respuesta de Dios. Pero el Señor quiere que disfrutemos Sus verdades a nuestras anchas. Nuestra lectura diaria y el estudio bíblico profundo poco a poco va corriendo los

---

1. Estoy en deuda con mi profesor David Powlison, quien con tanta perspicacia observó detalladamente el Salmo 119 en su maravilloso artículo «*Suffering and Psalm 119 - "I would have perished in my affliction if Your words had not been my delight"*». The Journal of Biblical Counseling, otoño de 2004.

«paneles» de nuestra vida. Lo que antes veíamos de forma limitada, poco a poco va ganando terreno. El conocimiento bíblico cobra vida y vemos las verdades bíblicas expresadas en una variedad de espacios y modalidades.[1]

Cuando llenas tu corazón de la Palabra de Dios, empiezas a notar con más claridad cuando Él se está comunicando contigo. Él podría traer un pasaje bíblico específico a la mente cuando planteas un sentimiento de duda o algo por lo que estás sufriendo. Su Espíritu Santo te guía al responder con un proverbio cuando guardas silencio después de una oración de preocupación. Puede traer convicción de pecado cuando cantas un himno cargado de teología y verdades oportunas.

El Señor alegra tu corazón al recordarte Su fidelidad y disipa tus temores cuando escuchas la predicación fiel de la Palabra. Cuando adoras de corazón junto con tus hermanos en la fe, las voces a coro les recuerdan las verdades que ensanchan su esperanza. Dios puede consolar tu aflicción a través de tu familia de fe por medio de un consejo bíblico sabio, una intercesión o una perspectiva fresca de una historia del Antiguo Testamento. Dios puede hablarte a través de las circunstancias cuando las cosas se dan de tal forma que no cabe duda de que todo lo que te está ocurriendo, de una u otra manera, es para llevarte a progresar en tu santidad.

Descubrir tus emociones y sus motivaciones puede darse de una forma abrupta y sorprendente, aunque también podemos descubrirlo por medio de un sutil susurro interno. Sea cual sea el nivel de impacto, Dios ha provisto para nosotros tres «vías de gracia». Por medio de esas vías de gracia, nos acercamos a Dios y resolvemos lo que hallamos en nuestro corazón. Hablaremos de estas vías en los próximos capítulos.

---

1. Para recursos sobre cómo estudiar la Biblia en profundidad, visita mi página web: www.proyecto-coramdeo.com.

# ¿Cómo te sientes? ¡Díselo a Dios!

Durante tu tiempo devocional en los próximos días, te invito a leer cada uno de estos salmos: 23, 25, 55, 73 y 131. Luego, hazlo tuyo al reescribirlo con tus propias palabras o parafrasearlo.

También puedes expandir los detalles al «rellenar los espacios en blanco». Déjate guiar por los temas principales que ellos proponen y cuando sea oportuno añade tus propias preocupaciones, deseos, temores, pecados, pensamientos, circunstancias, etc.

Tal vez pienses: «Pero no tengo mucho que hablar con Dios, no estoy pasando nada muy grave». ¡No pienses que tus problemas son muy pequeños o insignificantes para Dios! Este ejercicio es poderoso precisamente porque te ayuda a ver de manera minuciosa, como con una lupa, todo aquello que parece insignificante y así encontrar «temas» o «patrones» que de otra manera nunca hubieras observado en tu vida. No olvides que estás en el lugar ideal para ir conociendo tu corazón. Recuerda, se trata de estar «vigilante».

Cuando surjan los tiempos difíciles, las tentaciones o el sufrimiento, no te tomará por sorpresa tu reacción porque ya habrás identificado muchas cosas y te será más sencillo escuchar el susurro del Espíritu Santo, revelándotelas desde nuevos ángulos y con más precisión.

# CAPÍTULO 11

# Un gozo poderoso

¿Existe algún momento en tu vida donde hayas podido decir: «Todo está en su lugar»? Cuando digo «todo», me refiero a que no hay ni un solo rincón de tu vida donde haya desorden... absolutamente todo está en completa paz y armonía. ¡Cómo nos encantaría decir tal cosa! En esta primera parte, consideraremos el verdadero gozo que tienes en Cristo y después ahondaremos en las tres vías hacia ese gozo para cualquier momento en que te sientas cargado o cansado emocionalmente.

Vale notar que el tipo de gozo que el ser humano anhela no es un constante júbilo, o una vida de risas. Estas emociones son buenas, pero son intensas y de corta duración por buena razón: sería agotador sentirse eufórico de alegría constantemente. En realidad, lo que nuestro corazón anhela es una constante de gozo armonioso, sosegado, paz y reposo (con algunos momentos de júbilo, por supuesto). El conflicto puede ser entretenido cuando lo vemos en películas o novelas, pero no lo es para nada en nuestras propias vidas. Cuánto anhelamos la ausencia de conflicto, la paz y el orden en el trabajo, la familia, la salud, las amistades, el matrimonio, la iglesia. Obtener esa paz en esas áreas ofrece el fruto más anhelado en nuestro corazón: total satisfacción en nuestra vida emocional.

Cuando piensas en tus momentos de caos emocional, es fácil reconocer que lo que deseas es gozo. La mente caída puede imaginar que la forma de obtener ese gozo es solucionar el problema que se está enfrentando. Parece «evidente» que la paz se encuentra al salir de la tormenta. Sin embargo, los cristianos más admirables te dirán que ese no siempre es el caso.

Sin duda, en Su misericordia, Dios muchas veces obra milagros en nuestras vidas y revela Su poder y bondad a manera de sacarnos del aprieto. Sin embargo, otras veces también revela

Su misericordia y Su bondad al mantenernos en el aprieto para enseñarnos verdadera paz. Una paz que no depende de las circunstancias. Muchos piensan que el mayor milagro que Dios puede hacer es liberarnos de las situaciones difíciles, pero ¿puedes ver cómo esta creencia se alinea con el mundo? La paz que Dios promete es la paz que «sobrepasa todo entendimiento».[1] Si la solución es siempre que Dios saque a Sus hijos de los problemas, ¿cómo es que Su paz sería una que «sobrepasa todo entendimiento»? ¡La paz de salir del problema la entiende hasta la persona más atea!

La paz que sobrepasa todo entendimiento es encontrarse con Jesús en medio del caos. Jesús no ofrece paz de la misma forma que la ofrece el mundo,[2] porque aunque las soluciones de este mundo posibiliten la salida de un sufrimiento, lo más probable es que pronto caerás en otro tiempo difícil. Hoy puede ser que tu negocio se salve, pero mañana quizás tu hija presente una enfermedad grave. En medio de las dificultades que producen una crisis emocional, la paz sobrenatural no descansa en salir del problema, sino que descansa en vivirlo de la mano del Dios trino y en encontrarse con el Señor cara a cara. Esto significará para ti encontrar mayor intimidad, admiración y dependencia del Señor. Es el momento en que la figura de Jesús pasa de ser un crucifijo que cuelga del cuello de tu abuelita a una persona real que está presente, que habla con palabras consoladoras y que camina a tu lado. Es el momento en que el susurro del Espíritu Santo, aunque sutil, se vuelve imposible de ignorar. Es el momento en que el Padre se revela con gloria y poder en tu vida y al mismo tiempo con la más hermosa ternura.

Nuestro descanso radica en un presente que ofrece múltiples oportunidades de relación con Dios y de un futuro en el que Dios mismo garantiza una total satisfacción con Él. En la Biblia vemos cómo Dios trae orden al caos. Primero, en el principio del mundo, donde solo había desorden y vacío.[3] Luego en el Edén, donde el

---

1. Fil. 4:7.
2. Juan 14:27.
3. Gén. 1:1-3.

hombre obtuvo propósito y estatutos para cumplir.[1] Trágicamente tuvo que reordenar la realidad cuando el hombre escogió el caos que le ofreció la serpiente.[2] Más adelante, este nuevo orden tomó forma de ley entregada por medio de Su siervo Moisés.[3] Pero no acabó en ese momento, porque la meta de nuestro Dios se vislumbra desde tiempos antiguos en medio del caos y la anarquía humana:

> El Señor le ordenó a Moisés: «Diles a Aarón y a sus hijos que impartan la bendición a los israelitas con estas palabras:
> "El Señor te bendiga y te guarde;
> el Señor te mire con agrado
> y te extienda su amor;
> el Señor te muestre su favor
> y te conceda la paz"»… (Núm. 6:22-27, énfasis mío)

Dios escogió a un pueblo para revelar Sus planes de traer Su reino de paz y armonía. Los cristianos somos hoy los receptores de todas las promesas del reino de Dios por medio del evangelio. Desde el principio, se viene revelando la paz y el orden final que Jesús traería consigo en Él, Emanuel, «Dios con nosotros».[4] Él nos provee la paz y el gozo que nuestro corazón ansía a través de Su obra.

La bendición que transmitiría Moisés al pueblo en el Antiguo Testamento es plena y completa en Cristo. Esta promesa es una realidad para ti y para mí desde el momento en que el Señor nos puso a Sus pies y le rendimos nuestras vidas en arrepentimiento y fe. Somos *bendecidos* porque estamos en relación con el Dios santo a pesar de nuestra impureza. El Señor nos ha justificado en Cristo y ahora nos *guarda* y protege al sostenernos en la carrera hacia la santidad. El Padre nos *mira con agrado* porque la sangre de Cristo ha sido derramada para nuestra limpieza total. Dios nos ha extendido Su amor al entregar a Su Hijo por nosotros y

---

1. Gén. 1:27-31; 2:15-17.
2. Gén. 3:1-7.
3. Ex. 20.
4. Mat. 1:23.

al transformarnos cada día más a Su imagen. Nos ha mostrado Su favor al invitarnos a Su mesa. Él nos concede la única paz duradera.

¿Qué tiene que ver esto con nuestras emociones? Quizás podría parecerte un parloteo teológico, pero no lo es. Es una realidad espiritual que necesitamos reconocer en los momentos en que nuestras emociones nos predican palabras de otros dioses, soluciones vacías, «verdades» propias y afirmaciones de desesperanza. Es precisamente por «el gozo puesto delante de Él»[1] que Jesús soportó la tentación y el sufrimiento hasta la cruz. ¿Cómo pretendemos nosotros soportar nuestra tentación y sufrimiento de una forma diferente? En esos momentos de tentación y desesperanza, necesitamos poner nuestros ojos en el gozo puesto delante de nosotros. Jesús ha vencido y te ofrece Su paz para que, sin importar lo que pase y cómo te sientas, ¡sepas que el favor de Dios ya es tuyo en Él![2]

Él está contigo, ha vencido al mundo, tiene esperanza para tu vida y por eso vale la pena luchar por Su gozo. Aunque el mundo te jure paz, alegría y descanso en sus propios términos, aunque tus soluciones temporales e imperfectas parezcan las mejores para volver a sentirte bien y sin importar que no logres comprender por completo lo que Dios está haciendo en tu vida, aun así Su paz y Su gozo son los únicos que saciarán realmente tu corazón. Solo los obtendrás cuando te decides a descansar en Sus promesas y prestas atención a lo que ya está haciendo en tu vida. Al mismo tiempo, Su gran amor desplegado en tu vida te motivará a que te ocupes de Su reino y a que camines en Su justicia, cueste lo que cueste.[3] Jesús enseñó:

> El que me ama,
> obedecerá mi palabra,
> y mi Padre lo amará,
> y haremos nuestra morada en él.
> El que no me ama,

---

1. Heb. 12:2, NBLA.
2. Juan 16:33.
3. Mat. 6:33.

no obedece mis palabras.

Pero estas palabras que ustedes oyen no son mías,
sino del Padre,
que me envió.
Todo esto lo digo ahora que estoy con ustedes.
Pero el Consolador,
el Espíritu Santo,
a quien el Padre enviará en mi nombre,
les enseñará todas las cosas
y les hará recordar todo lo que les he dicho.
La paz les dejo; mi paz les doy.
Yo no se la doy a ustedes como la da el mundo.
No se angustien
ni se acobarden. (Juan 14: 23-28, énfasis mío)

Un par de capítulos después, leemos:

Yo les he dicho estas cosas
para que en mí *hallen paz.*
En este mundo afrontarán *aflicciones,*
pero ¡*anímense!*
Yo he vencido al mundo. (Juan 16:33, énfasis mío)

Como hemos visto, nuestros sentimientos y emociones tienen el poder de mantenernos firmes o desviarnos por completo. En el capítulo 3, hablamos de Jesús y de cómo nos anima a confiar en Él porque ha «vencido al mundo».[1] Jesús está reconociendo que en este mundo viviremos aflicción y nos ofrece el consuelo de *Su paz.* Aunque a primera vista, estos pasajes podrían sentirse como una carga debido a que nos llaman a la obediencia, ten en cuenta el vocabulario emocional recurrente en el primer pasaje (enfatizado en itálica): amor, consuelo, paz, angustia, temor (cobardía), «¡anímense!».

Si nos proponemos a no ver este pasaje como un mandamiento frío y fatigoso, entonces podremos apreciar la gran verdad que

---

1. Juan 16:33.

vemos insertada allí. Jesús hace un gran esfuerzo para hacerte ver que no estás solo. En color, puedes ver enfatizada la presencia trinitaria de Dios a través de todo el pasaje y puedes observar que:

- El padre ha enviado al Hijo para alcanzarte.
- El vínculo del amor hace que el Padre haga morada en ti junto con el Hijo.
- El Padre te habla a través del Hijo.
- El Padre no solo envió al Hijo, también envía al Espíritu Santo.
- El Espíritu Santo te consuela, te enseña y te recuerda las palabras del Padre dichas por el Hijo.
- El Dios trino te concede Su paz.

En los momentos de crisis, sentimos una gran tentación de pensar que Dios nos ha abandonado, que no nos ve, que tiene hijos predilectos pero nosotros estamos fuera de esa lista privilegiada. Nuestras emociones dolorosas gritan: «¡Dios te ha mentido, busca tu propia solución, alivia tu corazón de otra manera!». Pero en medio de la estridencia de tus emociones, en estos pasajes de Juan (y muchos más) Dios susurra: «Puedes dejar atrás las sospechas de que soy un Dios castigador o caprichoso que juega con tu vida como si fuera una diversión cósmica».

El problema es que creemos que Dios es como las personas, particularmente como aquellas que nos han decepcionado y herido. Pero Dios no falla ni cambia a Su antojo como los seres humanos[1] que te han fallado tantas veces. Dios es infinitamente santo, por lo tanto es también infinitamente confiable. Dios no comete pecado como nosotros. Nunca te fallará, Su naturaleza lo hace imposible. No solo puedes creer en Él, puedes creerle a Él. Si decides creerle —a pesar de tus emociones difíciles—, llegarás a descansar en Él. Sin fe, es imposible disfrutar de Su gozo, porque siempre buscarás otros dioses que suplan un gozo frágil y el único destino que te espera es lo opuesto a Su paz: la zozobra y el caos.

---

1. Sant. 1:17.

# ¿Qué hago con todo esto?

Vale la pena repetirlo: conocerte no tiene como propósito que te quedes atascado en ti mismo. Por el contrario, miramos hacia adentro con el fin de pronto mirar hacia arriba. Al reflexionar en tus emociones, pensamientos y acciones podrás decir: «Entiendo bien mi corazón, mis motivaciones, pensamientos y emociones... pero ¿ahora qué hago con todo esto?». En las palabras de Jesús citadas anteriormente, podremos notar los tres medios de gracia que los discípulos de Cristo podemos tomar para resolver nuestro embrollo interno y redireccionar nuestro corazón hacia el Dios de los cielos:

*«Enviará un consolador». La vía del lamento:* El Espíritu Santo interviene como mediador, consolador, animador y ayudador en medio de nuestra angustia. Cuando estamos atravesando los sufrimientos más voraces, Dios escucha y sostiene para que tengamos un gozo y una paz que sobrepasan nuestro entendimiento.

*«No se acobarden». La vía del arrepentimiento:* Muchas veces, nuestras emociones revelan pecados del corazón e idolatrías que no sabíamos que ejercían tanto dominio en nuestra vida. Cuando descubrimos la tentación a ceder buscando soluciones propias, correr a ídolos o a vivir en autoconmiseración, Jesús nos dice que seamos valientes, que nos mantengamos firmes y que vayamos a Él. Nuestra tendencia es a fallar y buscar otras alternativas aparte de Dios para resolver nuestra culpa y vergüenza, pero el arrepentimiento nos ofrece nuevas oportunidades para ser valientes y permanecer en gozo; es decir, restaurar la paz con Dios.

*«Pero anímense». La vía de la gratitud:* El Espíritu Santo nos recuerda todo lo que Dios ha hecho en nosotros y a nuestro favor. También corremos tras el gozo de Cristo y prestamos atención al avance del reino de Dios a nuestro alrededor. Somos espectadores de la obra de un Dios maravilloso, Él nos ha concedido un asiento único en el teatro de la vida. La gratitud se observa a través de los binoculares que nos permiten apreciar el grandioso espectáculo. Toda oportunidad para agradecer es un espacio que ofrecemos para asombrarnos de Su gloria y para que Dios restaure nuestras energías.

Como ninguna situación y ninguna emoción viene completamente pura, en la mayoría de los casos, todas las situaciones que te afecten se resuelven cuando tomes las tres rutas en algún momento del proceso. Siempre habrá algo de dolor, pecado y santidad porque somos justamente seres que sufren, también seres que pecan y al mismo tiempo seres que han sido renovados en santidad.[1] Algunas situaciones nos llevarán más al lamento; por ejemplo, la pérdida de un ser querido. Pero esta situación también es ocasión de gozo, porque la voluntad de Dios para su vida se ha cumplido y puedes confiar en que es buena, agradable y perfecta.[2]

Esta también será ocasión para más adelante considerar tu pecado. Quizás tu gozo se encontraba en esa persona más que en la suficiencia de Cristo. Incluso cuando ese fuera el caso, el arrepentimiento de esta situación no sería el mismo que si estuvieras viviendo y yendo tras el pecado. La sabiduría está en discernir los matices de las situaciones en las que nos encontramos y saber cuándo es el tiempo de tomar cierta vía.

Me gusta pensar en estas tres «partes» dentro de nosotros como los tres diales de un ecualizador. Cada situación vendrá con una configuración de motivaciones en particular donde en algunos momentos nuestra parte que sufre es la que más alto volumen tiene. Otros momentos será la parte que refleja a Dios, nuestra santidad.[3] En otros momentos, será claro que el «yo pecador» es el que está guiando mis motivaciones. Incluso en otros momentos, dos diales estarán al mismo nivel. Es decir, podríamos estar haciendo algo altamente motivados por nuestra santidad y al mismo tiempo altamente motivados por nuestro pecado (o la «carne», como dice la Biblia).

La meta de pensar en estas categorías es considerar nuestras emociones y las circunstancias que las rodean, separarnos de

---

1. El doctor y consejero bíblico Michael R. Emlet escribió un libro muy recomendado sobre este tema: *Saints, Sufferers, and Sinners: Loving Others as God Loves Us (Helping the Helper)*, New Growth Press, 2021.

2. Rom. 12:2.

3. Esto se aplica a las personas creyentes, pero incluso si no se es creyente, sigue habiendo una moral intrínseca dada por Dios (Rom. 2:14-16). Este reflejo de Dios no se compara con la santidad completa restaurada por Jesucristo, pero sigue estando ahí. Tanto cristianos como no cristianos son hechos a Su imagen y lo reflejan, aunque sea un poco.

ellas para observarlas un momento y discernir lo que las está motivando.

## ¿Qué significa «resolver nuestro embrollo»?

Una palabra que tanto los círculos religiosos como los psicológicos utilizan con frecuencia es «sanar». La palabra tiene sus usos legítimos, mas creo que puede implicar que si un tema vuelve a surgir en nuestra vida, es porque «realmente no lo hemos sanado». Es una palabra que puede deslegitimizar un proceso duro y valioso que en algún momento se haya hecho para resolver una experiencia emocional. Si volvemos a experimentar algo similar en el futuro, pensar que «no sanamos totalmente» nos puede llevar a caer en la derrota, sin reconocer que algunas de nuestras luchas son cíclicas y con frecuencia vuelven con un matiz distinto.

Cuando detallo estas vías y hablo de «resolver», no estoy hablando de «arreglar el problema». Más bien, hablo de encontrarnos con Jesús *en medio del problema*. Es decir, ver las cosas desde Su perspectiva, identificarnos con Él y poco a poco dejar que nuestro corazón se parezca más al suyo en Sus pensamientos, emociones, deseos, amor por Dios, voluntad y actuar.

Sopesamos nuestro corazón con el fin de encontrar paz en Cristo y seguir adelante con gozo por medio del proceso de reflexión. «Resolver» nuestros sentimientos perturbados puede lucir de muchas formas. Podría significar que te das un tiempo para sentir como Jesús. En el duelo, por ejemplo, la pérdida hace surgir muchas emociones motivadas por un deseo perdido de conexión con el ser querido. Esas emociones necesitan tiempo, y dar espacio para el lamento.

El lamento se genera por nuestro pecado en otras circunstancias. Jesús no pecó, pero nos dejó enseñanzas claras con respecto a nuestra necesidad de estar atentos a cómo andamos y arrepentirnos cuando sea necesario. En muchas ocasiones, «resolver» puede implicar arrepentimiento, un cambio de dirección, pedir perdón a Dios y a otros.

De la misma forma en que Jesús se gozó por el avance del reino y la obra de Dios en las personas, para nosotros, «resolver» también puede significar una lucha por una gratitud radical que nos recuerda que Jesús ha vencido al mundo y que tiene algo que decir en tu confusión. La gratitud radical busca gozo por lo que Dios ha hecho en el pasado, lo que está haciendo hoy y lo que promete que hará en el futuro y la vida venidera. Estas son las vías del gozo, y podríamos decir que son también las vías de la permanencia. Son vías que te llevan al maravilloso destino del descanso en el Señor. Tus emociones son poderosas y si las sabes aprovechar, entonces cuando surgen podrán funcionar como una alarma que te recordará que Él te ofrece un gozo formidable y una paz «que sobrepasa todo entendimiento».[1]

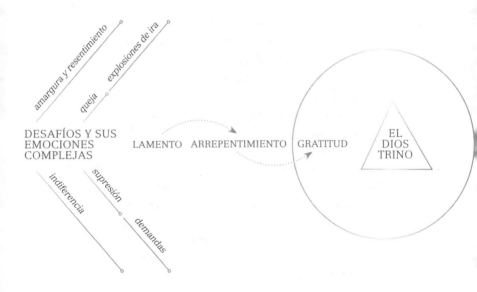

En el gráfico, puedes ver que toda situación en tu vida representa una elección en donde puedes tomar la decisión de correr a tus ídolos del corazón y a conductas destructivas o tomar otro

---

1. Fil. 4:7.

camino y aprovechar la oportunidad para recorrer una, dos o tres vías de gracia. Está en ti escoger si tomarás esas vías o si tomarás otras rutas que te llevan a destinos estériles. En las siguientes tres secciones más pequeñas, hablaremos de la vía del lamento, del arrepentimiento y de la gratitud con más detalle.

# CAPÍTULO 12

# La vía del lamento

## «Enviará un consolador»

Rebekah Eklund, en su disertación sobre el duelo, afirma que el lamento «es un clamor persistente de salvación al Dios que promete salvar, en una situación de sufrimiento o pecado, con la confiada esperanza de que este Dios escucha y responde a los clamores, y actúa ahora y en el futuro para restaurar. El lamento pide a Dios que sea fiel a Su carácter y que cumpla Sus promesas».[1]

El Antiguo Testamento nos muestra un tipo de lamento que contiene diferentes características como la queja, la imprecación, la confesión y la petición, entre otros. Aprender más sobre el tema es siempre beneficioso, pero lo que más vemos en el Nuevo Testamento son oraciones que no necesariamente cumplen con las características del lamento del Antiguo Testamento. De cualquier forma, tienen el mismo espíritu al expresar emociones duras como la angustia, la indignación, la decepción, la confusión delante de Dios y la comunidad y, al mismo tiempo, una manifestación de confianza en un Dios que escucha y tiene el control absoluto.

Los Evangelios nos muestran, por ejemplo, que la muerte de Lázaro estuvo rodeada de lamento, incluyendo el de Jesús. El Señor expresó un sentimiento de profunda angustia a Su Padre en Getsemaní. Pablo manifestó que sentía «gran tristeza y [...] continuo dolor» en su corazón[2] por sus hermanos israelitas que no aceptaban a Jesús como el Mesías. Los santos claman a gran voz en Apocalipsis: «¿Hasta cuándo, Soberano Señor, santo y

---

1. Eklund, Rebekah Ann. *Lord, Teach Us How to Grieve: Jesus' Laments and Christian Hope.* Disertación para Duke Divinity School, Universidad de Duke. 2012. p. IV
2. Rom. 9:1-3.

NO DESPERDICIES TUS EMOCIONES

veraz, seguirás sin juzgar a los habitantes de la tierra y sin vengar nuestra muerte?».[1] Estos ejemplos del Nuevo Testamento revelan a personas que viven y expresan angustia y tristeza profunda sin que se condenen sus emociones como algo malo.

## ¿«No se angustien»?

¿Qué actitud resultante imaginas después de escuchar a Jesús decir: «No se angustien»? ¿Estaría Jesús demandando total confianza y fe al punto de nunca tambalear? ¿Quiere decir que angustiarse es fallar a un mandato de Jesús? Es triste pensar que nuestra religiosidad moralista podría llevarnos a leer estas palabras de una forma tan absurda. Si recordamos los momentos tan angustiosos que Él mismo vivió, entonces «no se angustien» no podría ser un mandato intransigente para que permanezcamos en una completa ecuanimidad en todo momento.

Los humanos experimentamos sentimientos que pareciera que nos van a derribar y destruir por completo. Me refiero a situaciones que van acompañadas de sentimientos tan profundamente dolorosos que tiñen cada minuto de nuestros días... una pérdida de un bebé recién nacido, un accidente que deja grave a tu esposa, la soledad de la soltería, la atracción no deseada al mismo sexo, la opresión vivida por un tutor, el abuso sexual, un pecado grave con consecuencias devastadoras, una separación conyugal, enfermedades crónicas o tragedias a nivel de comunidad o país.

El lamento es una vía poderosa y muy frágil al mismo tiempo. Cuando una tragedia nos toma por sorpresa y trae aparejada costos inmensos, no encontramos fuerzas para funcionar ni para llevar a cabo las actividades más comunes. Por eso, al ejercitar el lamento en circunstancias menos trágicas (pero que aun así duelen), vamos desarrollando la facultad de correr a Dios con nuestro corazón roto en la mano. Somos seres que sufren, por lo tanto, necesitamos con urgencia el consuelo de Dios por medio del Espíritu Santo. El consuelo de Dios es justamente el vehículo hacia el gozo más poderoso de todos y el que produce nuestra

---

1. Apoc. 6:10.

mayor confianza y cercanía a Él. El consuelo y descanso más extraordinario que Dios nos ofrece es la vida eterna. Pero Dios, en Su maravillosa bondad, también nos consuela y sostiene en esta vida. La Biblia dice que no hay súplica que a Dios le desagrade, siempre y cuando la hagamos con reverencia y reconociendo que Él es quien sabe lo que es mejor. Pablo comienza su primera carta a los corintios de la siguiente forma:

> Alabado sea el Dios y Padre de nuestro Señor Jesucristo, Padre misericordioso y Dios de toda consolación, quien nos consuela en todas nuestras tribulaciones para que, con el mismo consuelo que de Dios hemos recibido, también nosotros podamos consolar a todos los que sufren. Pues, así como participamos abundantemente en los sufrimientos de Cristo, así también por medio de él tenemos abundante consuelo. (2 Cor. 1:3-5)

David habla sobre la forma en que Dios recibe el lamento que trae el verdadero arrepentimiento:

> El sacrificio que te agrada es un espíritu quebrantado; tú, oh Dios, no desprecias al corazón quebrantado y arrepentido. (Sal. 51:17)

Necesitamos tener presente que no solo somos seres que pecan, también somos seres que sufren; y cuando enfrentamos pruebas y desafíos dolorosos, nuestras emociones muchas veces causan estragos en nuestras vidas. La Biblia no solo no ignora nuestro dolor, sino que nos ofrece palabras que podemos usar para expresarlo. Los salmos presentan oraciones y canciones escritas con el solo propósito de darle voz al lamento; de hecho, más o menos un tercio de los salmos contiene algún tratamiento del dolor que las personas experimentan.[1] Vemos lamento por circunstancias difíciles personales,[2] expresiones de dolor en comunidad,[3] con-

---

1. Vroegop, Mark. *Dark Clouds, Deep Mercy*. Crossway, Illinois, 2019. pág. 30.
2. Sal. 3, 4, 5, 7, 9-10, 13, 14, 17, 22, 25, 26, 27*, 28, 31, 36*, 39, 40:12-17, 41, 42-43, 52*, 53, 54, 55, 56, 57, 59, 61, 64, 70, 71, 77, 86, 89*, 120, 139, 141, 142. Esta y las demás listas se encuentran en http://crivoice.org/psalmtypes.html
3. Sal. 12, 44, 58, 60, 74, 79, 80, 83, 85, 89*, 90, 94, 123, 126, 129.

fesiones de arrepentimiento profundo,[1] vemos salmos imprecato-rios[2] y algunos más que mantienen ese aire de lamento.[3]

El lamento incluye una descripción de las circunstancias y las quejas resultantes por aquello que se está viviendo, como, por ejemplo, expresiones de indignación, temor y frustración. Cuando le expresas a Dios que te sientes distante de Él, enfurecido, solo, vulnerable, ignorado, avergonzado, lo que estás haciendo es lamentarte como lo hicieron los salmistas del Antiguo Testamento. Este tipo de oración (o canción) no se queda en la queja, sino que también incluye súplicas, expresiones de fe y confianza en la fidelidad de Dios.

¿Has meditado alguna vez en las súplicas del Señor en el Monte de los Olivos?[4] Jesús expresa Su deseo de no experimentar los sufrimientos que le esperaban y ruega a Dios que lo exima de morir en la cruz. ¡No lo hace una o dos veces, sino en tres oportunidades![5] A pesar de que Jesús conocía bien el propósito de Su venida y sabía con absoluta certeza la misión que tenía que cumplir, aun así habló con Su Padre manifestando sin tapujos Su corazón atribulado que llegó a pedir lo opuesto al plan de Dios. ¿Pensaba Jesús que Dios cambiaría de plan? Creo que Jesús sabía que no sería el caso, porque Él mismo dijo esa noche:

> Ahora todo mi ser está angustiado, ¿y acaso voy a decir: «Padre, sálvame de esta hora difícil»? ¡Si precisamente para afrontarla he venido! (Juan 12:27)

Si Jesús conocía Su destino y sabía que Dios no cambiaría Sus planes... ¿por qué entonces se lamenta y suplica a Dios que lo salve? ¿Será que estaba contradiciéndose? Después de todo, la

---

1. Sal. 6, 32, 38, 51, 102, 130, 143.

2. Salmos que expresan indignación por la injusticia y deseo de que Dios intervenga: 35, 69, 83, 88, 109, 137, 140.

3. Parciales (secciones de lamento dentro de otros salmos): Salmos 9:13-20; 27:7-14; 40:11-17. Debatibles (salmos que algunos consideran de lamento o solo en parte lamento): Salmos 14, 36, 41, 52, 53, 63, 78, 81, 89, 106, 125, 129, 139.

4. Aunque esta escena dramática no cumple todos los aspectos del lamento según el patrón que vemos en los salmos, las notas de lamento en las palabras de Jesús son indiscutibles.

5. Mat. 26:39, 42, 44

Escritura enseña que «si pedimos conforme a su voluntad, él nos oye».[1] Jesús no oró de esta forma porque creyera que la voluntad del Padre era salvarlo de la angustia de la cruz, sino porque estaba hablando con Su amoroso Padre. El Padre era Su más seguro refugio para expresar lo que verdaderamente sentía. Jesús sabía que el Padre conocía por completo Su corazón y, aunque Sus sentimientos eran contrarios a la voluntad del Padre y Jesús los expresara con tanta franqueza, Él no dejaría de hacer la voluntad del Padre. Es revelador lo que leemos en la carta a los hebreos con respecto a las oraciones de Jesús a lo largo de Su vida:

> En los días de su vida mortal, Jesús ofreció oraciones y súplicas con fuerte clamor y lágrimas al que podía salvarlo de la muerte, *y fue escuchado* por su reverente sumisión. (Heb. 5:7, énfasis mío)

Jesús «fue escuchado»: Dios le concedió las fuerzas para soportar las muchas pruebas amargas que enfrentaría, y luego le dio el triunfo y la gloria de Su resurrección.[2] A lo largo de Su vida, Jesús acudió en medio de Sus más profundas angustias al único que podría fortalecerlo en medio de Su sufrimiento y tentación. Jesús «fue escuchado» o fortalecido por Su sumisión reverente al Padre. El griego para «reverente sumisión»[3] conlleva la idea de un temor o asombro santo que implica obediencia. Es decir, Jesús clamó y se lamentó con una total sinceridad, pero también tenía una disposición absoluta de recibir lo que Dios tenía para Él. Sin duda, Jesús tenía una percepción perfecta del Padre.

La voluntad del Padre tenía prioridad sobre Sus emociones, pero eso no evitó que Jesús expresara lo que estaba sintiendo de forma clara y abierta. Jesús modeló lo que todos los creyentes podemos hacer cuando expresamos nuestra angustia sin reservas a Dios, aunque lo que estemos sintiendo y queriendo sea totalmente opuesto a Su voluntad. Observa de nuevo el Salmo 88, el cual ofrece un ejemplo impactante, no solo por el lamento que

---

1. 1 Jn. 5:14.
2. Heb. 5:10.
3. *Eulabeia.*

contiene, sino porque es uno de los pocos salmos que no incluyen el «ver hacia arriba» de forma explícita. El salmo es un lamento que solamente expresa esperanza en Dios de forma tácita (volverse a Dios es una señal en sí misma de que creemos en Él):

> Todo el día me rodean como un océano;
> me han cercado por completo.
> Me has quitado amigos y seres queridos;
> ahora solo tengo amistad con las tinieblas. (Sal. 88:17-18)

Es interesante notar que este no es un salmo de David, sino que se trata de un salmo escrito por los hijos de Coré para ser cantado en coro por el pueblo de Dios. ¡Esta canción tan devastadora fue escrita para ser cantada en comunidad! No solo había espacio para dolerse en la presencia de Dios, sino que los miembros del pueblo de Dios se dolían juntos. Es una lástima que hoy, como los amigos de Job, algunas personas, aunque bienintencionadas, responderían a la manifestación de los sentimientos de lamento de Jesús y los demás autores bíblicos con preguntas como estas:

> ¿Hombre, cómo se te ocurre?
> ¿Acaso no confías en Dios?
> ¿Será que has cometido algún pecado y por eso estás en esta tragedia?
> ¿Cómo te quejas de esta manera?
> ¿De verdad eres cristiano?

No caigas en el engaño que te hace pensar que el lamento no es un verdadero acto de fe. Tu carne va a buscar soluciones inmediatas, escapes y placeres que entumezcan tus emociones porque será más «fácil» hacer cualquier otra cosa con ellas antes que llevarlas por completo a tu Padre en oración... las veces que sea necesario.

Es evidente que no se habla de las emociones de lamento con mucha frecuencia en nuestras iglesias. Lo cierto es que, a menudo, se predica todo lo contrario: una teología triunfalista que no deja espacio para el sufrimiento individual y comunitario.

No son pocos los que ven la manifestación del dolor como una señal de pecado o debilidad espiritual y falta de fe. Me pregunto si tememos darle rienda suelta a lo que sentimos porque pensamos que, en lugar de acercarnos, nos terminará alejando de Dios. También me pregunto si nuestra necesidad de control es la que nos mantiene aferrados a esas promesas de «palabras de fe» que garantizan los resultados que deseamos y así huir del sufrimiento. Es muy incómodo vivir en la incertidumbre y el lamento que el sufimiento trae consigo. Es la incertidumbre que nos recuerda que nada está bajo nuestro control, pero también junto con el lamento, son la clave para vivir en sumisión a Dios y entender el corazón de Jesús.

¿Será que la iglesia ha caído en el engaño del «positivismo tóxico»? Este término secular, el cual se conoce como un positivismo excesivo donde se anima a la persona a recitar afirmaciones esperanzadoras en situaciones difíciles y actuar como si todo estuviera bien. La iglesia ha cristianizado este concepto con conceptos como «el poder de la lengua» donde te advierten que debes tener cuidado de no «declarar» cosas negativas acerca de ti o de tu vida. Es una deforme interpretación de unos cuantos pasajes bíblicos mal aplicados. Quienes abrazan esta doctrina mundana terminan ignorando las emociones difíciles de los demás, esconden sus propias emociones dolorosas, viven ignorando o negando sus problemas y experimentan culpabilidad por estar tristes o enojados.

Los salmos demuestran que esto no tiene por qué ser así. Te pido que tengas siempre presente que el lamento da voz a nuestros sufrimientos, nos apunta a la esperanza eterna que tenemos en Cristo y mantiene unida a Su iglesia.

## Tu amor por Dios puede llevarte al lamento

Muchas veces sentimos dolor porque reconocemos que algo no se amolda al diseño y los principios del reino. No solo eso, todos los seres humanos, creyentes o incrédulos, son hechos a la imagen del Dios vivo. Por lo tanto, todos tenemos un instinto moral que informa lo que es bueno y lo que es malo.[1] Por lo tanto, muchas veces, nuestras emociones y sentimientos responden a esas realidades. Las guerras, la enfermedad, los desastres naturales o las injusticias sociales producen en todos los humanos emociones que revelan que fuimos hechos a la imagen del Dios de la Biblia. En el caso de hombres y mujeres que se reconocen creyentes cristianos, nuestro amor por el verdadero y único Dios produce una disonancia aún mayor con lo que vemos en el mundo. Aún es posible reconocer que muchas cosas a las cuales éramos totalmente apáticos, ahora sí nos afectan profundamente. Esto incluye tanto los grandes eventos y tragedias mundiales, como también todo lo que está roto en nuestro entorno inmediato y en nuestra propia vida. Puede sonar paradójico, pero este despertar anímico y emocional es motivo de sumo gozo si tomamos en cuenta que antes estábamos muertos en pecado, éramos enemigos de Dios. Nos tenían sin cuidado Sus principios y Su reino.[2]

Un ejemplo útil para entender la necesidad de lamentar nuestro pecado lo encontramos en lo que estaba ocurriendo en la iglesia de Corinto. En esa iglesia, había personas que se estaban comportando de maneras vergonzosas, no solo para los cristianos, sino hasta a los ojos de los no creyentes. Indignado de la tolerancia de la iglesia a esos individuos, Pablo les escribe:

¡Y de esto se sienten orgullosos! ¿No debieran, más bien, *haber lamentado lo sucedido* y expulsado de entre ustedes al que hizo tal cosa? (1 Cor. 5:2, énfasis mío)

Algunas personas sienten culpa o piensan que no tienen suficiente fe porque les duele algo que creen que no debería dolerles. Confunden las emociones negativas con emociones malas, esto es un craso error. Tiene sentido que una chica con padres negligentes se sienta triste y aislada y también que una mujer se sienta profundamente herida y traicionada luego de descubrir que su socia le ha robado dinero. Un padre hace bien en

---

1. Rom. 1:18-21.
2. Rom. 5:10-12; Col. 2:13.

lamentar la enfermedad degenerativa de su hijo. Sin duda, Dios abraza al joven que se siente impotente y airado por el abuso sexual que experimentó de niño. No solo no está mal lamentar estas circunstancias dolorosas, sino que ¡es justo, necesario y le da la gloria a Dios!

## Sugerencias para el lamento

El lamento no puede quedarse estático solo en la autoconmiseración y la queja. Tal actitud más bien sería indicio de falta de fe. El lamento reverente siempre conducirá a la esperanza en Dios. Presta una atención cuidadosa a tus emociones de tristeza y angustia porque podrían estar advirtiendo que la situación amerita, primeramente, tomar la vía del lamento. Podría tratarse de una oportunidad para expresar tu corazón a Dios con toda transparencia.

Estas son algunas características del lamento que puedes empezar a implementar:

1. Invocación: Es volverse a Dios y recordarse a uno mismo a quién me estoy dirigiendo y que puedo confiar en que Él sí inclina Su oído a mi clamor. Es un acto consciente de fe en el que nos volvemos a Dios. Por lo general, la invocación viene acompañada de súplicas y peticiones de ser escuchados (ver Sal. 17:1).

2. Presentación de la queja: Este es el meollo del asunto y la motivación de la oración. Es el momento en que detallas los eventos y tus emociones resultantes según la autorreflexión que hayas hecho (ver Sal. 55:12-13). También incluye la manifestación de nuestros sentimientos con respecto a lo que pensamos que Dios está haciendo o no. En muchos momentos, incluye preguntas a Dios por Su actuar (ver Sal. 13:1) y preguntas sinceras como, por ejemplo: «¿Hasta cuándo, oh Dios?».

3. Confesión o afirmación de inocencia: Expresar nuestro pecado tal como nos ha sido revelado por el Señor y poner palabras a lo malo que hemos hecho tiene un poder particular en el proceso de lamento y arrepentimiento (hablaremos de esto en la próxima sección). Por otra parte, reconocemos lo injusto que se ha hecho en contra nuestra. Algunos pensarán que decirle a Dios que somos inocentes es contrario a las Escrituras, pero debemos recordar que muchas veces somos victimizados y maltratados por otros. Afirmar nuestra inocencia no es asegurar que estamos libres de pecado, sino declarar nuestra participación en situaciones donde no hemos hecho nada para recibir maltrato o injusticia.[1]

4. Recordar la fidelidad de Dios: Creerle a Dios es una decisión que muchas veces no nos resulta natural porque conlleva recordar Su fidelidad en el pasado y la relevancia de la obra de Cristo a nuestro favor y todos sus beneficios. Es recordar Sus promesas para nuestra vida en la tierra, pero aún más las promesas magníficas de una vida eterna sin lamento ni lágrimas en Su reino. Necesitamos recordar y predicarnos las verdades de Dios a nosotros mismos para poder creer. También es importante alabar a Dios por Su glorioso amor y poder por encima de toda circunstancia y decirle: «Aunque yo no lo pueda ver, tu voluntad siempre es buena, agradable y perfecta».[2]

## ¿Cómo te sientes?

1. ¿Cuál de las tres vías te es más familiar y por qué crees que sea así?

_____

_____

---

1. Longman III, Tremper. *How to Read the Psalms.* InterVarsity Press, Downers Grove, IL. 2009, pág. 28.
2. Rom. 12:2.

2. ¿Hacia dónde normalmente huyes con tus lágrimas y dolor?

3. ¿Qué te detiene para que no tomes la vía del lamento?

4. ¿De qué maneras puedes ser un compañero de lamento para los que sufren en tu entorno?

# CAPÍTULO 13

# La vía del arrepentimiento

## «No se acobarden»

Como hemos visto, muchas veces la angustia que experimentamos tiene mucho que ver con sentimientos de culpa y vergüenza por nuestras fallas y pecados. Así como el lamento es una vía de gracia para enfrentar nuestro sufrimiento, el arrepentimiento es una vía de gracia para enfrentar nuestro pecado, las emociones que lo motivan y los ídolos que estas persiguen. El arrepentimiento se entiende como el deseo y la decisión de apartarse del pecado para restaurar nuestra relación de paz con Dios.

Muchos nos hemos convertido en expertos en suprimir la culpa, la vergüenza y la vulnerabilidad que experimentamos cuando actuamos en contra de todo aquello que refleja el carácter santo de Dios. Sus hijos ya no podemos —aunque queramos— cometer pecado y seguir como si nada. Mora en nosotros el Espíritu Santo, quien nos guía a toda verdad,[1] incluida la verdad que confronta nuestros deleites pecaminosos. Enfrentar nuestro pecado produce sentimientos incómodos y dolorosos, por eso nos sentimos muy tentados a ignorarlos. Desperdiciamos nuestras emociones, huimos y nos escondemos.

En Su generosidad, el Espíritu Santo manifiesta Su bondad al usar nuestras emociones para traernos de vuelta a una vida que agrade a Dios. Aunque el hábito de reflexionar y de hacer examen de conciencia no es agradable, sí es una práctica que produce mucho fruto. El arrepentimiento implica lamentar nuestro pecado, el cual conduce a un mayor aprecio por el Señor al habernos perdonado mucho. Ese aprecio nos conduce a la gratitud, la renovación de gozo y de la relación con Dios. Jesús resalta esta

---

1. Juan 16:13.

verdad cuando lo invitaron a la casa de Simón el fariseo, donde una mujer (con fama de pecadora) ungió Sus pies en frente de todos con muchas lágrimas. Cuando Simón se escandalizó por lo que estaba viendo, Jesús le respondió:

¿Ves a esta mujer? Cuando entré en tu casa, no me diste agua para los pies, pero ella me ha bañado los pies en lágrimas y me los ha secado con sus cabellos. Tú no me besaste, pero ella, desde que entré, no ha dejado de besarme los pies. Tú no me ungiste la cabeza con aceite, pero ella me ungió los pies con perfume. Por esto te digo: *si ella ha amado mucho, es que sus muchos pecados le han sido perdonados. Pero a quien poco se le perdona, poco ama.* (Luc. 7:44-47, énfasis mío)

## Corazón delator

Alguien podría decir que no necesitamos prestar mucha atención a nuestras emociones para reconocer nuestro pecado y necesidad de volvernos a Dios. Es verdad, el pecado suele ser muy evidente en nosotros. Pero por lo general, nos quedamos en la superficie, donde solo prestamos atención a los «pecados estrella», como los ataques de ira, las borracheras o la impureza sexual. No obstante, cuando le prestamos atención habitual a lo que sentimos, nos damos cuenta de que en nuestro actuar, nuestro corazón se está delatando.

Considerar los pecados estrella es muy necesario y suele ser nuestro primer encuentro con la realidad de que no solo cometemos pecado, sino que *somos* pecadores. Al inicio de nuestro caminar con Dios, es muy fácil reconocer lo que tenemos que cambiar, porque suele ser grande y evidente. Pero conforme pasa el tiempo, limitarnos a observar de forma exclusiva la conducta superficial de los pecados estrella es un craso error. No solo eso, es hasta perjudicial para nuestra vida cristiana. Es una gran tragedia caer en una actitud poco reflexiva que te lleva a pensar que ya no tienes mucho que superar porque «has dejado la vida pasada». Te creerás un buen cristiano y pensarás que, aunque no eres perfecto, al menos no eres como esos «flojos y escandalosos que todavía están en el mundo».

El cristiano sabio y maduro sabe que su pecado es mucho más abundante de lo que él mismo cree. Reflexiona sobre sus emociones pues lo conducen a los lugares más hermosos y espantosos de sí mismo. Escucha palabras como incredulidad, hipocresía o envidia. En vez de pensar que esas son características de personajes de telenovelas, le dice a Dios: «¡Ese soy yo!». En los matices sutiles de su vida, puede ver que su corazón necesitó a Jesús con desesperación ayer, pero también hoy más que nunca. Como decía el pastor Jack Miller:

> ¡Anímate! Eres un peor pecador de lo que jamás te atreviste a imaginar, y ¡anímate! Eres más amado de lo que jamás te atreviste a esperar.[1]

Empecemos entonces a tomar nota de aquellos pecados que están mucho más camuflados en el día a día:

- La *aversión al aburrimiento* te lleva a perder demasiado tiempo en las redes sociales.

- Lees una publicación en Instagram con la cual disientes, *te sientes irritado* y dejas de inmediato un comentario que apenas pasa por «cortés», pero en realidad tiene todo un tono indirecto y despectivo.

- El *resentimiento y enojo* que tienes contra Dios por tu soltería se convierten en una excusa para coquetear con esa compañera de trabajo porque en el fondo piensas: «Si Dios no me da la esposa que necesito, al menos haré lo que me haga sentir bien. Me permitiré ilusionar a esta chica, aunque no tenga intenciones más serias».

- El *temor a ser tenido en menos* te lleva a interactuar con los demás de una manera artificial y fingida, de manera que otros perciben una falta de autenticidad. Tus comentarios y tu sentido del humor son intentos constantes de querer probar que eres ocurrente y listo... es decir, merecedor de aprecio.

---

1. Graham, Michael A. *Cheer up!: The Life and Ministry of Jack Miller*, P&R Publishing, Phillipsburg, NJ, 2020, págs. xiv, xv.

- El *desdén* que sientes cuando tu esposo hace o dice una vez más otra cosa «sin sentido» termina revelando tu arrogancia.

## Más que sentirse mal

Está claro entonces que nuestras emociones pueden ser una oportunidad para descubrir las motivaciones pecaminosas de nuestro corazón. Motivaciones que nos deberían llevar a un arrepentimiento genuino. «El arrepentimiento debe ser de corazón». Nada podría ser más verdadero. Como está explicado en el capítulo 6, el corazón del ser humano en la Biblia representa a todo el «yo», el cual se podría dividir en tres dimensiones: la mente, las emociones y la voluntad. El arrepentimiento, que es impulsado por el Espíritu Santo, toca al menos tres elementos que corresponden a esas tres dimensiones del corazón:

- Reconocimiento de pecado: Dimensión mental
- Lamento: Dimensión emocional
- Restitución y planes para el cambio: Dimensión volitiva

Dimensión mental: El arrepentimiento empieza en nuestra mente. Necesitamos pensar con cuidado y reconocer con verdad la culpa que nos hace sentir el pecado. Esa culpa podría llevarte a huir de Dios y creer la mentira de que eres demasiado «pecador» como para ser perdonado y tener otra oportunidad. Pero la Biblia nos revela que no hay pecado que Dios no esté dispuesto a perdonar y por eso debes usar tu intelecto para buscar la verdad de Dios con respecto a ti en las Escrituras. Todo este libro ha sido escrito como una apología de las emociones para que pienses en lo que piensas, sientes y deseas, así que no me extenderé en este punto.

Dimensión emocional: **Esto se puede percibir con facilidad cuando sentimos culpa y vergüenza por hacer algo que Dios dice que está mal.** Quizás no estés experimentado el sentimiento de culpa de forma evidente. Por el contrario, podría ser que un pecado te esté produciendo ese gozo temporal a través de las cosas que este mundo nos ofrece. «Lamentar» tus acciones podría ser lo último que realmente deseas hacer. La culpa solo llega como olas, en algunos momentos, pero luego el placer del pecado vuelve a emborracharte a tal grado que es fácil ignorarlo una vez más.

Si te identificas con esa situación, tu oración debería ser un clamor para que el Señor te conceda un arrepentimiento de corazón. Es muy posible que solo no puedas salir adelante. Por eso necesitas compartir tu necesidad con uno o dos hermanos cercanos en el Señor para que te acompañen en oración por un corazón dócil y contrito. Esto no solo te aportará mucho en el proceso, sino que será oportunidad para crear relaciones auténticas con otras personas con tu misma fe.

Las emociones «positivas» que resultan de tu pecado son tu mayor enemigo en esta situación. Si eres un verdadero cristiano, tendrá que llegar el momento en el que tengas que renunciar a ellas. Si esto no sucede, deberás preguntarte con sinceridad: ¿realmente he entregado mi vida a Dios? ¿Realmente creo que Sus deleites son mayores y mejores?

No todo lamento requiere arrepentimiento, pero todo arrepentimiento requiere lamento. El llanto amargo de Pedro en arrepentimiento después de haber negado a Jesús tres veces[1] nos muestra de forma palpable cómo el apóstol consigue que todo vuelva a su lugar. Pedro está listo para continuar sirviendo a Dios a pesar de su terrible traición.[2] Santiago describe el arrepentimiento de esta impactante manera:

Acérquense a Dios, y él se acercará a ustedes. ¡Pecadores, límpiense las manos! ¡Ustedes los inconstantes, purifiquen su corazón! Reconozcan sus miserias, lloren y laméntense. Que su risa se convierta en llanto, y su alegría en tristeza. Humíllense delante del Señor, y él los exaltará. (Sant. 4:8-16)

---

1. Luc. 22:62.

2. Esta historia es tan famosa que puede perder peso con respecto a la gravedad de las acciones de Pedro. Algo que puede ayudar a tener una perspectiva correcta es considerar cuántas personas en la historia del cristianismo han muerto a manos de perseguidores por no estar dispuestos a negar a Cristo.

NO DESPERDICIES TUS EMOCIONES

No es que Santiago (ni Dios) nos quiera ver sufriendo por sufrir. Dios no necesita nuestros sacrificios, Él desea la lealtad de nuestro corazón.[1] En los momentos de conflicto, tú mismo reflejas la necesidad de ver alguna medida de lamento cuando alguien viene a pedirte perdón afirmando que está arrepentido. Este pasaje revela la vía de gracia que nos permite dolernos en nuestro pecado, pero, al mismo tiempo, nos revela la promesa de un Dios que ve y que muestra gracia abundante cuando somos humildes. Por otra parte, Pablo escribe: «Es verdad que antes me pesó, porque me di cuenta de que por un tiempo mi carta los había entristecido».[2] Su primera carta a los corintios fue dura al momento de leerla porque incluía varias exhortaciones y llamados al arrepentimiento. Pero lee con atención lo que Pablo dice en su segunda epístola:

Sin embargo, ahora me alegro, no porque se hayan entristecido, sino porque *su tristeza los llevó al arrepentimiento*. Ustedes *se entristecieron tal como Dios lo quiere*, de modo que nosotros de ninguna manera los hemos perjudicado. *La tristeza que proviene de Dios produce el arrepentimiento que lleva a la salvación, de la cual no hay que arrepentirse*, mientras que la tristeza del mundo produce la muerte. Fíjense lo que ha producido en ustedes esta tristeza que proviene de Dios: ¡qué empeño, qué afán por disculparse, qué indignación, qué temor, qué anhelo, qué preocupación, *qué disposición para ver que se haga justicia!* En todo han demostrado su inocencia en este asunto. (2 Cor. 7:9-11, énfasis mío)

Pablo reconoce dos tipos de tristeza en medio de esa situación pecaminosa. El primero es el que lleva al arrepentimiento y el segundo lleva a la muerte. Esto se debe a que el verdadero hijo de Dios no podrá vivir en pecado sin recibir exhortación. Por otro lado, el que dice ser cristiano pero continúa en la práctica de su pecado debe examinarse, pues puede que su fe no sea genuina, como dice al final, y no estaría entonces «demostrando su inocencia» (la inocencia en este contexto implica salvación).

---

1. Os. 6:6.
2. 2 Cor. 7:8.

Pablo también señala que la tristeza que lleva al arrepentimiento es buena y no hay razón por la cual sentirnos mal por su presencia en nuestras vidas. La tristeza y el lamento que lleva a la muerte sí produce desesperación, autoconmiseración y desesperanza. El suicidio de Judas es un buen ejemplo de ese resultado negativo. Su culpa no lo llevó a la esperanza, sino que lo llevó a una desesperación tal que llegó al punto de quitarse la vida.[1]

Mientras escribía este libro, una amiga me hablaba de un proceso durísimo que experimentó el año pasado cuando se dejó llevar por su pecado. En un principio estaba preocupada, me decía que sentía un dolor muy grande por su pecado, pero al mismo tiempo sentía mucha paz. Sin embargo, ese dolor le hacía temer que no había recibido el perdón de Dios.

Cuando le pregunté si sentía que Dios aún estaba corrigiéndola por sus acciones, me dijo que no. Se sentía rescatada por el Señor, pero dolida por sus acciones pasadas. «Creo que lo que estás experimentando es tu propio salmo, la descripción de tu situación, tus pensamientos y emociones me suenan a lamento», le dije. Su cara cambió por completo, ella no había pensado siquiera en categorizar así lo que estaba viviendo. Su descanso se notó hasta en su postura cuando me dijo con una voz aliviada: «Eso es exactamente lo que siento». La Palabra encajó a la perfección para describir su experiencia de ahí en adelante:

«Siento un lamento que produce gozo porque todo está en su lugar. No es desde la indiferencia, no estoy minimizando mi lucha y dolor en aquel momento... más bien, he aprendido a dar su valor a todo y he descubierto que Dios es justo y nunca condescendiente. No es un lamento que me derrota, sino un lamento que me revela hasta qué punto me distraje por algo que parecía muy atractivo... y me perdí.

»Me encontraba en medio de un bosque turbio y no podía regresar, quería estar a salvo desesperadamente y no podía por mis fuerzas, pero el Señor llegó y me rescató. Es como si estuviera en un pozo hondo y me tiraran una cuerda. Tengo que tomar esa cuerda,

---

1. Este no es un ejemplo para señalar el suicidio como pecado o no. La idea es reconocer que Judas llegó a ese punto por una tristeza y una culpa que no agradaban a Dios pues no decantó en poner su esperanza en Dios.

poner un poco de mi parte, me sangran las manos, pero yo sé que sin esa cuerda estaría ahí en lo más hondo. Tomarla es ir al mejor lugar. »Dejar ese pecado fue como salir de ese pozo haciendo un pequeño sacrificio que al principio se sentía muy grande, pero lo que era grande era la profunda oscuridad en la que me encontraba. Me siento tan agradecida... porque he sido rescatada sin mérito alguno».[1]

Dimensión volitiva: El verdadero arrepentimiento tiene un componente activo indispensable, requiere de un acto de nuestra voluntad. Quien de verdad está arrepentido retribuye lo que necesita retribuir, corrige lo que es capaz de corregir y se somete a la disciplina que le corresponde; es decir, acepta las consecuencias de su pecado. La vida del creyente es una de constante arrepentimiento. Los cristianos no somos perfectos, somos salvos aunque pecamos todavía, pero el Señor nos ha dado libertad de nuestro pecado. Por eso somos responsables de hacer esa libertad efectiva.

Las emociones y luchas internas que nuestro pecado produce son muy peligrosas por dos razones. En primer lugar, porque pueden convencernos de que Dios es un Dios caprichoso que quiere decirnos cómo vivir de forma arbitraria. En segundo lugar, ignorar las oportunidades para el arrepentimiento se convierte en la vía que lleva a la necedad. Si las ignoras, se van acumulando en nuestro corazón y de capa en capa crean una callosidad dura que cada vez es más fácil de ignorar.

Un corazón terco y necio buscará escabullirse y escapar por cualquier otra vía con tal de no enfrentar el fracaso del pecado. Entre más necio el corazón, más lejos estará de sentir la vergüenza y culpa buena que el arrepentimiento por el pecado debería producir. El necio insolente puede entenderse de la siguiente manera: «El insolente es el peor tipo de necio. No respeta la autoridad, insulta la adoración a Dios y no se le puede enseñar porque cree que lo sabe todo».[2] Es necesario vigilar nuestro corazón con atención e invitar a otros a ser parte de ese proceso personal por

---

1. Citado con permiso de mi querida amiga anónima.
2. *New English Translation*, (Biblical Studies Press, 2005), nota al pie de Prov. 13:1.

medio de la confesión y la solicitud de consejo. Como vimos en el caso de los cristianos de Corinto, muchas veces la guía de un líder es indispensable, al igual que la búsqueda de la voluntad de Dios en comunidad.

## Identifica los pecados del corazón

La siguiente lista te ayudará a reconocer muchos de los que llamamos nuestros «pecados del corazón». En la raíz de nuestro comportamiento exterior pecaminoso, nuestros problemas del corazón están siempre trabajando. Muchísimas de nuestras emociones son motivadas por estos pecados del corazón. Puede ser un desafío leer una lista y reconocer las cosas que «odiamos» o por las que «refunfuñamos». Sin embargo, recuerda que somos libres en Cristo para poder hacerlo sin temor a la condenación.[1]

—Amargura: Resentimiento o una combinación de dolor e ira.

—Jactancia: Excesiva vanidad y autosatisfacción.

—Quejas: Insatisfacción y actitud de «no merezco esto»; a menudo, en el interior.

—Disputa: Ser pendenciero.

—Avaricia: No ser feliz con lo que tienes; un deseo excesivo de más. Amor al dinero.

—Engaño y deshonestidad: Mentirte a ti mismo o a otros escondiendo o tergiversando la verdad.

—Odio: Desprecio, grosería y falta de amabilidad.

—Juicio: Sacar conclusiones duras y veredictos.

—Orgullo: Soberbia, arrogancia, menosprecio a otros y tratarlos con desdén.

—Doble lenguaje: Hacer declaraciones poco sinceras para quedar bien.

---

1. 1 Jn. 4:15-18.

—Envidia: Conciencia dolorosa o resentida de una ventaja disfrutada por otro, unida al deseo de poseer el mismo beneficio.

—Miedo: Una preocupación ansiosa. Falta de fe o terror al rechazo.

—Tonterías: Falta de sentido común, juicio o discreción.

—Hipocresía: Afirmar tener estándares más altos de los que realmente practicas.

—Temor al ser humano: Miedo a la opinión de los demás y un deseo intenso de complacer.

—Idolatría: Valor extremo, amor, reverencia por algo o alguien que no es Dios.

—Disolución: Falta de restricciones morales. Ser sexualmente groseros o tener pensamientos ofensivos, lujuriosos o amor excesivo al placer.

—Incredulidad: Persistir en no confiar en Dios.

—Autocompasión: Autoconmiseración, «pobrecito yo»; victimizarse al punto de quedar paralizado o reclamar a Dios.

—Ira egoísta: En oposición a la ira santa (expresada interna o externamente).

—Actitud de autoprivilegio: Creer que se merece un privilegio o un derecho.

—Egoísmo: Falta de consideración por los demás, preocuparte principalmente por el beneficio o el placer personal.

—Falta de perdón: Falta de voluntad de perdonar.

—Confianza en uno mismo: Autoprotección, tratar de cuidarte por tus propios medios en lugar de depender de Dios.

# CAPÍTULO 14

# La vía de la gratitud

## «Pero anímense»

El doctor y consejero bíblico Mike Emlet nos explica que las Escrituras revelan que Dios ministra a Sus hijos considerando que nos caracterizamos por ser seres que sufren, que pecan y que han sido santificados.[1] Desde el aspecto emocional y lo que este nos revela, hemos hablado de la parte en nosotros que sufre y necesita lamentarse y ser consolada. También hemos considerado al pecador en nosotros que necesita arrepentimiento y perdón. Sin embargo, ¿qué sucede con la parte en nosotros que está siendo santificada? Reflexionar en lo bueno y en las bondades de Dios nos mueve a una vida de santidad que glorifique al Señor y es el comienzo de una vida de gratitud. Una de las emociones[2] que más nos acerca a Dios es la gratitud por lo que tenemos y por la obra que Él está realizando en nosotros. El Espíritu Santo sostiene las verdades eternas en nuestro corazón durante los momentos emocionales más difíciles. Nuestro Señor Jesucristo camina a nuestro lado quitando el velo del pecado y abre nuestros ojos espirituales. Además, la generosidad exuberante del Padre nos recuerda que somos muy amados.

Pero la reflexión no es solo para los momentos difíciles; es también necesaria para los momentos de alegría y celebración. Cuando surgen emociones positivas producto de buenas motivaciones, entonces no hay nada más hermoso que saborearlas

---

1. Emlet, Michael R., *Saints, Sufferers, and Sinners: Loving Others as God Loves Us*. (Greensboro: NC), New Growth Press, 2021, pág. 8.

2. No quiero simplificar la gratitud y otras experiencias (como sentirse esperanzado o arrepentido), como algo meramente emocional. Pero creo que es apropiado denominarla como tal, reconociendo que, como muchas emociones complejas, esta no es solo un ejercicio intelectual, sino una combinación de elementos del corazón (ver capítulo 9).

NO DESPERDICIES TUS EMOCIONES

como lo haría un buen catador de café.[1] Estas emociones alimentan nuestro gozo y gratitud. Son grandes promotoras de nuestro bienestar cotidiano, el cual nos fortalece para los momentos difíciles. Al mismo tiempo, promueven nuestra fidelidad y relación con Dios.

Ya sea que sintamos gozo por haber hecho un buen trabajo en la escuela, al ver a un amigo después de mucho tiempo o al lograr cocinar un platillo delicioso, siempre podemos ver esas oportunidades como espacios para expresar gratitud y darle la gloria a Dios. Por supuesto, hay gozos superiores como el de la gratitud por la salvación, la vida en Cristo y dentro de la familia de iglesia.

## Las dimensiones del gozo

La Biblia describe dichas emociones y las asocia con frecuencia a canciones, instrumentos musicales y fiestas de celebración. El libro de los Salmos está compuesto por canciones que fueron utilizadas por el pueblo del Señor de forma repetida para este propósito. Allí encontramos decenas de expresiones de gozo motivadas por diferentes aspectos de la vida con Dios:

El gozo se asocia con la obediencia:

Dichoso el hombre
que no sigue el consejo de los malvados,
ni se detiene en la senda de los pecadores
ni cultiva la amistad de los blasfemos. (Sal. 1:1)

Se asocia con la riqueza espiritual que es vista como más apetecible que las riquezas de los manjares y las posesiones:

Tú has hecho que mi corazón rebose de alegría,
alegría mayor que la que tienen los que disfrutan de trigo y vino en abundancia. (Sal. 4:7)

---

1. O un catador de vino, pero vamos, el café es mejor que el vino. Por lo tanto, apreciamos a sus catadores que no reciben tanta fama.

Aseguran que la alegría solo se encuentra cuando Dios es nuestro refugio:

Pero que se alegren todos los que en ti buscan refugio;
¡que canten siempre jubilosos!
Extiéndeles tu protección, y que en ti se regocijen
todos los que aman tu nombre. (Sal. 5:11)

En medio de la persecución y odio de sus enemigos, David encontró gozo en el poder asombroso de Dios:

Quiero alabarte, SEÑOR, con todo el corazón,
y contar todas tus maravillas. (Sal. 9:1)

Aprovechó su sentimiento de abandono por Dios para correr a Él, recordar Su fidelidad y encontrar confianza y consuelo:

Pero yo confío en tu gran amor;
mi corazón se alegra en tu salvación. (Sal. 13:5)

La vida emocional de Jesús nos demuestra que celebró al ver las verdades del reino reveladas a los sencillos. De igual manera, vemos en los salmos que la verdad revelada en la Biblia es fuente de alegría por la guía que provee:

Los preceptos del SEÑOR son rectos:
traen alegría al corazón.
El mandamiento del SEÑOR es claro:
da luz a los ojos. (Sal. 19:8)

Sus preceptos e instrucciones son fuente de gozo porque preparan el corazón para el día de la aflicción:

Dichoso aquel a quien tú, SEÑOR, corriges;
aquel a quien instruyes en tu ley,
para que enfrente tranquilo los días de aflicción
mientras al impío se le cava una fosa. (Sal. 94:12-13)

Tener la perspectiva de Dios en el corazón te consuela y se convierte en el más duradero deleite cuando llega la aflicción:

Cuando en mí la angustia iba en aumento,
tu consuelo llenaba mi alma de alegría. (Sal. 94:19)

La seguridad que el Señor provee es confiable y fuente de alegría:

El Señor es mi fuerza y mi escudo;
mi corazón en él confía;
de él recibo ayuda.
Mi corazón salta de alegría,
y con cánticos le daré gracias. (Sal. 28:7)

El acto de reconocerlo y alabarlo por Su grandeza y santidad trae confianza y dependencia:

Canten al Señor, ustedes sus fieles;
alaben su santo nombre. (Sal. 30:4)

La característica del pueblo de Dios es que se regocija en el Señor:

¡Alégrense, ustedes los justos;
regocíjense en el Señor!
¡canten todos ustedes,
los rectos de corazón! (Sal. 32:11)

No solo nos rescata cuando esperamos con paciencia, sino que al ver Sus maravillas y nuestro gozo, muchos verán y confiarán en el Señor:

Puso en mis labios un cántico nuevo,
un himno de alabanza a nuestro Dios.
Al ver esto, muchos tuvieron miedo
y pusieron su confianza en el Señor. (Sal. 40:3)

Nuestros corazones muchas veces sienten tanto gozo en el Señor que esto nos mueve a la alabanza de forma automática. La lectura de los salmos, los cuales fueron escritos originalmente para cantarse, hace que sea imposible ignorar la importancia de cantar en comunidad y de manera emotiva. La alabanza cantada es una maravillosa manera de apelar a nuestras emociones y de utilizarlas para mantener la llama encendida de amor por Dios. Muchas veces, no es suficiente cantar individualmente, porque ese canto solitario no se compara con el ánimo que producen las voces a tu derecha e izquierda de tus hermanos en tu comunidad de fe. Cantar alabanzas debería ser una expresión profundamente emocional. Quisiera aclarar que no necesariamente me refiero a saltos o brincos, sino a un corazón movido por las verdades que nos muestran quién es Dios, el gozo de la salvación y una esperanza de vida perfecta en Su presencia para siempre. Este tipo de canto se puede entregar en las iglesias más conservadoras y en las más carismáticas. Es un acto que surge de adentro y que se expresa libremente según el temperamento de cada individuo y cada congregación.

Buscar oportunidad para el gozo es una maravillosa bocanada de oxígeno espiritual que podemos tener en la carrera de la fe. Las famosas palabras de acción de gracias, «Este es el día que el SEÑOR ha hecho; regocijémonos y alegrémonos en él»,[1] están escritas en tiempo presente. Es decir, estas son palabras que no pasan de moda y nunca estarán a destiempo. Por el contrario, cada día de tu vida puedes leerlas y renovar con frescura la celebración del Dios bueno y bondadoso que ha prometido estar con nosotros todos los días.

## Oportunidades bajo la superficie

Cuando observamos la vida de Jesús, pudimos notar que el gozo que describen los Evangelios está siempre asociado de una u otra manera con Dios y el avance de Su reino aquí en la tierra. Una forma de entender el «avance del reino de Dios» es reconocer que Él está reinando entre los que lo aman. Ellos están siendo capacitados por medio de Su Espíritu Santo para vivir cada día

---

1. Sal. 118:24, NBLA.

más como Jesús, el modelo perfecto. Es más, el reino de Dios se sigue expandiendo y los últimos días están cada vez más cerca. Es momento de recoger a todas las ovejas, pues pronto la iglesia será reunida con el Señor para siempre. Pero el reino de Dios no consiste exclusivamente en la evangelización. Incluye todo lo que Dios está haciendo en Su pueblo. Cada pequeña victoria que vives sobre tu pecado, cada expresión de amor en Cristo, cada situación injusta que logramos reconocer movidos por el Espíritu Santo, son expresiones de la expansión del reino. El reino de Dios podría también explicarse como el «reinado de Dios»; es decir, cada manifestación en este mundo que revela que Dios está reinando en nosotros es parte del avance del reino. Es por eso que las vivencias más «terrenales» pueden ser maravillosos enunciados del reino de Dios.

Cristo encontró gozo en las cosas más terrenales. Sabía que en lo terrenal relucía el avance del reinado de Dios. Sin duda, estos «pequeños» momentos de gozo también eran orientados a predicar las buenas nuevas. Por ejemplo, Jesús comía con pecadores para invitarlos a ser parte del reino. Es bastante seguro que esto involucraba el gozo de un banquete que podría estar repleto de carcajadas y brindis. También incluyó una hermosa conversación con la mujer de Samaria al lado de un pozo bajo el sol ardiente del mediodía.

En contraste, nosotros somos propensos a buscar el gozo definitivo en esas cosas terrenales. Enfrentamos los problemas, pero olvidamos que las dificultades contienen oportunidades para buscar el gozo del reino. Cometemos el error de dividir lo «espiritual» de lo «terrenal», cuando absolutamente todo lo que hacemos es profundamente espiritual. Siempre estamos «haciendo algo» con Dios o presenciando Sus obras en la vida de otros. Él no descuida ni es ajeno a ningún aspecto de nuestras vidas. Cuando perdemos de vista esa realidad, fallamos en vivir el gozo motivado por el reinado absoluto de Dios sobre nuestras vidas.

Por lo tanto, al mismo tiempo que miramos lo que sucede a nuestro alrededor, también es apremiante ir en contra de nuestra vieja naturaleza y esforzarnos por mirar con lentes que nos den una visión más amplia. Eso nos permitirá ver la riqueza de lo espiritual en lo terrenal. Debe llevarnos a preguntar: «¿Dónde está Dios en todo esto? ¿En qué me puedo gozar en medio de este desafío?».

Mi amiga Nelly viene de una familia de músicos de la que heredó las habilidades musicales. Luego de buscar becas y ayuda financiera, cumplió su sueño de ir a estudiar a los Estados Unidos. Vivió varios años en Pittsburgh, donde se especializó en el corno francés. Nelly dedicaba horas perfeccionando su técnica porque ese instrumento era su vida.

Dios no solo le dio el gran regalo de ir a estudiar y perfeccionar su arte en Pittsburgh, sino que también le dio una comunidad de creyentes que ella jamás había imaginado que existía. Su familia en Cristo la acogió y la amó tanto que ayudó a que Nelly afirmara su corazón en Dios. La vida de Nelly era simplemente hermosa en todos los sentidos.

Todo iba tan bien en su vida que ella llegó a estar segura de que Dios haría un milagro para que se pudiera quedar viviendo en Pittsburgh. ¿Quién sabe lo que Dios haría? Quizás en algún tiempo conocería a alguien, se casaría con un gringo y tendrían una marimba de gringuitos en el futuro.

Para su gran decepción, no fue así. Cuando conocí a Nelly, más o menos un año después de su regreso al país, nos contó en un estudio bíblico lo doloroso que fue dejar lo que se había convertido en su hogar: su iglesia, sus amigos, Pittsburgh, las posibilidades de una carrera musical y una familia en esa hermosa ciudad. Era evidente que Nelly no estaba alegre de haber vuelto a Costa Rica. Con mucha tristeza, nos dijo: «Yo creí que Dios haría un milagro hasta el último día que estuve allá, pero no lo hizo».

Pero hay algo particular que recuerdo de su rostro mientras nos contaba sobre su tremenda desilusión. A pesar de que era claro que estaba triste, Nelly también irradiaba gozo. Estaba decepcionada porque sentía que lo había perdido todo, pero también se notaba que era dueña del más grande tesoro, ¡la certeza de que Dios estaba haciendo algo en su corazón! Ella sabía que Dios tenía el control. No sabía cómo Dios se movería en su vida, pero tenía claro que no estaba sola.

Años después, Dios le arrancó otro tesoro: el corno francés. Nelly empezó a sufrir una distonía en el rostro que no le permitía tocar el instrumento al nivel necesario para poder estar en una orquesta sinfónica. Mi querida amiga me demostró una vez más lo que es vivir el gozo de ser afilada por Dios. Me dijo: «El corno era mi ídolo y sé que Dios me lo está arrebatando para Su gloria». Nelly no se ha rendido y ha seguido adelante en la búsqueda de la voluntad de Dios para su vida. Ahora está realizando una maestría en liderazgo de alabanza en una universidad reconocida en los Estados Unidos. Quizás una carrera en una orquesta hubiera atado tanto su corazón que nunca habría decidido irse a estudiar para servir a Dios.

Su ejemplo y el de muchos otros santos a mi alrededor han evidenciado lo que claramente nos enseñan las Escrituras cuando nos dicen que debemos alegrarnos en lo que Dios hace y en quién es Él, aunque no sea algo que fluirá en nosotros de forma natural. Aunque nuestra naturaleza pecaminosa busca alegría en todo menos en Dios, hemos sido hechos nuevas criaturas. Dios nos capacitó para aprender a gozarnos más en Él. ¡Cristo transforma al hombre y a la mujer naturales y los convierte en buscadores del verdadero gozo!

Hay cosas que el mundo y nuestra humanidad dirán que son una tragedia, mas la Biblia nos enseña que debemos ver más allá y reconocer que Dios siempre está actuando tras bambalinas. Mirar la obra de Dios en toda circunstancia es como mirar esas imágenes en 3D que solían publicar los periódicos: en medio del caos y de lo que aparenta no significar nada, toma un momento para fijar la mirada y buscar la imagen oculta que revela una nueva realidad. El cristiano que es capaz de ver lo bueno, no solo en lo que produce evidente alegría, sino también en la angustia, es aquel que ha aprendido a gozarse en la voluntad de Dios. Como el profeta Isaías es capaz de decir en humildad y sumisión a Dios: «Sin duda, fue para mi bien pasar por tal angustia».[1]

Un cristiano se ejercita para agradecer hasta por las emociones negativas que te alertan de que algo en tu vida —una relación,

---

1. Isa. 38:17.

una creencia personal, un evento— te estaba alejando de Dios y finalmente te está abriendo los ojos a través de Su advertencia. Dios está haciendo una obra santificadora en tu vida cuando te muestra pecado en ti que antes no hubieras visto, y luego de arrepentirte, te glorías en Él.[1] También debes aprender a mirar a tu alrededor para ver lo que Dios está haciendo en otros y en todas las circunstancias. Aprendes a vivir el gozo de ver avanzar el reino de Dios tal como lo hizo Jesús. Aprovechas cada ocasión y circunstancia para preguntar:

¿Dónde estás, Dios?
¿Qué estás haciendo en mi corazón?
¿De cuál ídolo me estás liberando?
¿Dónde está el gozo y la paz que sé que tienes para mí?
¿Cómo está Dios trayendo luz a la vida de los demás y qué papel juego en ese proceso?

## Ocasiones para el gozo

Estas son algunas preguntas adicionales que pueden ayudarte a encontrar gozo en toda circunstancia:

- ¿Por qué puedo estar agradecido hoy?
- ¿Ha habido algún progreso en un área particular de lucha? (¡Un poco de crecimiento puede ser importante para muchos de nosotros!)
- En medio de lo que estoy viviendo, ¿de qué manera he experimentado la generosidad de Dios?
- ¿He podido aprovechar esta oportunidad para servir a los demás?
- ¿Respondió Dios alguna oración?
- ¿He sido testigo o he escuchado de algún milagro?
- ¿Encontré algún lugar/momento de descanso (físico o emocional)?

---

1. 2 Cor. 10:17.

- ¿Encontré un camino para refugiarme en Dios durante un momento de tentación? ¿Fui capaz de escuchar y obedecer el susurro del Espíritu Santo en algún momento reciente?
- ¿He avanzado (aunque sea un poquito) en la lucha contra alguna tentación o pecado?
- ¿Me proporcionó Dios medios inesperados para lograr algún objetivo?
- ¿He recibido ánimo o bendición de parte de otras personas?
- ¿Pude animar o bendecir a otros?
- ¿Qué pequeños placeres he disfrutado recientemente?
- ¿Hubo algo que me hizo soñar con el cielo y las promesas eternas?
- ¿Mis circunstancias dan lugar para reconocer y alabar un atributo particular de Dios?
- ¿Hay alguna canción que me ayude a celebrar en el Señor?
- ¿Qué prueba puedo corroborar del cuidado de Dios por mí?
- ¿De qué manera puedo ver la firmeza del amor de Dios por mí?
- ¿Hay algún pasaje bíblico que sea útil para celebrar hoy en medio de mis circunstancias?

# CAPÍTULO 15

# Una guía práctica para procesar tus emociones

Las oraciones y canciones que vemos en la Biblia son profundamente emocionales y al mismo tiempo, racionales. Nos enseñan a navegar nuestras emociones con Dios sin dejar de darles el lugar apropiado. Aunque he construido desde la Biblia un caso sobre la importancia de nuestra vida emocional, también es bueno mantener presente que la práctica de observar tus emociones es integral. Necesitas observar tus pensamientos y tu forma de actuar, todo al mismo tiempo. Si nos quedamos con solo una categoría, terminaremos siendo cristianos emocionalitas, cristianos hiperracionales o cristianos moralistas que solo piensan en cambiar la conducta.

En este libro, hemos enfatizado las emociones, pero hemos visto cómo estos elementos interactúan entre sí y nos ayudan a analizar nuestro corazón. En este capítulo, verás un resumen de los principios que hemos hablado para que te sirva de guía en el futuro. Solo quiero dar una advertencia: el destino final no es «ser mejor persona», «tener más inteligencia emocional», «sanar mis heridas» o «restaurar el matrimonio». Estos no son objetivos en sí mismos, sino resultados de la meta principal verdadera del discípulo de Cristo: la cercanía progresiva a Dios.

Es indispensable recordar que cada una de las actividades en este capítulo se pueden desviar a una vida de «cristianismo» narcisista si es que no buscamos contemplar a Cristo para aprender a reflejarlo más. La introspección es necesaria, pero solo hasta cierto punto. La meta es ver a Jesús y la dulzura de Su evangelio mucho más de lo que nos vemos a nosotros mismos. En cada paso de las actividades que desarrollaremos en este capítulo hay verdades bíblicas que nos dan luz para saber cómo abordar cada actividad. Para tu futura referencia, este capítulo es un repaso de lo que hemos visto a lo largo del libro con información adicional y algunos ejemplos.

De manera práctica, ¿cómo analizamos lo que estamos sintiendo? Aunque muchas veces, navegar nuestras emociones requiere de cierta improvisación, quisiera ofrecerte una guía que se podría aplicar a la mayoría de las emociones que vivimos en la vida cotidiana. Por favor, toma en cuenta que el orden de los «pasos» que te estoy ofreciendo es bastante flexible. Cuanto más cultives estas prácticas y tu relación con Dios, más te darás cuenta de que, poco a poco, estos consejos se volverán aplicaciones más y más intuitivas (y no tendrás que volver a esta guía). Quizás un día tuviste una discusión con tu pareja y casi de inmediato reconoces muchos de los aspectos descritos aquí. También considera que no tienes por qué practicar todos los pasos al pie de la letra, de una forma muy estructurada o de una sola vez.

Mi consejo es que analices tu temperamento y ajustes cada uno de los pasos según tus necesidades personales. El peligro de ofrecer pasos de este tipo es que el lector se ajuste a ellos de manera rígida. A las personas con tendencias perfeccionistas quisiera advertirles enfáticamente que no tomen estas actividades como recetas que deben seguirse al pie de la letra. Por otro lado, algunas personas piensan demasiado en sus emociones y quizás sea necesario que se concentren más en observar sus pensamientos. Otros suelen ser demasiado racionales y quizás necesiten luchar por entender lo que sienten y sacarle provecho a la práctica de «sentir». Una oración maravillosa que utiliza bien esta herramienta puede tener cinco páginas o tan solo uno o dos párrafos. Algo como esto:

Me siento triste, porque pienso que no encontraré esposo, y creo que estaré sola toda la vida. Quizás estoy pronosticando el futuro cuando sé que eso es imposible. También me estoy dando cuenta de que mi mayor deseo es compañía. Temo al abandono y me aterra que me llamen «exigente»... Vaya... Ahora entiendo que lo que me da más temor es lo que piensan otros de mí por ser soltera. ¡Ay,

Señor! ¡Que agradarte sea lo más importante para mí! Perdóname por mi corazón desconfiado e ingrato. Tu Palabra dice que tú eres «la fortaleza de mi corazón y mi porción para siempre»... «¡para siempre!» (Sal. 73:26, NBLA). Lo creo y al mismo tiempo me cuesta creerlo. Gracias, Jesús, porque tu obra en la cruz promete deleite en ti para la eternidad. Recuérdame ese gozo hoy y siempre. Te pido que cuando hoy me sienta triste, tú traigas a mi mente esta verdad. Oro en tu precioso nombre. Amén».

## Factores útiles en la práctica de la «vigilancia» del corazón

Dicho esto, pensemos en todos los factores que te serán útiles en tu práctica de «vigilancia» del corazón:

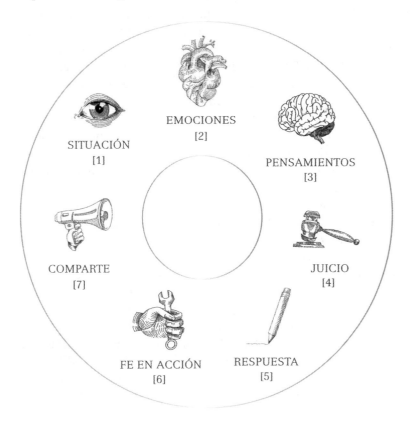

SITUACIÓN
[1]

EMOCIONES
[2]

PENSAMIENTOS
[3]

COMPARTE
[7]

JUICIO
[4]

FE EN ACCIÓN
[6]

RESPUESTA
[5]

# 1. Analiza la situación

 ¿Qué es lo que exactamente ocurrió o está ocurriendo? Muchas veces tratamos de solucionar nuestros problemas basándonos en suposiciones, análisis falsos y deducciones erróneas. Cuando nos apresuramos a sacar conclusiones de forma prematura caemos en malentendidos, ansiedad y frustración en todas nuestras relaciones personales en sus diferentes ámbitos. Por eso primero debemos evaluar la información de forma correcta y coherente, para luego tomar las mejores decisiones. En síntesis, es necesario desarrollar el pensamiento crítico que nos ayuda a ver los hechos con la mayor precisión y neutralidad posible.

Localízate en la situación, evento o experiencia que esté produciendo algún sentimiento importante. Te puede servir cerrar los ojos, revivir lo ocurrido y repasar lo que se dijo, las sensaciones físicas, etc. Por favor, es importante que consideres hacer esto en cualquier situación cotidiana y significativa, excepto en casos de abuso sexual, físico o algún otro evento que sea demasiado traumático y necesite un acompañamiento con una persona cristiana entrenada en trauma o que requiera de la intervención de las autoridades competentes. Revivir un evento de este tipo puede producir efectos adversos y peligrosos para tu salud mental y emocional.

Trata de describir con detalle las circunstancias como lo haría un testigo frente al juez. Considera todo lo que escuchaste y observaste. Evita emitir algún juicio; es decir, podrías decir: «Mi hermano me frunció el ceño», en vez de decir: «Se nota que mi hermano se enojó». Esto es importante porque no puedes leer la mente de los demás. Puede que tengas razón, pero puede que te equivoques en tu interpretación de los hechos. Esa es una percepción, no un hecho, y necesitamos aprender a diferenciar entre ambos. Sería mejor decir: «Mi hermano frunció el ceño, lo cual me hizo pensar que estaba enojado». Establecer esa diferencia te permitirá tener una mayor flexibilidad para reconsiderar tus percepciones y no tomarlas *a priori* como verdad absoluta.

Datos externos:

» *Acciones*
» *Expresiones faciales*
» *Gestos*
» *Posturas*
» *Silencios*

*Tono de voz*
*Palabras*
*Contexto (tiempo, lugar, ambiente)*
*Información electrónica, redes sociales, etc.*

Datos internos:

» *Sucesos*
» *Sensaciones físicas (Tensión, aceleración de corazón, pesadez)*

*Memorias detonadas*
*Visualizaciones, imaginación*

En el caso de eventos dolorosos como un duelo o una enfermedad crónica, describe en el presente todo lo que está ocurriendo y que sea relevante. Por ejemplo: «Mi hijo falleció hace un año y ayer me encontré un juguete que había escondido en la casa. Este descubrimiento me trajo recuerdos alegres, pero dolorosos al mismo tiempo», o: «Fui al doctor y me está prescribiendo un medicamento que tiene efectos secundarios peligrosos». Entre más preciso y neutro sea tu recuerdo de lo que estás experimentando, más fácil será separar lo que sientes y lo que piensas para analizarlo con prontitud.

## 2. Observa tus emociones

¿Qué emociones suscitó el evento?
Puedes empezar eligiendo un momento en el que tengas una emoción lo suficientemente fuerte como para reconocerla, pero no tan fuerte como para sentirte abrumado por ella. Después de que hayas practicado un poco, puedes intentarlo con situaciones más retadoras.

Utiliza la rueda de las emociones[1] o alguna otra lista que encuentres útil. La idea es limitarte a expresar unas cuantas palabras. Las

---

1. La he incorporado nuevamente más adelante, pero puedes encontrar una mayor explicación en la página xxx.

emociones son complejas y por eso nombrarlas específicamente puede ser muy útil. Describir que te sientes «inferior» o «avergonzado» es más útil que notar que te sientes «raro» o «mal». La rueda de las emociones te ayudará a describir con precisión tu estado emocional y a mejorar tu capacidad de entender, manejar y comunicarte con el Señor y con los demás. Verás que la rueda tiene tres círculos. El círculo interior identifica emociones básicas: alegría, amor, miedo, ira, tristeza y sorpresa. Los círculos exteriores incluyen emociones más matizadas asociadas con estas emociones centrales. Siéntete libre de usar la rueda como quieras. Si aún no has desarrollado un vocabulario emocional robusto y habilidades para identificar los matices de tus sentimientos, entonces te resultará más útil comenzar con el círculo interno de la rueda y trabajar hacia afuera. Sin embargo, úsalo como mejor te convenga. El objetivo no es terminar en un círculo particular de la rueda, sino crecer en la conciencia de uno mismo para la gloria de Dios y para comunicarte con Él de manera más precisa.

La explicación de por qué o cómo se generaron esas emociones no es necesaria en este momento. Simplemente experimenta tu emoción:

| | |
|---|---|
| » *¿Qué tan intensa y ruidosa es?* | *¿En qué lugares de tu cuerpo la sientes? ¿Qué* |
| » *Si tu emoción tuviera un color, ¿de qué color sería?* | *parte de tu cuerpo se siente particularmente activada?* |
| | *¿Se siente como un peso, un calor o una efervescencia?* |

La idea es que puedas conectar con el sentimiento y permitirte sentirlo. ¿Recuerdas cómo los apóstoles sintieron que su «corazón ardía» cuando estuvieron con Jesús,[1] pero se dieron cuenta cuando ya había partido? Muchas veces, estamos tan acostumbrados a ignorarlo que no nos damos cuenta de que algo importante está pasando en nuestro corazón.

---

1. Luc. 24:32.

Las personas hacemos todo lo posible por huir de las emociones, especialmente las desagradables. Tememos que van a destruirnos y que necesitamos «movernos» con prontitud. Sin embargo, hemos visto que ese no es el ejemplo bíblico. Dios nos ha comunicado una realidad que podemos comprobar con la experiencia, porque las emociones son mucho más peligrosas cuando no se resuelven. Estas crean raíces e influencian nuestras acciones de forma inconsciente. ¡No hay nada más peligroso para tu corazón que vivir de forma inconsciente a tus emociones!

¿Qué experimentaste en el momento?
¿Qué sientes ahora?
¿Qué emociones contradictorias estás experimentando?

No pierdas de vista que nuestros sentimientos evolucionan y conforme vamos insertando elementos que influencian nuestro corazón, los sentimientos pueden volverse más complejos. Recuerda que es normal que un solo evento pueda provocar emociones completamente opuestas, pero por el momento, solo presta atención y observa. Permitirte simplemente sentir tus emociones es un ejercicio poderoso que muchos no practican por temor. Pero te proveerá la seguridad de saber que no hay emoción que pueda destruir tu corazón, ni sentimiento que dure para siempre.

## 3. Observa tus pensamientos

¿Qué estoy pensando?
Vivir la vida diaria sin ser consciente de lo que estás pensando es como usar gafas y nunca notar que las llevas puestas. Tus pensamientos e interpretaciones del mundo no son verdad o buenos por defecto, sino que necesitan ser evaluados. De la misma manera que te quitas las gafas para observar si necesitan una limpieza, eso mismo tienes que hacer con tus pensamientos. Debes desarrollar un oído interno para poder detectarlos. Para pensar en lo que piensas, necesitas apagar el interruptor de piloto automático y disminuir la velocidad. Imagina que eres un oyente dentro de tu cabeza; escucha tus pensamientos con curiosidad y neutralidad como lo haría alguien que escucha un libro en audio. Esta destreza es buena en todo momento porque es una forma de observar «al viejo hombre» para luego sustituir esos pensamientos con «el nuevo hombre».

Tus momentos de oración son excelentes oportunidades de escribir o hablar en voz alta con Dios acerca de lo que has pensado en los últimos días o lo que estás pensando respecto a una situación en particular en el presente. Hablar con una persona sabia de confianza es otra opción muy útil. Las verdades bíblicas y el Espíritu Santo son tu mejor guía de discernimiento. Ellos te ayudarán a juzgar esos pensamientos. Considera qué estás pensando de las circunstancias, de ti, de otra persona y de Dios. En vez de: «estoy pensando que ___», te ayudará a observar tus pensamientos decir más bien:

Estoy teniendo el pensamiento de que _____.

El colocar tu pensamiento como algo que «estás teniendo» te ayuda a «despegarte» y a reconocer que es tan solo eso: un pensamiento. No es la verdad, y no es algo que tienes que aceptar de buenas a primeras.

## Los patrones de pensamiento dañinos más comunes

¿Contienen tus pensamientos alguna distorsión como las que hablamos en el capítulo 7? Este es un resumen de los patrones de pensamientos dañinos vistos en el capítulo 7.

**Pensamiento perfeccionista:** Evaluación extrema de cualidades personales o acontecimientos.

**Pensamiento de «debería»:** Una elección, deseo o preferencia se convierte en un deber absoluto.

**Saltar a conclusiones:** Suponer lo que va a pasar o lo que otros piensan convirtiéndolo en un absoluto.

**Pensamiento catastrófico:** Exageración de las consecuencias negativas.

**Sobregeneralización:** Transformar un acontecimiento negativo en una regla absoluta de derrota o infortunio.

**Etiquetar:** Utilizar etiquetas negativas y simplistas para definir tu identidad.

**Tener siempre la razón:** Competencia y necesidad de siempre tener la razón.

**Culpar a otros:** Buscar incesantemente al culpable.

**Tomarlo de manera personal:** Hábito de tomar una situación y convertirla en algo sobre ti.

**Hacer de las emociones una verdad:** Aceptar lo que una emoción dicta sin mayor evaluación o análisis.

Patrones de pensamientos dañinos adicionales:

—Leer el pensamiento: Piensas que sabes lo que los otros están pensando o por qué hicieron lo que hicieron.

—Negatividad: Filtrar todo lo positivo y quedarse solo con lo negativo.

—Positivismo: Vivir evitando todo lo malo y engañándose, pensando que la vida es color de rosa.

—Expectativas irreales: Pensar que las cosas van a cambiar, aunque no haya prueba de ello.

—Tratos sobreentendidos: Pensar que, por hacer algo por alguien, esa persona te devolverá el favor. Si haces algo bueno, entonces Dios te va a dar la recompensa que esperas.

—Negación: No admitir lo malo que has hecho o que te han hecho por temor a las consecuencias o las etiquetas que los hechos podrían imponer sobre los involucrados.

—Proyección: Atribuir lo que estás pensando, sintiendo o lo que te motiva a otras personas.

—Reacción opuesta: Piensas que algo o alguien son malos por lo que hacen, lo que sienten o por la forma en que actúan.

—Racionalización: Tratas de explicar la realidad de forma que sea más aceptable.

Considera tus:

**Interpretaciones:** ¿Cómo entiendo lo que me ocurre? ¿Estoy interpretando a la luz de lo que sé que es verdad o estoy suponiendo cosas que no son?

**Percepciones:** ¿Cómo percibo a las otras personas o la situación? ¿Puedo confiar en lo que percibo o debería investigar si estoy en lo correcto?

**Memorias:** ¿Qué experiencias del pasado volvieron a mi mente? ¿Habrá algo del pasado que esté detonando mi malestar actual?

**Valores y moralidad:** ¿Qué pienso que sería ideal? ¿Qué pienso que es lo correcto o incorrecto?

**La voluntad:** ¿Qué es lo que en realidad quiero hacer? ¿Qué quiero obtener o lograr?

**Creencias:** ¿Bajo cuáles creencias estoy moviéndome? ¿Qué estoy suponiendo como «verdades»? ¿Cómo mi forma de pensar podría estar influenciada por mi cultura, género, edad, estrato económico, etc.?

El ejemplo a continuación te puede ayudar a desarrollar la destreza para observar todo lo que estás pensando. Una buena pregunta en medio de la preocupación puede ser: Si lo que temo sucede... ¿qué pasaría? o ¿qué es lo peor que puede ocurrir? Así sucesivamente hasta llegar a entender qué estás pensando realmente. Por ejemplo:

Una madre está preocupada por su hija: «Tengo mucho enojo porque mi hija se va a estudiar a otra ciudad».

1. ¿Por qué tengo temor de esto?
   <u>Respuesta</u>: Porque creo que no sabe lo que le conviene.

2. ¿Qué pasa si actúa conforme a algo que no le conviene?
   <u>Respuesta</u>: Creo que le podrían hacer daño o abusar de ella.

3. ¿Y qué sucedería si la dañan?
   <u>Respuesta</u>: Sufrirá muchísimo.

4. ¿Y qué sucede si sufre mucho?
   <u>Respuesta</u>: Yo sufriré de verla sufrir.

5. Entonces, ¿qué es lo peor que puede pasar?
   <u>Respuesta</u>: Que tanto mi hija como yo suframos.

6. ¿Qué podemos concluir?
Respuesta: Mi enojo me está revelando algo importante. Estoy reconociendo que surge de mi pensamiento catastrófico: «Algo malo le sucederá a mi hija». Puedo ver que mi enojo no es solo enojo, también es temor y ansiedad porque no quiero que ella ni yo suframos.

Pensar en lo que pensamos es una destreza que toma un poco de tiempo y se mejora con la práctica. No te desanimes cuando fallas y recaes en las mismas formas de pensar destructivas. También recuerda que no tienes que tocar cada punto o cada pregunta descrita arriba. Una o dos cosas pueden ayudarte hoy. Mañana puedes considerar la misma situación desde otro ángulo. Reflexionar es un estilo de vida, no un rompecabezas que tienes que resolver en un solo día.

## 4. Juzga tus pensamientos y emociones

 ¿A quiénes estoy honrando con mis pensamientos y emociones?
Tus pensamientos son algo para denotar y para pesar según lo que Dios dice que es «todo lo verdadero, todo lo respetable, todo lo justo, todo lo puro, todo lo amable, todo lo digno de admiración, en fin, todo lo que sea excelente o merezca elogio».[1] Hazte preguntas como:

- ¿Es ese pensamiento verdadero?
- ¿Podría verse de otra manera?
- ¿Estoy dando cosas por sentado?
- ¿Estoy negando alguna realidad dolorosa?
- De qué forma mis emociones y pensamientos están revelando lo que está en mi corazón?
- ¿En qué formas estoy olvidando o no estoy comprendiendo las verdades del evangelio?

---

1. Fil. 4:8.

- ¿Qué mentiras estoy creyendo?
- ¿Estoy actuando conforme a la verdad o conforme a mi perspectiva equivocada?
- ¿La autoridad y el referente principal de mi vida es lo que dice la Biblia o lo que yo digo o pienso?

Con frecuencia, estas preguntas expondrán tu lado pecaminoso. Pero haz un esfuerzo para ver todo tu corazón. También busca pensar con más intencionalidad de qué manera estás honrando a Dios y de qué forma estos pensamientos y emociones están motivados por tu sufrimiento. Recuerda que todo lo que pensamos y sentimos surge de tu lado pecaminoso, tu lado santo y tu lado adolorido.

Utiliza el siguiente gráfico para determinar las diferentes motivaciones de tus emociones y pensamientos.[1]

---

1. Más detalle de cómo utilizarlo en el capítulo 10.

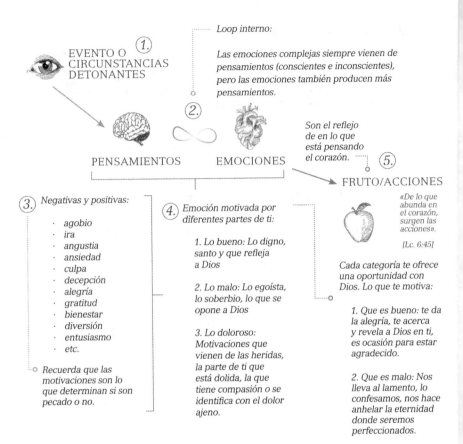

**Loop interno:**

Las emociones complejas siempre vienen de pensamientos (conscientes e inconscientes), pero las emociones también producen más pensamientos.

EVENTO O ① CIRCUNSTANCIAS DETONANTES

②

PENSAMIENTOS    EMOCIONES

Son el reflejo de en lo que está pensando el corazón. ⑤

FRUTO/ACCIONES

③ Negativas y positivas:

· agobio
· ira
· angustia
· ansiedad
· culpa
· decepción
· alegría
· gratitud
· bienestar
· diversión
· entusiasmo
· etc.

Recuerda que las motivaciones son lo que determinan si son pecado o no.

④ Emoción motivada por diferentes partes de ti:

1. Lo bueno: Lo digno, santo y que refleja a Dios

2. Lo malo: Lo egoísta, lo soberbio, lo que se opone a Dios

3. Lo doloroso: Motivaciones que vienen de las heridas, la parte de ti que está dolida, la que tiene compasión o se identifica con el dolor ajeno.

«De lo que abunda en el corazón, surgen las acciones».

[Lc. 6:45]

Cada categoría te ofrece una oportunidad con Dios. Lo que te motiva:

1. Que es bueno: te da la alegría, te acerca y revela a Dios en ti, es ocasión para estar agradecido.

2. Que es malo: Nos lleva al lamento, lo confesamos, nos hace anhelar la eternidad donde seremos perfeccionados.

3. Que es doloroso: Nos lleva a buscar el consuelo de Dios, en ocasión para aprender a descansar en Él.

# Identifica los ídolos de tu corazón

Estas preguntas son una ayuda para discernir tus patrones de motivación. Tienen como objetivo ayudarte a identificar «tesoros», «deseos» e «ídolos» que ocupan posiciones de autoridad en tu corazón. Revelan qué o quiénes controlan realmente tus acciones, pensamientos, emociones, actitudes, recuerdos y anticipaciones particulares. No necesitas responderlas todas; simplemente úsalas como trampolín para aprender qué deseos o ídolos han secuestrado tu corazón. Estas son algunas de las preguntas propuestas:[1]

1. ¿Qué es lo que quieres, deseas, ansías y deseas?
2. ¿A qué metas sirves y obedeces?[2]
3. ¿Qué es lo que buscas, persigues y a qué aspiras? ¿Cuáles son tus metas y expectativas?[3]
4. ¿Dónde depositas tus esperanzas?[4]
5. ¿Qué temes? ¿Qué es lo que no quieres? ¿Qué te preocupa?[5]
6. ¿Qué crees que necesitas?[6]
7. ¿En torno a qué organizas tu vida, para qué vives realmente?[7]
8. ¿Dónde encuentras refugio, seguridad, comodidad, escape, placer, seguridad?[8]
9. ¿En qué o en quién estás confiando para seguridad, placer, afirmación, etc.?[9]
10. ¿A quién debes complacer? ¿La opinión de quién cuenta? ¿De quién deseas la aprobación y temes el rechazo?[10]
11. ¿Cómo defines y sopesas el éxito o el fracaso, lo correcto o incorrecto, deseable o indeseable, en cualquier situación particular?[11]

---

1. David Powlison dedicó un capítulo entero en uno de sus libros a preguntas que pueden ayudarte a descubrir cuáles deseos andan con las riendas sueltas en nuestro corazón. Encontrarás la lista completa en su libro *Seeing with new eyes*, (Phillipsburg: NJ), P&R Publishing, 2013, págs. 132-140).

2. Ver Sal. 17:14-15; Prov. 10:3; Gál. 5:16-25; Ef. 2:3; 4:22; 2 Tim. 2:22; Tito 3:3; 1 Ped. 1:14; 2:11; 4:2; Sant. 1:14-15; 4:1-3.

3. Ver Mat. 6:32-33; 2 Tim. 2:22.

4. Ver 1 Tim. 6:17; 1 Ped. 1:13.

5. Ver Mat. 6:25-32; 13:22.

6. Ver 1 Rey. 3:5-14; Mat. 6:8-15, 25-32; todas las oraciones de la Biblia expresan necesidades sentidas reorientadas.

7. Ver Isa. 1:29-30; 50:10-11; Jer. 2:13; 17:13; Mat. 4:4; 5:6; Juan 4:32-34; 6:25-69.

8. Ver Sal. 23; 27; 31; 46, y cerca de dos tercios del resto de los Salmos.

9. Ver Sal. 23; 103; 131; Prov. 3:5; 11:28; 12:15.

10. Ver Prov. 1:7; 9:10; 29:25; Juan 12:43; 1 Cor. 4:3-5; 2 Cor. 10:18.

11. Ver Jue. 21:25; Prov. 3:5; 1 Cor. 10:24-27.

12. ¿Cuáles son tus derechos? ¿Qué crees que mereces?[1]
13. ¿En qué piensas más a menudo? ¿Qué te preocupa o te obsesiona? Por la mañana, ¿hacia qué se dirige tu mente de forma instintiva?[2]
14. ¿Cómo pasas tu tiempo? ¿Cuáles son tus prioridades?[3]

La lista de necesidades y deseos te puede ayudar a considerar las posibles respuestas a estas preguntas. Es indispensable considerar qué es lo que motiva esas emociones. Recuerda que detrás de toda emoción hay un deseo de algo o el deseo de evitar algo que consideras malo; piensa en los opuestos de la lista de necesidades. Tus «necesidades» están motivando lo que sientes. Considera si esos deseos y necesidades son buenos y justificados o si, más bien, se han convertido en ídolos. Recuerda que toda necesidad es buena y dada por Dios, pero al desearla al punto de sacrificar lo que agrada a Dios, la convertimos en idolatría.

Completa la siguiente oración:

Me siento_____ porque deseo_____.
Me siento_____ porque creo que necesito_____.
Siento_____ porque quisiera_____.
Siento_____ porque quiero evitar_____.

1. Ver Sal. 103:10; Rom. 5:6-10; 1 Cor. 9.
2. Ver Rom. 8:5-16; Fil. 3:19; Col. 3:1-5.
3. Ver Prov. 1:16; 10:4; 23:19-21; 24:33.

# Lista de necesidades y sus opuestos

## NECESIDADES BÁSICAS

» Sobrevivencia / Peligro
» Refugio – Desamparo
» Seguridad – Inseguridad
» Descanso – Agotamiento
» Provisión – Carencia
» Libertad – Opresión

## INTERDEPENDENCIA

» Aceptación – Rechazo
» Aprecio – Desprecio
» Consideración – Desconsideración
» Equidad – Desigualdad
» Respeto – Irrespeto
» Confianza – Inseguridad
» Empatía – Insensibilidad
» Afirmación – Negación
» Ser visto y oído – Ser ignorado
» Conexión – Aislamiento
» Comprensión – Incomprensión
» Compañía – Soledad
» Contribuir – Quitar
» Apoyo/ayuda – Abandono
» Cooperación– Desatender
» Colaboración – Imposición/ desatender
» Mutualidad – Individualidad
» Comunidad – Aislamiento
» Cercanía/Calidez – Desafecto/ Frialdad
» Inclusión – Exclusión
» Intimidad – Desconfianza
» Amor – Odio/Desprecio
» Cariño – Aversión
» Sentido de pertenencia – Sentido de ser ajeno
» Aceptación – Rechazo
» Aprecio – Desestimación
» Equidad – Desigualdad
» Reconocimiento – Ingratitud
» Estima – Desaire
» Compasión – Crueldad
» Paz/Armonía – Conflicto

## INTEGRIDAD

Autenticidad – Falsedad
Honestidad – Deshonestidad
Propósito/Significado – Sin sentido
Visión/Soñar – Desesperanza
Impacto – Irrelevancia
Respeto y sentido de valor propio
– Autodesprecio
Propósito – Nulidad
Necesidades mentales
Claridad – Ofuscación
Discernimiento/Entendimiento – Confusión
Aprendizaje – Desconocimiento
Información – Ignorancia
Estimulación – Entumecimiento
Retos – Conformidad
Efectividad – Ineficacia
Suficiencia – Ineptitud
Visión/Esperanza – Desaliento/ Pesimismo
Aprendizaje – Estancamiento
Estimulación/Retos – Tedio
Orden – Caos
Flexibilidad – Rigidez

## INDIVIDUALIDAD

Autenticidad – Falsedad
Identidad – Anulación
Autonomía – Dependencia
Agencia personal/Poder de tomar decisiones – Paralización
Expresión – Silenciamiento
Creatividad – Insipidez
Belleza – Fealdad
Armonía – Tensión
Inspiración – Apatía
Orden – Descolocación/Caos
Paz – Disonancia/Conflicto
Entusiasmo/Emoción – Apatía
Humor – Severidad
Pasión – Pasividad
Juego/Diversión – Formalismo/ Aburrimiento
Placer/Disfrute – Desagrado/ Hastío

## 5. Considera las vías de gracia

¿Como lucen las vías del lamento, el arrepentimiento y el gozo en esta situación? Como hemos visto, observamos hacia dentro para luego observar hacia arriba. Nuestra respuesta puede incluir lamento, arrepentimiento o ánimo. No siempre tenemos que tomar las tres vías, pero con frecuencia habrá un poco de cada una en todas las situaciones que proceses con Dios. Recuerda que esto no tiene que pasar de una sola sentada. Recorrer estas vías muchas veces requiere tiempo. Dios te va mostrando más en tus tiempos devocionales, momentos de «ajá» que surgen en las actividades cotidianas, conversaciones con amistades, una prédica, etc.

## Sugerencias para el lamento

El lamento no puede quedarse estático en la autoconmiseración y en la queja. Es la expresión de emociones y sentimientos complejos, difíciles de enfrentar, pero siempre deberán conducir hacia la esperanza en Dios. ¿Acaso lo que pienso y siento amerita tomar la vía del lamento?

Algunas características del lamento que puedes empezar a implementar son:

1. Invocación.
2. Presentar tu queja.
3. Confesión o afirmación de inocencia.
4. Recordar la fidelidad de Dios en tu vida y Su fidelidad a través de la obra de Jesús.

## La vía del arrepentimiento

La siguiente lista te ayudará a reconocer muchos de los que llamamos nuestros «pecados del corazón». Nuestros problemas del corazón están siempre trabajando en la raíz de nuestro comportamiento exterior pecaminoso. Puede ser un desafío leer una lista y reconocer que «odiamos» o «refunfuñamos». Para nadie es fácil ver su propio pecado. Pero somos libres de hacerlo sin temor porque pensar con el lente del evangelio es recordar que, en Cristo, somos libres de hacerlo sin temor a la condenación. Así que observamos dónde no estamos adoptando las prioridades y cualidades de nuestro Salvador y clamamos a Él por Su perdón y transformación.

—Amargura: Resentimiento o una combinación de dolor e ira.

—Jactancia: Excesiva vanidad y autosatisfacción.

—Quejas: Insatisfacción y actitud de «no merezco esto», a menudo en el interior.

—Disputa: Ser pendenciero.

—Avaricia: No ser feliz con lo que tienes; un deseo excesivo de más. Amor al dinero.

—Engaño y deshonestidad: Mentirte a ti mismo o a otros escondiendo o tergiversando la verdad.

—Odio: Desprecio, grosería y falta de amabilidad.

—Juicio: Sacar conclusiones duras y veredictos.

—Orgullo: Soberbia, arrogancia, menosprecio a otros y tratarlos con desdén.

—Doble lenguaje: Hacer declaraciones poco sinceras para quedar bien.

—Envidia: Conciencia dolorosa o resentida de una ventaja disfrutada por otro, junto con el deseo de poseer el mismo beneficio.

—Miedo: Una preocupación ansiosa. Falta de fe o terror al rechazo.

—Tonterías: Falta de sentido común, juicio o discreción.

—Hipocresía: Afirmar tener estándares más altos de los que realmente practicas.

—Temor al ser humano: Miedo a la opinión de los demás y un deseo intenso de complacer.

—Idolatría: Valor extremo, amor, reverencia por algo o alguien que no es Dios.

—Disolución: Falta de restricciones morales. Ser sexualmente groseros o tener pensamientos ofensivos, lujuriosos o amor excesivo al placer.

—Incredulidad: Persistir en no confiar en Dios.

—Autocompasión: Autoconmiseración, «pobrecito yo»; victimizarse al punto de quedar paralizado o reclamar a Dios.

—Ira egoísta: En oposición a la ira santa (expresada interna o externamente).

—Actitud de autoprivilegio: Creer que se merece un privilegio o un derecho.

—Egoísmo: Falta de consideración por los demás, preocuparte principalmente por el beneficio o el placer personal.

—Falta de perdón: Falta de voluntad de perdonar.

—Confianza en uno mismo: Autoprotección, tratar de cuidarte con tus propios medios en lugar de depender de Dios.

## La vía del gozo

Así como Jesús, nosotros también podemos encontrar gozo en las pequeñas cosas de la vida, pero más importante aún, encontrar gozo en la expansión del reino de Dios. Cada persona tiene un punto de vista único de lo que Dios está haciendo en este mundo. Tienes una perspectiva única de lo que Dios está haciendo en tu corazón, en la vida de tus seres queridos o en tu comunidad. ¡Aprovecha el gozo de ser testigo de Sus obras!

Estas son algunas preguntas que pueden ayudarte a encontrar gozo en toda circunstancia:

- ¿Por qué puedo estar agradecido hoy?
- ¿Ha habido algún progreso en un área particular de lucha?
- ¿De qué manera he experimentado la generosidad de Dios en medio de lo que estoy viviendo?
- ¿He podido aprovechar una oportunidad para servir a los demás?
- ¿Respondió Dios alguna oración?
- ¿He sido testigo o escuchado sobre algún milagro?
- ¿Encontré algún lugar/momento de descanso (físico o emocional)?
- ¿Encontré un camino para refugiarme en Dios durante un momento de tentación? ¿Fui capaz de escuchar y obedecer la dirección del Espíritu Santo en algún momento reciente?
- ¿He avanzado (aunque sea un poquito) en la lucha contra alguna tentación o pecado?
- ¿Me proporcionó Dios medios inesperados para lograr algún objetivo?
- ¿He recibido ánimo o bendición por parte de otras personas?
- ¿Pude animar o bendecir a otros?
- ¿Qué pequeños placeres he disfrutado?
- ¿Hubo algo que me hizo soñar con el cielo y las promesas eternas?
- ¿Mis circunstancias dan cabida para reconocer y alabar un atributo particular de Dios?
- ¿Hay alguna canción que me ayude a celebrar en el Señor?
- ¿Qué prueba puedo observar del cuidado de Dios por mí?
- ¿De qué manera puedo ver el firme amor de Dios por mí?
- ¿Hay algún pasaje bíblico que sea útil para celebrar hoy?

## Considera la relevancia del evangelio

¿Cómo responde el evangelio a la situación?

El evangelio es relevante en toda circunstancia, especialmente en aquellas que son dolorosas y retadoras. Desarrollar una forma de pensar centrada en Cristo es como ponerse el lente que nos permite ver con claridad para juzgar nuestro corazón y las situaciones. Otra forma de verlo es la idea de tener una «perspectiva eterna». ¿De qué forma me ayuda la Biblia a ampliar mi perspectiva? La madurez emocional depende de desarrollar la destreza de ver el mundo a través de ese lente y saber cómo hablar las verdades del evangelio, las verdades de Jesús en las cosas cotidianas de la vida. Algunas preguntas clave:[1]

- ¿Cómo se hace presente Cristo en esta situación? ¿De qué forma me ofrece, guía, consuelo, intimidad, amor, perdón, sabiduría, etc.?
- ¿Qué aspectos del evangelio he olvidado o necesito conocer más a fondo?
- ¿Qué facetas de la Biblia y el evangelio no estoy creyendo o tengo dudas?
- ¿Cómo habla el evangelio a esta situación?
- ¿Cómo está esto alineado o desalineado con las verdades del evangelio?
- ¿Qué aspectos de Jesús y Su obra podrían ser buenas noticias en medio de esta situación?
- ¿Cómo puedo considerar la esperanza del evangelio para encontrar mayor gozo?
- ¿Cómo la vida y la muerte de Jesús me ofrecen guía y descanso?
- ¿Cómo luce para mí depositar esta carga a los pies de la cruz?

---

1. Estas preguntas están inspiradas en el trabajo de Jeff Vanderstelt y su libro *La vivacidad del Evangelio: Fluidez en el mundo pos-moderno* (Graham: NC, Publicaciones Faro de Gracia, 2020). Recomiendo el libro para tener un mayor entendimiento de lo que significa vivir centrados en Cristo y Su obra.

# 6. Considera las acciones que debes tomar

 ¿Qué debo hacer ahora? Muchas situaciones requieren que no solo hablemos con Dios del tema, sino que demos pasos concretos.

Considera las siguientes preguntas:

- ¿Qué principios bíblicos me ayudan a reconocer lo bueno de lo malo en esta situación?
- ¿Existe algún pasaje, versículo o historia bíblica que debería meditar, estudiar o memorizar?
- Después de estudiar la Palabra de Dios, ¿hay algún recurso adicional que me ayude a comprender mejor lo que ella enseña sobre el tema?
- ¿Qué acciones debo realizar que honren a Dios?
- ¿Necesito pensar en nuevos hábitos o en buscar información extrabíblica? (Como un nutricionista, un doctor, libros de productividad, etc.)
- ¿Tengo alguna oportunidad de servir a otros en vez de centrarme en mis propias miserias?
- ¿Existen límites que debo implementar?
- ¿Quién podría darme un consejo sabio que me provea una perspectiva nueva?
- ¿He estado evitando admitir o confesar algo difícil?
- ¿Necesito buscar un compañero de ánimo y rendición de cuentas?
- ¿Qué debo evitar y qué medidas necesito implementar?
- ¿Qué paso de fe debo dar?
- ¿Necesito soltar algo a lo cual me encuentro aferrado?

## 7. Comparte con tu comunidad

 ¿Con quién puedo compartir mi experiencia? Aunque esta categoría podría incorporarse en cualquiera de los pasos descritos anteriormente, prefiero hacer de ella un punto particular debido a su importancia. Las emociones cumplen varias funciones importantes en nuestra vida personal, pero también cumplen una función crucial en nuestra vida social: nos ayudan a conectar con los demás de manera auténtica.

Aunque en este libro no he hecho demasiado énfasis en el involucramiento de otras personas a la hora de navegar y compartir sobre nuestra vida emocional, no podemos olvidar que la Biblia es enfática en señalar que nuestra identidad no es individualista, sino que es, por naturaleza, comunitaria. Somos parte de un cuerpo local de Cristo, donde debemos caminar en transparencia y con la intención de apoyarnos unos a otros en nuestras debilidades y sufrimientos. La Biblia habla múltiples veces de los principios que involucran «unos a otros». Entre muchas de esas menciones, vemos elementos emocionales indispensables para el desarrollo de una comunidad unida y que ama como Cristo lo hace:

Nuestra «marca» como hijos de Dios es el amor los unos por los otros.[1] Amarnos incluye mostrar afecto,[2] escucharnos, consolarnos, apoyarnos en los momentos tristes y difíciles.[3] Amarnos es gozarnos juntos en las alegrías y llorar juntos en las dificultades.[4] Es compartir nuestras luchas para dar la oportunidad de que otros nos conforten. Cuando conversamos sobre nuestras dudas y tentaciones, podemos recibir instrucción y palabras edificantes por parte de quienes nos aman.[5] Cuando otros nos comparten sobre su vida, podemos considerar y esforzarnos en estimular su

---

1. Juan 13:34.
2. Rom. 12:10.
3. Gál. 6:2.
4. Rom. 12:15-16.
5. 1 Tes. 5:11.

vida con Dios, podemos cantar himnos de alabanza y orar unos por otros.[1] Es indispensable que expongamos nuestros pecados e idolatrías a una o dos personas de confianza. Debemos vivir en humildad, mansedumbre, paciencia y soportándonos los unos a otros.[2] Esto implica confesar aquello que descubrimos en nuestros tiempos de reflexión y estar dispuestos a escuchar consejo y exhortación. También implica ser lentos para juzgar y para perder la paciencia cuando otros luchan con algún tema o sufrimiento persistente. La práctica de rendición de cuentas, que oren por nosotros y el ánimo constante son elementos clave para la perseverancia en la fe.[3]

De la misma manera, muchas veces nuestra reflexión nos llevará a la necesidad de pedir perdón en humildad o que expresemos el dolor a alguien que nos hirió, sin importar si creemos que responderá bien o no. Muchas veces, no confrontamos o expresamos que nos hirieron porque «¿para qué?, si la persona no va a responder bien». Sin embargo, nuestro deber es hablar con esa persona; la forma en que ella responda es entre ella y Dios. También debemos estar dispuestos a recibir la queja de otros por nuestras malas acciones. Dios nos pedirá cuentas de cómo respondimos en esos momentos.

Debemos ser amables, misericordiosos y perdonarnos unos a otros de la misma forma en que fuimos perdonados.[4] ¿Cómo podríamos poner en práctica estas cosas si no estamos compartiendo y hablando de las cosas difíciles, incómodas y dolorosas que están en nuestros corazones? Las conversaciones duras donde pedimos o recibimos disculpas son mucho más genuinas cuando expresamos con sinceridad lo que sentimos y pensamos al otro.

Debemos evaluar con cuidado con quién hablar estos temas vulnerables. Siempre tendremos que caminar sobre la cuerda floja al arriesgarnos a confiar y reconocer en quién es imposible confiar.

---

1. Heb. 10:24.
2. Ef. 4:2.
3. Sant. 5:16.
4. Ef. 4:32.

Confiar en alguien siempre es un riesgo porque nadie es perfecto y una traición es posible. Por eso debemos confiar en un Dios que nos sostiene, incluso en medio de esas traiciones.

Por otra parte, debemos ser cuidadosos porque el «desahogo» solo es apropiado cuando estemos tomando en cuenta que nuestro Dios no está desconectado de la situación. Muchas veces podemos decir cosas impactantes y hasta pueden sonar como pecado; solo basta leer el libro de Job para reconocer esa realidad. El psicólogo y consejero bíblico Todd Stryd escribe que un desahogo pecaminoso es «hablar con otros sin considerar al Señor».[1] Vemos esto con claridad cuando el Señor le reprocha a Israel: «No me invocan de corazón, sino que se lamentan echados en sus camas».[2] Stryd continúa explicando que «una postura de fe da dirección a nuestras palabras y un destino a nuestras expresiones». Cuando nos desahogamos y compartimos lo que sentimos con otros, debemos luchar por ser francos y transparentes, pero al mismo tiempo, nuestro dolor y enojo siempre deben estar sujetos de corazón al Señor.

Estas son algunas preguntas que pueden ayudarte a considerar cómo hacer de tu relación con Dios una que incluya la comunidad que te ha provisto:

1. ¿Con quién podría compartir lo que Dios me está enseñando en estos días?
2. ¿Quién podría ser una persona confiable a quien pueda exponer mis tentaciones y pecados?
3. ¿Ha puesto Dios en mi vida a una persona sabia que me pueda aconsejar en esta situación?
4. ¿Conozco a alguien que sepa escuchar y pueda simplemente orar por mí en esta temporada?
5. ¿Tengo algún amigo que podría beneficiarse de que le cuente mis reflexiones más recientes?
6. ¿Es posible que haya estado evitando una conversación incómoda que sé que debo tener?

---

1. Stryd, Todd, *In Defense of Something Close to Venting*. https://www.ccef.org/in-defense-of-something-close-to-venting.
2. Os. 7:14.

7. ¿Debo pedir disculpas sinceras a alguien?
8. ¿Debo confrontar a alguien en amor?
9. ¿Hay alguna conversación difícil que Dios me está llamando a tener?
10. Si alguien en mi comunidad hiciera las preguntas anteriores, ¿podría pensar en mí para apoyarlo de estas formas?

## Algunos consejos prácticos

Esta práctica de «vigilancia» puede hacerse en cualquier momento, pero una vez más quiero recomendarte aprovechar tu tiempo diario con Dios para considerar tu corazón en Su presencia. Si eres como yo, te garantizo que «orar» no será la misma actividad monótona con la que has luchado en el pasado.

## ¿Cuánto tiempo y cada cuánto?

Un tiempo de 15 a 30 minutos diarios es más que suficiente. No hace falta que estés tres horas reflexionando todos los días. Considera aquello que sea más útil para tu temperamento. Algunas personas querrán hacer esto a diario, otras una vez a la semana. El punto que quisiera enfatizar es que no desperdicies la oportunidad de hacerlo con cierta frecuencia. Una alarma en tu teléfono móvil o tu calendario podrían ser buenas herramientas para recordar cuándo te has propuesto hacerlo.

De igual forma, te recomiendo utilizar un temporizador que te ayude a cumplir la meta. Para no distraerme con mi teléfono, yo uso la aplicación *Forest* (disponible para iOS y Android), la cual me mantiene concentrada y me «castiga» si me salgo de la aplicación.

El poder de esta práctica está en la constancia. La idea es que te prepare para los momentos más duros de tu vida. Llegarás a esas etapas conociendo las fortalezas que Dios ha desarrollado en ti, junto con las debilidades y todo aquello que te distrae.

# ¿De verdad tengo que escribir?

¡Sí! Te animo a intentar escribir tus reflexiones y oraciones. Reconozco que esto no es para todo el mundo, pero la ciencia respalda lo que los autores bíblicos han modelado. No necesitas ser Ana Frank ni Pablo Neruda. Si tienes facilidad para la escritura y te sale «bonito» entonces bien por ti, aprovecha tu habilidad. No obstante, #DiNoAlPerfeccionismoEspiritual, es decir, no permitas que tus ideas perfeccionistas de «cómo debería ser una oración» o «cómo se debería escribir» atenten contra la oportunidad de relacionarte con Dios al escribir o al usar cualquier otro medio de gracia.

No estás buscando publicar un libro, sino plasmar tu corazón en el papel. Aunque no lo creas, mis oraciones muchas veces serían ilegibles para cualquier persona. A veces solo pongo unas cuantas palabras mientras medito o tomo un salmo y lo personalizo al poner mis propias palabras y rellenando los espacios que quedan en blanco. Otras veces, hago diagramas y también uso otros medios artísticos como el dibujo, porque son una excelente manera de comunicarte con Dios. Sin embargo, los utilizaría como adición y no como sustitución de la escritura.

El único requisito es un corazón dispuesto y sincero. Dios es muy capaz de «leer» tu corazón incluso en medio de una escritura desordenada y con mala gramática y ortografía. Si temes que alguien lea tus pensamientos, descarta tu cuaderno o escribe en una aplicación de tu tableta y haz una limpieza mensual de documentos. El propósito de escribir es simplemente escribir. Una vez cumplido, puedes soltar tus escritos con libertad.

## Un arma más en tu arsenal de guerra

Es apropiado intercalar esta práctica con lectura rápida de la Biblia, estudios profundos de algún pasaje, tiempos de alabanza individual, meditación en un solo versículo, imaginar escenas bíblicas, momentos de silencio haciendo conciencia de la presencia de Dios, meditación bíblica, dar una caminata con Dios y muchas otras prácticas. El punto no es imponerte un régimen rígido, sino usar un método que le saque el mayor provecho a tus emociones. Es una herramienta más para tu arsenal de recursos útiles para conectar con Dios y pelear «la buena batalla».[1]

## Recurre a tus memorias inmediatas

Este ejercicio es útil para recordar cualquier evento en nuestra vida (aunque recomiendo que para eventos traumáticos mejor lo hagas con el acompañamiento de personas entrenadas en el tema). Sin embargo, cuando lo practicas con cierta frecuencia, es mejor pensar en lo que ha ocurrido en los últimos días. Me ha sido muy útil pensar en mis últimas 24 horas; es decir, hago un repaso de mi último día, las interacciones con otros, los momentos que hayan provocado alguna emoción en particular, aspectos que no salieron como yo quería, logros que puedo celebrar, bendiciones y respuestas de Dios y muchas cosas más. Establezco un «campamento» una vez que he encontrado unos dos o tres eventos significativos y comienza la reflexión y la conversación con Dios.

## La verdad es el destino final

Quiero recordarte que la «vigilancia del corazón» presupone que hay enemigos acechando. ¡Hasta la reflexión en tu corazón puede convertirse en un ídolo! Tomar conciencia de tus pecados e insuficiencias para luego levantarte y sentirte «muy iluminado» por todos tus descubrimientos es lo opuesto al crecimiento espiritual.

Recuerda que solo la Palabra de Dios puede traer verdadera perspectiva y crecimiento. De ninguna manera hagas autoanálisis que te sirvan como guía aparte de la Palabra de Dios. Si lo haces sin la verdad iluminadora de Dios, entonces estarás utilizando un arma poderosa que terminará haciéndote más egocéntrico y dependiente de ti mismo. Acabarás buscando soluciones en todo, excepto en el único que puede iluminar tu camino. La belleza de

---

1. 1 Tim. 6:12.

Jesús revelada en las Escrituras es la única que les da sentido y propósito a las luchas de tu corazón. Que Dios te acerque más a Él para que experimentes Su gozo poderoso y le des toda la gloria que se merece.

# Conclusión

## ¡No desperdicies tus emociones!

Para examinar una situación, debemos tener una disposición sincera y abierta de búsqueda de la verdad aplicada, y no buscar solo aquello que nos conviene. Para analizar de forma correcta lo que sentimos, debemos considerar las motivaciones y su moralidad según el estándar bíblico. Si queremos distinguir lo que hay en nuestra mente, debemos considerar lo que estamos pensando para identificar lo que refleja y lo que no refleja la mente de Cristo. Ese es básicamente el punto fundamental que no puedes perder de vista.

El Espíritu Santo es quien nos guía a conocer las Escrituras y también en cualquier situación difícil en la que nos encontremos abrumados por nuestros sentimientos y pensamientos. Cuando caminamos en sintonía con el Espíritu de Dios, desarrollamos un sentido del oído más afinado a Sus direcciones. Esto es indispensable para saber hacia dónde debemos dirigir nuestras emociones. El Espíritu Santo hace que podamos adoptar los valores de Dios como nuestros y aplicarlos así en nuestras vidas. Observa el fruto del Espíritu Santo según el apóstol Pablo:

> En cambio, el fruto del Espíritu es amor, alegría, paz, paciencia, amabilidad, bondad, fidelidad, humildad y dominio propio. (Gál. 5:22-23)

¡Los creyentes tienen una ayuda poderosa para manejar sus emociones y utilizarlas para el beneficio de su santidad! Es más poderosa que cualquier herramienta que pueda ofrecer el mundo. No obstante, el Espíritu Santo no es como «Campanita», que con un «polvo mágico» espolvorea Su fruto en nosotros. Es cierto que ahora somos hijos de Dios y que hemos sido transformados de adentro hacia afuera. Los cristianos buscan manifestar el fruto y luchan por derrotar su carne para obtenerlo.[1] Ese fruto surge del reconocimiento de Dios en cada detalle de nuestra vida, especialmente en las circunstancias difíciles. Es necesario que pasemos por momentos dolorosos, confusos y abrumadores para fortalecer nuestro carácter y asemejarlo al de Cristo. El mismo Jesucristo tuvo que aprender obediencia por medio de las dificultades:

> Aunque era Hijo, mediante el sufrimiento aprendió a obedecer. (Heb. 5:8)

Hay una buena noticia detrás de todo esto. ¡Esta lucha está ganada! es completamente opuesta a la lucha infructuosa que enfrentamos sin Dios. Ahora somos libres de la esclavitud del pecado y capacitados por Dios para hacer lo bueno y con las motivaciones correctas que lo glorifican: ¡Dios nos ha dado un corazón nuevo![2] Esto quiere decir que nuestra lucha no es penosa ni imposible.[3] Más bien, se trata de una carrera que estamos corriendo con gozo porque le da sentido a nuestras vidas, y podemos correrla con la seguridad de la gracia de Dios si es que llegásemos a tropezar. La meditación en nuestras circunstancias y el esfuerzo que hacemos por adoptar la perspectiva de Dios en lo ordinario (y en lo extraordinario) es lo que produce el fruto de amor, alegría, paz y todos los otros elementos de ese fruto precioso del Espíritu. La reflexión con intención es poderosa y es potenciada por un Dios fiel que hace productivos nuestros esfuerzos y corrige nuestro comportamiento pecaminoso.

## «Examíname»

Examíname, oh, Dios, y sondea mi corazón;
ponme a prueba y sondea mis pensamientos. (Sal. 139:23)

---

1. 1 Cor. 9:24-27.
2. Ezeq. 36:26-28; Rom. 6; 8; Gál. 5.
3. 1 Jn. 5:3.

Hay cuatro actitudes que mantienen el equilibrio durante la vigilancia de nuestro corazón: disposición, curiosidad, descanso y valentía. Debes mantener una actitud **dispuesta** y abierta para recibir de Dios lo que tenga que revelarte de tu propio corazón. Necesitas una actitud **curiosa** que se define como la destreza con la que simplemente observas con atención. Te ayuda a evitar el juicio precipitado que puede enceguecerte. Ese juicio puede detonar tus mecanismos de defensa como los de esconderte de ti mismo, de Dios y de los demás ya que no quieres ver la suciedad del pecado que hay en ti. Ese temor te hará desperdiciar la oportunidad de ver lo feo y condenable para que, luego de exponerlo y erradicarlo, el poder de Cristo brille.[1]

Pero como hemos visto, Cristo y Su obra por nosotros nos mantienen a salvo. Ya no tenemos que temer porque ya no hay condenación para nosotros.[2] Por eso **descansamos**. Todo lo que está en tu corazón puede ser totalmente expuesto sin temor y con una sinceridad radical. ¡No importa lo hereje e incorrecto que suenes! No estás aprobando tus pensamientos y emociones. Simplemente los estás poniendo sobre la mesa y estás disponiendo tu corazón para la oportuna corrección de Dios.

Sabiendo que Dios está con nosotros, somos **valientes**. Somos valientes porque juzgamos lo que sentimos, pensamos y hacemos a su debido tiempo; no para alcanzar la salvación, sino para caminar en santidad. Es decir, miramos las debilidades que hay en nosotros y nos postramos ante Dios para que nos convenza de pecado y siga dándole forma a nuestro corazón conforme al de Cristo. También somos valientes al cortar todo lo que sea que debamos cortar de nuestra vida para obedecer y glorificar a Dios, incluso cuando nuestras emociones te gritan que corras en la dirección opuesta. Hemos sido libres para que vivamos en libertad, no para que sigamos pecando y viviendo esclavos de nuestras tentaciones e ídolos.[3]

Estos momentos de reflexión intencionales incluyen diálogos con Dios y con otras personas que te permitirán:

---

1. 2 Cor. 12:9.
2. Rom. 8:1-2.
3. Gál. 5:1.

- Bajar la velocidad y permitirte observar.
- Buscar la fuente del sentimiento al reconocer qué deseos y anhelos los motivan.
- Reconocer tus apegos e idolatrías para mirar más allá de ellos. Podrás descubrir la invitación superlativa que Dios te ofrece de encontrar verdadero gozo en Él. ¡Esto es verdadera libertad en Cristo!
- Identificarte con Cristo: con Sus experiencias, lo que le duele, lo que le enoja, lo que le alegra. Crecemos en intimidad con Él al encontrar más y más cosas en común.
- Ordenar lo que experimentas en relación con la forma en que te ves, en que ves a los demás y a Dios.
- Acercarte confiadamente con todo lo anterior al trono de la gracia.
- Recordarte el evangelio y qué verdades relevantes te ofrece para obtener esperanza y descanso.
- Implementar estrategias que faciliten el cambio, el descanso y el gozo.

## Vivir coram Deo

Me encanta el concepto de «vivir *coram Deo*» que R.C. Sproul explica tan bien:

> Vivir toda la vida en la presencia de Dios, bajo la autoridad de Dios, para la gloria de Dios. Vivir en la presencia de Dios es entender que lo que sea que hagamos y donde sea que lo hagamos estamos haciéndolo bajo la mirada de Dios. Dios es omnipresente. No existe lugar tan remoto que podamos escapar de Su mirada penetrante.[1]

«No existe lugar tan remoto que podamos escapar de su mirada»... Ni siquiera nuestros sentimientos y emociones se esconden de Él. Nuestros mayores secretos, las cosas que más nos avergüenzan, los recuerdos de humillación, los pecados cometidos y nuestros

---

1. R.C. Sproul, *¿Qué significa «coram Deo»?* https://es.ligonier.org/articulos/que-significa-coram-deo/

mayores pesares están protegidos por grandes puertas de silencio. Ni nosotros nos atrevemos a cruzar esa puerta y por eso preferimos esconder y olvidar. Pero Dios también se encuentra del otro lado de esa puerta. Él sostiene esas realidades (junto con las emociones que estas producen) en la palma de Su mano y nos dice: «Eres libre, ya no necesitas esconder nada».

Vivir *coram Deo* es vivir con los ojos abiertos. Es el quebranto y el gozo de saber que nunca podríamos ser conscientes, sin absoluto terror, de la omnipresencia de Dios, si no fuera por lo insólito del amor de Cristo. Él vivió la vida que debiste vivir y murió la muerte que merecías, con el propósito de acercarte a Dios. La restauración de una relación íntima y sincera entre Dios y todos Sus escogidos es el propósito final del Señor que se cumplirá sin que caiga a tierra ninguna de Sus palabras. Esa obra la ha hecho a tu favor, aunque conoce tus pensamientos más oscuros, tus deseos más vergonzosos y tus acciones más perversas.

¡Qué Dios más cercano y cuán grande es Su misericordia!

¿Puedes ver cuánto anhela el Señor que puedas sentirte en libertad para expresarle todo lo que hay en tu corazón? No porque no lo conozca, sino porque quiere que tú lo conozcas a Él en medio de las situaciones que más te importan. ¡No desperdicies esta oportunidad! Ábrele tu corazón de par en par al único que te ofrece seguridad total. Contempla la belleza del corazón de Cristo con confianza, sabiendo que no se trata de compararte con un imposible, sino de mirar el rostro de Aquel que te está transformando a Su imagen. Esto no solo transformará tu forma de ver a Dios, sino también tu forma de ver la vida y la manera en que la enfrentarás.

Mi esperanza al finalizar este recorrido es que hayas descubierto el potencial que tiene tu vida emocional para tu relación con Dios y con los demás. También espero que hayas encontrado herramientas prácticas y concretas para manejar tus emociones. No obstante, te recuerdo que vivir de esta forma es un proceso, pero no tiene por qué ser un proceso pesado, ¡sino uno para disfrutar! La meta es dulce, pero también lo es el recorrido. No

permitas que la religiosidad, el perfeccionismo espiritual o el legalismo te roben el gozo de saborear cada paso.

Que la paz de Su presencia te anime y te llene de gozo, hasta
que venga el día en que explotes de emoción al verlo cara a cara.

Tú guardarás en completa paz a aquel cuyo pensamiento en ti per-
severa; porque en ti ha confiado. (Isa. 26:3, RVR1960)